C·H·Beck
PAPERBACK

Wer von der Russischen Revolution spricht, der meint in der Regel die bolschewistische Oktoberrevolution. Doch handelte es sich tatsächlich um eine Vielzahl von Revolutionen. Diese waren geprägt von den sozialen und nationalen Verwerfungen des alten Reiches, die ihre volle Sprengkraft im Chaos des Ersten Weltkriegs entfalteten. Von Region zu Region zeigten sie daher ein anderes Antlitz. Nur wer das Zarenreich als Imperium sieht und die Komplexität des Vielvölkerstaates berücksichtigt, wird auch der Vielfalt der Russischen Revolutionen gerecht werden und den Übergang zum Sowjetimperium verstehen. Denn die neue Ordnung der Bolschewiki schloss nicht nur eine soziale Revolution ab. Sie schuf eine völlig neue Nationalitätenpolitik. Die junge Sowjetunion war die größte Nationsbildnerin der Welt, zertrümmerte das Potential ihrer neuen Nationalitätenpolitik jedoch schließlich selbst im stalinistischen Terror.

Martin Aust ist Professor für osteuropäische Geschichte an der Universität Bonn.

Martin Aust

DIE RUSSISCHE REVOLUTION

Vom Zarenreich zum Sowjetimperium

· · · · ·

C.H.Beck

Jakob und Kaja

Mit 10 Abbildungen und 2 Karten (Peter Palm, Berlin)

Originalausgabe

Satz: Druckerei C.H.Beck, Nördlingen
Druck und Bindung: Druckerei C.H.Beck, Nördlingen
Umschlaggestaltung: Kunst oder Reklame, München
Umschlagabbildung: Gruppe der revolutionären Miliz in Petrograd, 1917 © culture-images
Printed in Germany
ISBN 978 3 406 70752 0

www.chbeck.de

Inhaltsverzeichnis

Vorwort

1989 erklärte François Furet die Französische Revolution von 1789 endgültig für beendet. Im Lauf von 200 Jahren habe sich das ideologische Potential von 1789 erschöpft. Die Revolution lasse sich nicht mehr für die Gegenwartsdebatten von 1989 instrumentalisieren.[1] Aus dem revolutionären Russland des Jahres 1917 führen keine geradlinigen Verbindungslinien in das Russland Putins 100 Jahre danach. Jedoch lässt sich beobachten, dass große Fragen des Jahres 1917 erneut virulent sind. Die Russischen Revolutionen 1917, die im Februar das Ende der Zarenherrschaft und im Oktober die Bol'ševiki an die Macht brachten, waren vieles. Sie waren soziale Revolutionen, in denen es nicht zuletzt um blanke Fragen der Versorgung der Menschen im Alltag ging. Das Gewicht, das Menschen heutzutage in Russland Versorgung und Konsum in der Einschätzung ihrer Lage beimessen, kommt in der reduktionistischen Formel von Kühlschrank vs. Fernseher zum Ausdruck. Wie die Menschen Russlands Situation und seine Politik einschätzen, hängt demnach nicht allein von der Staatspropaganda im Fernsehen, sondern verkürzt gesprochen auch davon ab, wie der Kühlschrank gefüllt ist, welche Grundversorgung und Konsummöglichkeiten das Leben bietet.

Nach dem Ende der Monarchie standen 1917 die großen Verfassungsfragen von Staat und Gesellschaft auf der Tagesordnung: Wie weit sollte die Partizipation der Gesellschaft an der Politik gefasst und in welche Verfassungsform sollte sie gegossen werden? Die verfassunggebende Versammlung, die die Revolutionäre wählen ließen, jagten die Bol'ševiki in den frühen Januartagen 1918 auseinander. Heutzutage lässt sich Opposition gegen Putins inszenierte Demokratie und seine Machtvertikale allein in einigen Nischen des Internets und in der Emigration vortragen. Parteien und Politiker, die offen für eine neuerliche Demokratisierung Russlands eintreten, sind entweder marginalisiert oder müssen mit Repressionen rechnen. In einem Russland nach Putin wird die Frage nach dem politischen Verhältnis von Staat und Gesellschaft erneut auf der Agenda stehen.

Die Revolutionen 1917 waren auch von der Frage geprägt, wie die Revolutionäre sich zum imperialen Erbe des Zarenreiches verhielten. Welchen Status sollten die zahlreichen Regionen und verschiedensten Nationsbildungsprojekte in einem neuen Russland erhalten? Die Bol'ševiki begriffen sich als Kämpfer gegen den Imperialismus in der Welt. Aus der Hinterlassenschaft des zarischen Vielvölkerreiches schufen sie entgegen ihrem eigenen Willen und ihren erklärten Absichten ein Imperium neuen Typs, das sie freilich so nicht nannten. In der Russländischen Föderation stellt sich abermals die Frage nach dem Umgang mit dem nun doppelten imperialen Erbe des Zarenreiches und der Sowjetunion.

Für den Staat wird der 100. Jahrestag von 1917 eine Herausforderung werden. Die offizielle Geschichtspolitik in Putins Russland hat verschiedene Versatzstücke zarischer und sowjetischer Vergangenheit besonders eigenwillig zu einem russländischen Identitätsangebot kombiniert. Amtseinführungen des Präsidenten begleitet im Moskauer Kreml' eine Palastgarde in Uniformen, die den Empire-Stil Russlands nach dem Sieg über Napoleon 1812–14 zitieren. Der bedeutendste offizielle Feiertag des Landes jedoch ist der Tag des Sieges am 9. Mai, an dem ganz Russland des sowjetischen Sieges über Nazi-Deutschland gedenkt. Putin hatte keine Skrupel, einerseits den nach Russland umgebetteten Gebeinen des Generals der Weißen, Denikin, einen Besuch abzustatten, der im Bürgerkrieg gegen die Bol'ševiki gekämpft hatte, und andererseits das Ende der Sowjetunion als die größte geopolitische Katastrophe des 20. Jahrhunderts zu bezeichnen. Dieser Spagat lässt sich allein mit einer ideologiefreien Präferenz imperialer Größe durchhalten. Staatlichkeit, Machtentfaltung und internationale Geltung erscheinen dabei als Konstanten hinweg über Umbrüche wie die Revolution.

2014 hat in Carskoe Selo, der alten Zarenresidenz bei St. Petersburg, ein Museum über den Ersten Weltkrieg seine Pforten geöffnet. Der Vorgänger dieses Museums war 1915 im Zarenreich gegründet worden, um soldatischen Mut und Heroentum zur Schau zu stellen. Die Ausstellung vermittelt auch heute unterschwellig die Botschaft, dass ganz Russland geeint und entschlossen diesen Weltkrieg gekämpft hätte, bis die Bol'ševiki die Macht an sich rissen und dem Krieg ein abruptes Ende bereiteten. Das gleiche gilt für die Präsentation der Revolution im Staatlichen Museum der Politischen Geschichte Russlands in St. Petersburg. Die Oktoberrevolution heißt hier nicht mehr wie zu Sowjetzeiten die Große Oktoberrevolution. Die Ausstellung bezeichnet sie als bewaffneten Aufstand und Machtergreifung der Bol'ševiki. Der 100. Jahrestag der Russischen Revolutionen 2017 stellt sich als eine geschichtspolitische Herausforderung dar. In seiner Ansprache an die Föderale Versammlung Russlands am 1. Dezember 2016 ist Putin nicht auf die Einzelheiten der Revolutionen des Februars und Oktobers 1917 eingegangen. Stattdessen hat er eine Verbindung zwischen der Gegenwart und der Vergangenheit des Jahres 1917 hergestellt, die ganz auf die Erfahrung von Unordnung, Chaos und Anarchie abhebt. Demzufolge besäßen die Menschen in Russland ein Einfühlungsvermögen für die Furcht vor Umstürzen, Chaos und Anarchie, das sich aus den Erfahrungen von 1917 speist. Die Revolutionen im Februar und Oktober 1917 seien eine schwere Erschütterung und eine Zeit der Leiden und Prüfungen gewesen, eine Tragödie, die jede Familie in Russland betraf. In seiner Ansprache forderte Putin eine objektive wissenschaftliche Analyse der Revolution. Zugleich zog er den Schluss, dass 1917 eine Lehrstunde der Geschichte gewesen sei. Die Erschütterungen von 1917 zeigten, so Putin, die fundamentale Notwendigkeit eines vereinten Volkes und geeinten Russlands.[2]

Wissenschaftlich betrachtet ist das Jubiläum ein willkommener Anlass, den reichen Ertrag der jüngeren Forschungen über Imperium, Nationen und Regionen Russlands und der Sowjetunion im ersten Drittel des 20. Jahrhunderts in eine Gesamtdarstellung der Revolutionsgeschichte aufzunehmen. Bislang sind überblicksartige Revolutionsgeschichten Russlands stark auf die Zentren Petrograd und Moskau und Politik und Gesellschaft in den Zentralregionen Russlands fokussiert. Dieses Buch stützt sich auf eine faszinierende Forschungsfülle der Russlandhistoriographie über die Vielfalt des Imperiums der letzten 20 Jahre sowie erste globalgeschichtliche Verortungen der Jahre 1905 und 1917 und lässt sie in der Revolutionsgeschichte aufgehen. Der Titel *Die Russische Revolution* ist dabei ein Zugeständnis an eine sprachliche Konvention. Die Russische Revolution ist genauso wie die Französische Revolution 1789 zu einem allgemein gebräuchlichen Begriff geworden, der im einen wie im anderen Fall die Vielzahl sozialer und regionaler Revolutionen und ihre jeweils eigenen Chronologien nicht abbildet, sondern bestenfalls noch wie ein zip-Ordner gebündelt mit sich transportiert.

Im Text werden russische Personen- und Ortsnamen in wissenschaftlicher Transliteration wiedergegeben. In wörtlichen Zitaten aus deutschen Texten finden sich jedoch auch Personen- und Ortsnamen in anderen Transkriptionen. Zeitangaben zu Ereignissen, die allein die Geschichte Russlands betreffen, folgen bis zum 1.2.1918 dem bis dahin in Russland gebräuchlichen julianischen Kalender. Zwischen Daten des julianischen und gregorianischen Kalenders lag im frühen 20. Jahrhundert eine Differenz von 13 Tagen.

Die Arbeit an diesem Buch hat mich über die Jahre zu vielfachem Dank verpflichtet. Er gilt zuerst Sebastian Ullrich beim Verlag C.H. Beck, der das Buchprojekt über die Jahre mit Interesse und Engagement in vielen Gesprächen gefördert und begleitet hat. Für das aufmerksame und sorgfältige Lektorat danke ich Simone Gundi. Mein Dank gilt Studierenden in München, Regensburg, Basel und Bonn, die das Entstehen des Buches in Vorlesungen und Seminaren mit inspiriert haben. Meine Münchner Hilfskräfte Mariya Heinbockel, Lydia Heidebrecht und Christian Leu haben in der Anfangsphase wertvolle bibliographische Recherchen und Hilfen bei der Literaturbeschaffung geleistet. Für Unterstützung auf der Zielgeraden in Bonn danke ich Vera Gewiss, Alice Lichtva, Ines Skibinski, Viktoriya Shavlokhova, Alexander Saß und Alexander Lang.

Zahlreiche Kolleginnen, Kollegen und Freunde haben mir Gelegenheit gegeben, das Buchprojekt auf Veranstaltungen vorzustellen und es in vertieften Gesprächen zu diskutieren. Ich danke Benjamin Schenk für einen Vortragstermin in seiner Baseler Vorlesung und für ein Semester als Gastprofessor in Basel, das ganz im Zeichen der Revolutionsgeschichte stand. Hans-Jürgen Bömelburg, Thomas Bohn, Peter Haslinger und Stefan Rohdewald danke ich für eine Einladung in das Gießener Colloquium der Osteuropäischen Geschichte. Tatiana Linkhoeva, Andreas Renner, Ulf Brunnbauer und Martin Schulze Wessel sei herzlich gedankt für die Einladung zur Jahrestagung 2016 der Graduiertenschule für Ost- und Südosteuropastudien. Mit Janine Calic verbinden mich zahlreiche Gespräche über Herausforderungen des Schreibens, die wesentlich zum Fortschritt des Buches beigetragen haben. Jane Burbank, Tatjana Borisova und Daniel Schönpflug sei herzlich gedankt für einen fruchtbaren Austausch bei einem Mittagessen in Berlin. Alexander Kluge danke ich für sein Interesse an der Geschichte Russlands und die Gespräche mit ihm. Ricarda Vulpius, Franziska Davies, Ekaterina Makhotina, Nora Mengel, Zhanna Nemtsova, Rudolf Jaworski, Michael Kleineberg, Reinhard Frötschner, Tobias Grill, Fabian Klose und Ingo Mannteufel danke ich für ihre Begleitung und ihre Gedanken in verschiedenen Phasen der Arbeit am Buch. Meinen Eltern und meinem Bruder Helmut sei gedankt für ihr beständiges Interesse am Fortschritt und Abschluss des Buches. Die Verantwortung für verbliebene Unzulänglichkeiten und eventuelle Fehler im Buch liegt allein bei mir. Entstanden ist dieses Buch an Schreibtischen in München, Kiel, Hannover, Berlin, Basel, Bonn und St. Petersburg sowie in diversen ICEs. Gewidmet ist es Jakob und Kaja, die hoffentlich nie Krieg, Revolution und Bürgerkrieg werden erleben müssen.

Einleitung

Bevor Historikerinnen und Historiker Gelegenheit hatten, quellengesättigte Geschichten der Russischen Revolution zu schreiben, haben die Protagonisten der Umbrüche von 1917 ihre Interpretationen der Zeitläufte in Augenzeugenberichten, Memoiren und der Publizistik formuliert. Ihre Narrative prägten auf lange Sicht die Vorstellung von der Russischen Revolution. Zugleich reproduzierten diese Texte die Antagonismen der Revolutionszeit. Sie dienten dazu, eigenes Handeln zu rechtfertigen und die Fehler, Irrtümer und Versäumnisse anderer anzuklagen.

Nadežda Krupskaja stilisierte ihren Mann in ihren *Erinnerungen an Lenin* zum allzeit souveränen und stets auf das große Ziel einer neuen Ordnung fokussierten Berufsrevolutionär. Ihrem Text nach zu urteilen hätte keine noch so hohe Hürde Lenin im Lauf zur Revolution aufhalten können. Sich selbst porträtiert sie in diesen Erinnerungen in einer doppelten Rolle. Nadežda Krupskaja erscheint in ihrem Text zum einen als vorausschauend fürsorgliche Ehefrau, die sich um nichts anderes als das Wohl ihres Mannes kümmert und sich ganz in den Dienst seiner ambitionierten Ziele stellt. Zum anderen beschreibt sie sich als emanzipierte Frau, die die Initiative ergreift und sich neue Aufgaben im Vorhaben der Revolution sucht. So wurde sie im Sommer 1917 für die Bol'ševiki in das Bezirksparlament des Petrograder Stadtteils Vyborg gewählt, das sie als politische Schule beschreibt: «Und für mich, die ich lange Jahre in der Emigration zugebracht hatte, die ich mich nicht dazu entschließen konnte, auch nur auf kleinen Versammlungen zu sprechen, die ich niemals zuvor in der ‹Prawda› auch nur ein paar Zeilen veröffentlicht hatte, war eine solche Schule unbedingt notwendig.»[1]

Nachdem Trockij in den 1920er Jahren Stalin im Machtkampf um die Führungsposition in der jungen Sowjetunion unterlegen war, verwandte er einen erheblichen Teil seiner publizistischen Energie darauf, Stalins Verrat der Revolution zu geißeln. Er habe die Revolution der Arbeiterklasse entrissen, um sie in die machthungrigen Hände einer neuen sowjetischen Bürokratie zu legen. Vladimir D. Nabokov wiederum, der 1917 nach dem Ende der Monarchie in der Februarrevolution der Provisorischen Regierung angehört hatte, sah im Oktober 1917 nicht so sehr die demagogische und skrupellose Kraft der Bol'ševiki am Werk. Ihn erzürnten vielmehr auch im Rückblick Hemdsärmeligkeiten und dilettantische Fehler der Provisorischen Regierung. In seinen Augen hatte sie es im Sommer 1917 versäumt, die Bol'ševiki zu bändigen und die Errungenschaften der Februarrevolution abzusichern. Ein anderer prominenter Kopf der Provisorischen Regierung wies solche Vorwürfe wiederum entschieden von sich. Aleksandr Kerenskij, ihr letzter Ministerpräsident, beschreibt sich in seinen Memoiren als Opfer von Verrat, gezielten Verleumdungen und ungünstigen Verhältnissen.[2] Noch in den 1950er Jahren beteiligte sich Kerenskij mit großem Aufwand an der Übersetzung und Edition einer dreibändigen Dokumentensammlung in den USA. Diese vereinigte Gesetze, Gesetzesentwürfe, Verordnungen, Erlasse und Korrespondenzen der Provisorischen Regierung und sollte sie als handlungsfähigen und dynamischen Staatsapparat zeigen.[3] Der erste Außenminister der Provisorischen Regierung, der Liberale und Historiker Pavel Miljukov, hielt 1920 fest, dass die Zeit für abgewogene Memoiren noch nicht reif sei. Bis auf weiteres könne man als Protagonist des Jahres 1917 lediglich die Fakten für sich sprechen lassen. Er warnte vor übereilten Schlüssen: «Als ein Historiker von Beruf wollte und konnte der Verfasser nicht die Fakta den Schlüssen anpassen.»[4]

Die Bol'ševiki spannten die Revolution alsbald in ihre neue Schreib- und Erinnerungskultur ein, in der der neue Mensch und homo sovieticus sich memoirenschreibend seiner Identität als entschlossener Revolutionär vergewissern sollte. Die russische Emigration hielt demgegenüber die Schrecknisse der Revolution fest und verklärte die Vergangenheit des untergegangenen Zarenreiches. Im *Roten Archiv* und im *Archiv der Russischen Revolution* sind diese widerstreitenden Erinnerungsprojekte überliefert.[5]

Doch nicht nur Texte, auch Bilder transportierten rasch Sichtweisen der Russischen Revolution. Die visuellen Assoziationen nachfolgender Generationen mit der Revolution hat insbesondere Sergej Eisenstein mit seinem Film *Oktober* von 1927 geprägt. Obschon an vielen Schauplätzen der Revolution in Leningrad gedreht, ist Eisensteins *Oktober* nicht mit einem Historienfilm zu verwechseln. Vielmehr visualisiert er grundsätzliche Kräfte sowie maßgebliche Akteure und Akteursgruppen der Revolution. Lenin und Kerenskij, Soldaten und Matrosen, Arbeiter und Bauern, Kosaken, Eisenbahner, Deputierte des Rätekongresses und das einfache Volk vollführen ein Schauspiel, in dem die Revolution den Krieg und das Gute das Böse besiegen. Der Film *Oktober* zeigt – abweichend vom realen Geschehen 1917 – einen Lenin, der das Volk instruiert, im Oktober 1917 das Winterpalais zu stürmen, um die Provisorische Regierung aus dem Weg zu räumen, der zum Frieden und zur Herrschaft der Werktätigen führt.

Verblüffenderweise ergeben sich frappierende Ähnlichkeiten zwischen den Schauplätzen und Akteursgruppen in Eisensteins Film und den Gliederungspunkten vieler gängiger geschichtswissenschaftlicher Gesamtdarstellungen der Revolution von 1917. Ein Großteil der Überblickswerke verdichtet das Geschehen ebenso in Petrograd, wie es Eisenstein in seinem Film tat. Die Bezeichnungen der Akteursgruppen in einem Sequenzprotokoll des Filmes decken sich mit den Kapitelüberschriften in historischen Revolutionsdarstellungen. Überblickswerke zur Revolution hatten lange Zeit einen starken politik- und sozialgeschichtlichen Schwerpunkt. Im Film und in Büchern ringen Revolutionäre unterschiedlichster ideologischer Couleur und soziale Großgruppen wie Soldaten und Matrosen, Bauern und Arbeiter um den Ausgang der Revolution. Der Fokus liegt auf dem Geschehen in den urbanen Zentren und in Petrograd zumal. Freilich folgte die Geschichtsschreibung außerhalb der Sowjetunion dem Film nicht in der glorifizierenden Zeichnung Lenins und der zum Volksereignis stilisierten Verhaftung der Provisorischen Regierung. Doch der politikgeschichtliche, revolutionstypologische und sozialwissenschaftliche Ansatz vieler Revolutionsgeschichten setzte just jene Figuren und Gruppen in Bezug zueinander, die auch Eisenstein in seinem Film auftreten lässt.[6]

Der Blick in die weit verästelte Forschung der vergangenen zweieinhalb Jahrzehnte zeigt demgegenüber eine ganz andere Revolution.[7] Sie ist so facettenreich, dass es sich verbietet, von der Revolution im Singular zu sprechen.[8] In jeder Region des alten Zarenreiches durchlebten soziale und nationale Gruppen unter verschiedenen ökonomischen und politischen Bedingungen ihre jeweils eigene Revolution. In den letzten 25 Jahren haben Historikerinnen und Historiker eine schier unzählbare Vielfalt lokaler Variationen der Revolution dokumentiert.[9] Revolutionsgeschichten haben sich inzwischen sehr vielen erdenklichen Aspekten des großen Umbruchs Russlands im frühen 20. Jahrhundert zugewandt. Revolutionsgeschichte ist als Gewaltgeschichte geschrieben worden. Ideologische Legitimationen von Gewalt und Eigenlogiken von Gewaltausübung sind dabei ebenso in den Blick gekommen wie Gewalterfahrungen.[10] Mit der Bestialität der Gewalt kontrastiert eine Revolutionsgeschichte der Hoffnungen. Sie beinhaltet sowohl die Aussicht auf die Befreiung von Armut, Krankheit und Not als auch Zukunftsvisionen an einem hellen Erwartungshorizont. Die Weltrevolution des Proletariats und die vollkommene menschliche Beherrschung des Universums gehören in diesen Zusammenhang. Futuristische biologische Szenarien strebten die Wiedererweckung der Toten und die Unsterblichkeit der Lebenden an.[11]

Die Kulturgeschichte der Revolution richtet ihren Blick auf den Wandel symbolischer und künstlerischer Formen sowie sozialer Praktiken. Das Projekt des Neuen Menschen – urban, gebildet, sportlich, den Niederungen alltäglichen Mittelmaßes entstiegen, in seiner Arbeit und Zeiteinteilung präzise wie eine Maschine – ist ein futuristisches Vorhaben, welches das erste Drittel des 20. Jahrhunderts auch in Russland prägte. Arbeit und Freizeit, Kunst und Sport, Raum- und

Zeitvorstellungen waren allesamt von diesem Wandel geprägt. Auch in der Geschichte der Geschlechterverhältnisse und der Frauenbewegung erscheint 1917 als eine wichtige Etappe. Die Revolution erweiterte zunächst die sozialen Handlungsräume von Frauen. Gleichzeitig blieb die hohe Politik eine Männerdomäne. Der Stalinismus reetablierte wiederum Geschlechterstereotype.[12] Seine bolschewistische Redaktion der Revolutionserfahrungen bündelte die Vielfalt der Visionen alsbald in einem Narrativ, in dem Individuen sich idealtypische Rollenvorstellungen vom Parteimitglied, vom Arbeiter und Bauern im Kollektiv der Revolution zu eigen machen sollten.[13]

Doch damit ist die Bandbreite der jüngeren Revolutionsforschung noch lange nicht ausgeschöpft. Die Religionsgeschichte ist in die Revolutionsgeschichte zurückgekehrt. Religiös motivierte Kritik an der orthodoxen Kirche im späten Zarenreich wurde als Faktor der Systemkritik am Zarenreich und damit auch der Revolution benannt.[14] Gruppen, die die Revolution religiös begründeten und daraus Wandlungen für geistiges Leben und kirchliche Organisation ableiteten,[15] sind genauso wie die Repressionen der Bol'ševiki gegen Kirchen und Konfessionen untersucht worden.[16] Die Sozialgeschichte der Revolution wiederum fragt nach Erfahrungen von Gruppen, die bislang in der Revolutionsgeschichte nicht vorkamen. Familien, Kinder und Jugendliche sind hier zu nennen.[17] Ungebrochen ist die Aufmerksamkeit für Außenwahrnehmungen der Revolution. In vielen Weltregionen mobilisierte die Russische Revolution ideologische Lager von links bis rechts, die aus Russland wahlweise Befreiung und den Aufbruch in eine Zukunft jenseits von Kapitalismus und Kolonialismus erwarteten oder Unterdrückung und das Ende des Abendlandes befürchteten.[18]

Schließlich hat die jüngere Geschichtsschreibung die Revolutionsgeschichte auch aus ihrer russozentrischen Fokussierung auf die Zentren befreit. Historikerinnen und Historiker haben ihre Blicke zunehmend auf die Regionen des alten Zarenreiches gerichtet und konkurrierende Nationsbildungsprojekte betrachtet. Dabei macht die Geschichte der Revolution sichtbar, wie aus dem zarischen Vielvölkerreich ein Imperium neuen Typs wurde. Die Bol'ševiki und Lenin waren angetreten, ein Reich, das sie als Völkergefängnis betrachteten, von dem zu befreien, was sie großrussischen Chauvinismus nannten. Daraus resultierte eine neue Nationalitätenpolitik in der jungen Sowjetunion, die Nationen als Container begriff, in denen sich der Sozialismus leichter zu den übrigen Nationalitäten in der Sowjetunion transportieren ließe. Unter der Hand griffen die Bol'ševiki dabei auf Expertenwissen und Herrschaftstechniken aus dem zarischen Imperium zurück. Die Geschichte der Revolution in Russland, angefangen bei der ersten Revolution 1905 über den Sturz der Zarenherrschaft im Februar 1917, den Coup der Bol'ševiki im Oktober 1917 und den Bürgerkrieg 1918–1921 bis hin zur sowjetischen Nationalitätenpolitik der 1920er Jahre, erscheint als Metamorphose eines Imperiums.[19]

Vor dem Hintergrund dieser unterschiedlichen Perspektiven der Geschichtsschreibung auf Russland im ersten Drittel des 20. Jahrhunderts scheint es gewagt, die Geschichte der Revolution auf knappem Raum zu schreiben. Eine kurze Synthese der Russischen Revolution wird nicht alle Revolutionsgeschichten in sich aufheben können. Es sei denn, sie versteht sich als Kaleidoskop, das auf eine narrative Verknüpfung aller Dimensionen der Revolutionsgeschichte verzichtet. Mit Blick auf die Vielfalt der Imperien-, Nationen- und Regionalgeschichten Russlands im frühen 20. Jahrhundert behandelt diese Revolutionsgeschichte die Metamorphose des Imperiums. Dabei erschöpft sie sich nicht im Abgleich von Kontinuität und Wandel zweier Zeiten, die vom Jahr 1917 getrennt werden. Die Metamorphose ist vielmehr als ein von Einschnitten und Brüchen, aber auch Kontinuitäten gekennzeichneter Prozess im ersten Drittel des 20. Jahrhunderts zu begreifen.

Die Metamorphose des Imperiums ist mehr als eine lineare Abfolge politischer Organisation vom Imperium zum Nationalstaat. Teile der jüngeren Historiographie haben das Projekt der Nation gleich in doppelter Hinsicht als Motor von Untergang und Ende des Zarenreiches ausgemacht. Demzufolge hätten zunächst die Eliten im Zarenreich eine nationale Russifizierung des Reiches angestrebt, bevor dann das

Konzept der Nation und konkrete Nationsbildungsprojekte das Ende des Imperiums besiegelten.[20] Gewiss orientierten sich erhebliche Teile der russischen Eliten im späten Zarenreich am Projekt einer großen russischen Nation, die Russen, Ukrainer sowie Belarusen umfassen und das Imperium führen sollte. Daraus resultierten Tendenzen zur Homogenisierung des Reiches im Militär, in der Bürokratie und dem Bildungswesen. Es schießt jedoch über das Ziel hinaus, die Revolution 1917 als kulturelle Widerstandsbewegung gegen die russische Nationalisierung und Zivilisierung des Reiches aufzufassen.[21] Ebenso bleibt es fragwürdig, ob das Ende des zarischen Imperiums als Geschichte eines imperialen Zauberlehrlings geschrieben werden kann, der nationale Geister rief, derer er in Gestalt nationaler Sezessionen aus dem Imperium nicht mehr Herr wurde. Die Gegenüberstellung von Imperium und Nation schreibt allzu oft eine Modernisierungsgeschichte fort, in der die Imperien als Atavismen der Geschichte und die Nationen als Motoren der Modernisierung erscheinen.

Jüngst verbreitete sich demgegenüber die Einsicht, das 19. Jahrhundert nicht als Jahrhundert der Nationsbildungen zu überzeichnen. Die Mehrzahl der Menschen auf der Welt war im 19. Jahrhundert und auch noch zu Beginn des 20. Jahrhunderts Untertan eines Imperiums.[22] Erst der Zerfall der Imperien und die Dekolonisation ließen das 20. Jahrhundert zu einem Jahrhundert der Nationen werden.[23] Imperien haben sich als langlebige und durchaus wandlungsfähige Herrschaftsgebilde erwiesen. Dynastien standen an der Spitze einer imperialen Herrschaft über große und disparate Räume sowie Menschen unterschiedlichster Sprachen, Religionen und Wirtschaftsweisen. Die imperiale Herrschaft stützte sich auf eine horizontale Integration lokaler Herrschaftseliten und das Militär. Eine vertikale Durchdringung und Integration ganzer Gesellschaften strebte sie bis in das 19. Jahrhundert hinein nicht an. In der Expansion in außereuropäische Räume brachten europäische Imperien verschiedene Formen kolonialer Unterwerfung und Ausbeutung hervor. Ob kolonial oder nichtkolonial: imperiale Herrschaft strebte danach, die Kommunikationen und Ressourcenflüsse im Reich stets zwischen einer jeweiligen Region und dem Zentrum zu kanalisieren. Ein autonomer Austausch unter den Regionen war in einer idealtypischen imperialen Herrschaft nicht vorgesehen. Politik, Militär, Ökonomie und Kultur erscheinen als Ressourcen imperialer Macht. Ressourcenflüsse dienten dem Gewinn des Zentrums. Das Militär stand bereit, Erhebungen im Imperium niederzuschlagen. Imperiale Ideologien wie die Auserwähltheit einer Dynastie, die Größe und Vielfalt des Reiches und seine zivilisatorische Mission stellten Identifikationsangebote für die imperialen Eliten dar. Zugleich blieb das Zentrum aber darauf angewiesen, dass Menschen sich mit dem Imperium identifizierten und ihr Wissen und Können in den Dienst des Reiches stellten.[24]

Vor diesen Hintergründen kann es im Folgenden freilich nicht allein darum gehen, das Imperium und die Nationen und Regionen in ihm als einen neuen Betrachtungsraum der Revolutionsgeschichte zu benennen. Imperiale Herrschaftstechniken und Raumerfahrungen des Imperiums werden zu kausalen, aber auch kontingenten Faktoren der Revolution. Die Metamorphose des Imperiums vollzog sich in mehreren revolutionären Schüben und zugleich kontinuierlichen Wandlungsprozessen von der ersten Revolution in Russland bis in die 1920er Jahre nach der Gründung der Sowjetunion 1922. Nach der Revolution von 1905 nahm das Zarenreich eine völlig neue Gestalt an. Zwar lebte Nikolaus II. ungebrochen in der Vorstellung, vom Bund zwischen Zar und Volk getragen Russland autokratisch regieren zu können. Doch die Einrichtung eines Parlamentes, der Duma, die legale Bildung von Parteien und die Lockerung der Zensur verliehen der Politik des Zarenreiches ein neues, öffentliches Gepräge. Ein Abgeordneter der Duma beschrieb die Zusammenkunft des ersten Parlamentes als die wahre ethnographische Karte des Imperiums.[25] Am Vorabend des Ersten Weltkriegs war vollkommen offen, in welche Richtung sich dieses Imperium entwickeln würde. Reaktionäre und antisemitische Trägerschichten am Hof, in der Bürokratie und in sogenannten Schwarzhundertschaften versuchten, dem Rad der Zeit in die Speichen zu greifen. Gleichzeitig schritten jedoch gesellschaftliche Selbstorganisation und Nationsbildungsprojekte in vielen Regionen des Reiches voran und erhielten nach 1905 neue Spielräume.[26] Die Übersetzung der Bibel in das Ukrainische, die der Staat jahrzehntelang unter Verschluss gehalten hatte, konnte nun erscheinen und ist ein Beispiel von vielen.[27]

Das Zarenreich im Ersten Weltkrieg nahm innerhalb weniger Monate wiederum eine andere Gestalt an. Im rückwärtigen Heeresgebiet übertrug das Militär seine an Ethnizität und Religion orientierten Kriterien von Loyalität und Unzuverlässigkeit auf die Zivilbevölkerung. Diskriminierungen und Deportationen vor allem, aber nicht nur von Juden und deutschen Untertanen waren die Folge.[28] In der Organisation der Flüchtlingshilfe griff der überforderte Staat immer stärker auf nationale Hilfskomitees zurück und beförderte damit ungewollt Nationsbildungsprozesse im Imperium.[29]

Manches, was auf den ersten Blick in der sowjetischen Geschichte als neu erschien, entpuppte sich bei näherer Betrachtung als Weiterentwicklung von Ansätzen aus dem späten Zarenreich oder dem revolutionärem Russland nach dem Februar 1917. Unbarmherzige Getreiderequirierungen galten lange Zeit als Kennzeichen bolschewistischer Härte im Bürgerkrieg. Sie gehen jedoch auf Praktiken zurück, die die zarische Armeeführung im Ersten Weltkrieg entwickelt hat.[30] Die permanente Rhetorik einer Bedrohung durch innere Feinde und Saboteure sowie die Ausprägung eines Persönlichkeits- und Führerkultes, wie sie im Stalinismus anzutreffen sind, begegnen bereits im Russland unmittelbar nach Beginn des Ersten Weltkriegs. Hier zeichnen sich deutliche Entwicklungslinien zwischen der späten zarischen und der jungen sowjetischen Geschichte ab.[31] Bei bestimmten Herrschaftspraktiken lassen sich sogar die Träger eines Wissenstransfers aus dem Zarenreich in das revolutionäre Sowjetrussland benennen. Dazu zählen etwa Militärs der Armee des Zaren, die sich nach 1917 den Bol'ševiki und der Roten Armee anschlossen.[32] Die detaillierte Unterteilung der jungen Sowjetunion in Republiken, Gebiete und Kreise verdankt sich wiederum nicht zuletzt dem ethnographischen Wissen, das im Zarenreich sozialisierte und ausgebildete Akademiker den Bol'ševiki zur Verfügung stellten.[33] So erscheint die Zeit der Revolutionen eingebettet in ein großes Laboratorium des Umgangs mit ethnischer und nationaler Vielfalt.[34]

Die Nationalitätenpolitik der jungen Sowjetunion erwies sich dabei zunächst als sehr innovativ. Sie territorialisierte Nationsbildungen wie anfänglich die ukrainische, die belarusische, die armenische und die azerbajdžanische in eigenen Sowjetrepubliken. Im Lauf der Sowjetgeschichte stieg die Zahl der national begriffenen Unionsrepubliken auf 15. Die Sowjetunion grenzte sich damit doppelt ab: diachron vom Zarenreich, in dem nach Lenins Lesart der großrussische Chauvinismus die übrigen Nationen in ein Völkergefängnis gesperrt habe, und synchron von den Kolonialreichen der Briten und Franzosen, die versuchten, die hierarchische Differenz zwischen europäischen Kolonialherren und den Kolonialisierten in Afrika und Asien aufrechtzuerhalten. Die Sowjetunion begriff sich nicht als Imperium. Sie schuf aus der Hinterlassenschaft des Zarenreiches einen multinationalen Staat, der wie alle Imperien vor der Herausforderung stand, großräumige Vielfalt zu organisieren. Für einen Moment sah es in den 1920er Jahren so aus, als könne die sowjetische Nationalitätenpolitik gar als ein Modell für die Dekolonisation in Afrika und Asien dienen. Alle Ansätze dazu erstickten die Bol'ševiki jedoch in den späten 1920er Jahren, als sie die Komintern zu einem Instrument ihrer Außenpolitik formten und die zunächst geförderten Nationen und Ethnien zwischen den Mahlsteinen des stalinistischen Terrors zerrieben.[35]

Die jüngere Imperien- und Nationengeschichte der Revolutionszeit und die etablierten Politik- und Sozialgeschichten der Russischen Revolution finden ihren gemeinsamen Nenner im Zusammenspiel struktureller Faktoren und handelnder Menschen. Gewiss lassen sich im Zarenreich der Zeit um 1900 strukturelle Probleme und Krisenpotentiale beschreiben. Russlands Drängen in die Weltwirtschaft, die ökonomische Reformagenda des Staates, Industrialisierung und Urbanisierung brachten einen sozialen Wandel, der nicht konfliktfrei blieb. Einige Bauern strebten ein eigenständigeres Wirtschaften außerhalb der solidarischen Dorfgemeinschaft an. Das Gros wusste die

Dorfgemeinschaft als Überlebensgemeinschaft zu schätzen – auch jene Bauern, die als Wander- und Saisonarbeiter winters in den Städten und sommers auf dem Land arbeiteten. Land blieb eine begehrte Ressource. Ebenso differenziert wie die Bauern stellte sich die Arbeiterschaft dar. In den Metropolen St. Petersburg und Moskau mochte man Arbeiter antreffen, die einer marxistischen Idealvorstellung vom bewussten Proletarier nahekamen. Die Mehrzahl der Arbeiter war jedoch gerade erst in industrielle Ballungszentren zugewandert und ungelernt. Die Arbeitsbedingungen im sich rapide industrialisierenden späten Zarenreich waren von den Standards gewerkschaftlicher Vorstellungen in Europa weit entfernt.[36]

Doch diese sozialen Verwerfungen auf dem Land und in den Städten brachten aus sich keine Revolution hervor. Ähnliches gilt für die Nationsbildungsprojekte der Finnen, Esten, Letten, Litauer, Polen, Ukrainer, Belarusen, Tataren, Georgier, Armenier und Azeris: Für sich genommen liefen sie nicht auf ein zwangsweises Ende des Imperiums hinaus. Erst die Konstellationen, die die Reichsführung in Kriegen schuf – gegen Japan 1904/05 und im Ersten Weltkrieg –, eröffneten Möglichkeiten, in denen Akteure Revolutionen herbeiführen konnten. Soziale und nationale Revolutionen beruhten dabei auf einem Nachrichten- und Gerüchtefluss, der den Adern des Telegraphen- und Eisenbahnnetzes des Zarenreiches folgte.[37] In der Revolutionsgeschichte sozialer Gruppen und nationaler Projekte verschränken sich strukturelle Ausgangsbedingungen und situative individuelle wie kollektive Aktionen.

1905–1907: Russlands erste Revolution

1. Russland um 1900

Der Welt zeigte sich das Zarenreich an der Wende vom 19. zum 20. Jahrhundert als eine Avantgardemacht der Internationalisierung. Russlands Präsentation auf der Pariser Weltausstellung von 1900 offenbarte, welche Fortschritte das Land in seiner Selbstdarstellung seit der ersten Weltausstellung in London 1851 gemacht hatte. Galt das Zarenreich den Besuchern der Londoner Weltausstellung von 1851 noch als ein despotisches und agrarisches Land, das seinen Reichtum im Schmuck und Gepränge von Hof und Aristokratie nutzlos verprasste, so staunten die Besucher des russischen Pavillons 1900 nicht schlecht über die kühnen Ambitionen Russlands im Weltverkehr. In einigen ausgestellten Eisenbahnwaggons erlebten die Besucher die Illusion einer Eisenbahnreise von Moskau durch Sibirien bis nach Peking. Der russländische Finanzminister Sergej Witte dachte gar an eine Eisenbahnverbindung zwischen den USA und Russland über die Beringstraße. Diese Verbindung, so Wittes kühne Hoffnung, sollte einen Großteil des transatlantischen Schiffsverkehrs zwischen Europa und Amerika auf den russischen Schienenstrang umleiten. Blieb diese Idee zwar ein Projekt, so konnte wenige Jahre nach der Pariser Weltausstellung die Strecke zwischen Moskau und Peking tatsächlich befahren werden.[1] In der internationalen Politik wiederum war die zarische Diplomatie unter maßgeblicher Initiative russischer Juristen wie Fedor F. Martens daran beteiligt, das Völkerrecht weiter zu entwickeln. Die Verabschiedung einer Landkriegsordnung und die Einrichtung eines internationalen Schiedsgerichtshofs auf den Haager Konferenzen von 1899 und 1907 gingen wesentlich auf russische Impulse zurück.[2]

Die Zeit um 1900 offenbarte jedoch auch, welchen immensen Herausforderungen sich Russland gegenüber sah – und welche Gruben die Reichsführung sich selber zu graben imstande war, ohne es zu bemerken. Die Krönungsfeierlichkeiten Nikolaus' II. 1896 sahen neben der traditionellen Krönung in der Mariä-Entschlafens-Kathedrale im Moskauer Kreml' auch ein großes Volksfest auf den Chodynka-Feldern vor den Toren der Stadt vor. Dort ereignete sich ein Unglück, auf das Nikolaus II. in bezeichnender Weise nicht reagierte. Als eine Tribüne einstürzte, brach unter den auf die Speisung des Kaisers wartenden Massen eine Panik aus. Mehr als tausend Menschen fanden den Tod. Nikolaus II. sah darin keinen Grund, die Krönungsfeierlichkeiten zu unterbrechen. Hier offenbarte sich eine duldende Demut gegenüber den Zeitläuften, die sich noch oftmals in seiner weiteren Regierungszeit beobachten lassen sollte. Sie war nicht das Resultat mangelnden Intellekts oder ungenügender Bildung, sondern ging aus seiner Sozialisation hervor. Sein englischer Erzieher Charles Heath hatte Nikolaus eine gentlemanartige Beherrschtheit gelehrt, die es ihm erlauben sollte, auch in schwierigsten Situationen unerschüttert façon und contenance zu wahren. Konstantin Pobedonoscev, Oberprokuror des Heiligen Synods, wiederum vermittelte Nikolaus die Werte von Monarchie und Orthodoxie. Er beschrieb Politik nicht als Aushandlung widerstreitender Positionen und Abgleich von Interessen, sondern als Frage von Wahrheit und Lüge. Die Wahrheit lag für Pobedonoscev im Festhalten an der Autokratie, die Lüge in jeglicher Form von Einschränkung der Monarchie zugunsten anderer Gewalten wie etwa der Judikative. Für Nikolaus war somit in der Welt der Politik Gehorsam gegenüber dem Monarchen die oberste Regel. Erschwerend kam hinzu, dass Nikolaus' Erziehung und Sozialisation sich samt und sonders im geschlossenen Kosmos von Familie und Hof abspielte. Der Hof schloss ihn von jeglichem Kontakt mit Gleichaltrigen und allen damit verbundenen Erfahrungen von Austausch und Selbstbehauptung aus. Es kam also nicht von ungefähr, dass Nikolaus Ereignissen in der Außenwelt wie der Katastrophe auf den Chodynka-Feldern mit absonderlich anmutender Entrücktheit begegnete.[3]

Warnende Worte drangen somit nicht zum Zaren durch. Das gilt auch für einen Brief, den kein Geringerer als Lev Tolstoj an Nikolaus II. adressierte. Am 16. Januar 1902 setzte Tolstoj im hohen Alter von 83 Jahren ein Schreiben an den Zaren auf. Es wich in Anrede und Stil von der gängigen Nomenklatur ab, die den Zaren unterwürfig als Autokraten und gnädigen Herrscher titulierte. Stattdessen erlaubte es sich der Schriftsteller, aus seiner tief empfundenen Religiosität heraus die christliche Nächstenliebe wörtlich zu nehmen und den Zaren als Bruder anzusprechen:

«Lieber Bruder, diese Anrede hielt ich für die angemessenste, weil ich mich mit diesem Brief nicht so sehr an den Zaren wie an den Menschen – den Bruder wende. Außerdem auch noch deswegen, weil ich Ihnen gleichsam aus jener Welt schreibe, fühle ich doch den Tod nahen. Ich wollte nicht sterben, ohne Ihnen gesagt zu haben, was ich über Ihr gegenwärtiges Wirken denke und darüber, wie es sein, welch großes Glück es Millionen Menschen und Ihnen bringen könnte und welch großes Unheil es den Menschen und Ihnen bringen kann, wenn es die Richtung beibehält, in der es jetzt verläuft. Ein Drittel Russlands befindet sich im Zustand verschärfter Überwachung, das heißt außerhalb des Gesetzes. Die Armee der Polizisten – der öffentlichen und der geheimen – vergrößert sich ständig. Die Gefängnisse, die Orte der Verbannung und der Sträflingsarbeit sind neben Hunderttausenden Krimineller mit politischen Häftlingen überfüllt, zu denen jetzt auch die Arbeiter gerechnet werden. Die Zensur hat eine Unsinnigkeit der Verbote erreicht, wie es in der schlimmsten Zeit der vierziger nicht der Fall gewesen war. Die religiösen Hetzjagden sind nie so häufig und grausam gewesen wie jetzt, und sie werden immer grausamer und häufiger. Überall in den Städten und Fabrikzentren sind Truppen konzentriert, und sie werden mit scharfer Munition gegen das Volk ausgeschickt. An vielen Orten ist es schon zu brudermörderischem Blutvergießen gekommen, und neues und noch grausameres Blutvergießen wird überall vorbereitet und wird unweigerlich stattfinden. […] Der Absolutismus ist eine überlebte Regierungsform, die vielleicht den Bedürfnissen eines Volkes irgendwo im weltfernen Zentralafrika entsprechen kann, nicht aber den Bedürfnissen des russischen Volkes, das sich in immer zunehmendem Maße die der ganzen Welt gemeinsame Bildung aneignet. […] Mit Gewaltmaßnahmen kann man das Volk unterdrücken, aber nicht regieren. […]

Ihr Ihnen aufrichtig wahres Glück wünschender Bruder

Lew Tolstoi».[4]

Der Adressat des Briefes zeigte sich davon offenkundig unbeeindruckt. Politik stellte sich Nikolaus II. als Exekution seines autokratischen Willens vor. Die ausführenden Organe waren der Reichsrat, die Ministerien, nachgeordnete Bürokratien und die Gouverneure in den Provinzen des Reiches. Eine politische Selbstorganisation der Gesellschaft hatte in seiner Vorstellungswelt keinen Platz. So vollzog sich die Politisierung der Gesellschaft im Untergrund, und die von Tolstoj angesprochenen Notlagen unterschiedlichster Bevölkerungsgruppen vermochten Nikolaus' phantastisches Bild eines ungebrochenen Bündnisses zwischen Zar und Volk nicht zu erschüttern.

Die Politisierung und Selbstorganisation der Gesellschaft hatte seit der Mitte des 19. Jahrhunderts lokale und regionale Wurzeln. Der Staat selber hatte sie mit seiner Reform der Lokalverwaltung, des zemstvo, seit 1864 angelegt. In zahlreichen Gouvernements und Kreisen des Reiches wählte seitdem die Bevölkerung ihre Lokalvertretung. Gewiss, das Wahlrecht bevorzugte den Adel, gewährte aber auch den Bauern Stimmen. Eine Grundlage politischer Selbstorganisation war geschaffen, die auch die Verschärfung der staatlichen Aufsicht über die Lokalverwaltungen 1890 nicht mehr rückgängig zu machen vermochte. Neben den gewählten Vertretern des zemstvo sorgten die Angestellten der Lokalverwaltung für einen weiteren Politisierungsschub. Es handelte sich bei ihnen um Ärzte, Veterinärmediziner, Lehrer, Statistiker, Ingenieure und Agronomen, die aus der Sorge um lokale Infrastrukturen ein weiteres gesellschaftliches Engagement entwickelten. Den Wunsch der Lokalverwaltungen, sich überregional zu organisieren, hatte der Staat stets abgeschmettert. Zu groß war die Furcht der Regierung, eine Bewegung zu nähren, die womöglich politische Teilhabe auf der Reichsebene und gar noch eine Verfassung fordern könnte. Als Resultat dieser staatlichen Verweigerungshaltung fanden ab den 1890er Jahren überregionale Zemstvokongresse im Heimlichen statt. Adlige, Angestellte und städtische Eliten fanden dabei in Debatten über weitere Reformen des Landes zusammen.[5] Solchermaßen im Untergrund entstanden im späten 19. Jahrhundert auch die ersten Parteien Russlands. Im Bund der Zemstvo-Konstitutionalisten und im Bund der Befreiung sammelten sich die Liberalen. Ferner entstand aus dem marxistischen Lager die Russländische Sozialdemokratische Arbeiterpartei, die sich alsbald in eine Minderheit (Men'ševiki) und Mehrheit (Bol'ševiki) spaltete. Agrarsozialisten gründeten die Partei der Sozialrevolutionäre. Die Interessen der Arbeiter im Westen des Zarenreiches schrieb sich der Allgemeine Jüdische Arbeiterbund in Litauen, Polen und Russland, allgemein Bund genannt, auf die Fahnen.[6]

Nach der raschen Industrialisierung der 1890er Jahre war der Beginn des 20. Jahrhunderts in Russland wie auch in anderen Weltregionen von einer Rezession geprägt, die von den Finanz- und Getreidemärkten ihren Ausgang nahm. Im Getreideexport des Zarenreiches brachen Einnahmen weg, die der Finanzminister Sergej Witte für weitere Investitionen in die Schwerindustrie veranschlagt hatte. Bauernunruhen erfassten 1902 das Land. Das Jahr darauf brachte Streiks in den großen Industriezentren Russlands. Der Allrussländische Handels- und Industriekongress und die Kaiserliche Freie Ökonomische Gesellschaft unterbreiteten wirtschaftspolitische Forderungen, denen Nikolaus II. sich verschloss. Allein zur Entlassung seines Finanzministers Witte konnte er sich 1903 durchringen. Den sozialen Unmut im Lande versuchte Innenminister Pleve mit antisemitischer Rhetorik zu ersticken. Das einzige Resultat war ein Judenpogrom zu Ostern 1903 in Kišinev in Bessarabien. Daraufhin verübten sozialrevolutionäre Terroristen ein Attentat, dem Pleve im Juli 1904 zum Opfer fiel. Auch die Ränder des Zarenreiches erfasste die Gewalt. Am 5. Mai 1902 ermordete der Jude Hirš Lekert in Vil'na Viktor von Wahl, der in den 1890er Jahren als Stadthauptmann von St. Petersburg durch eine erzkonservative und antisemitische Einstellung aufgefallen war.

Der Hauptstadt schien er kaum noch vermittelbar, doch für den Einsatz in Vil'na, dem jüdisch geprägten «Jerusalem des Nordens», hielt die Reichszentrale ihn 1901 für geeignet. Dort waltete von Wahl mit harter Hand seines Amtes als Gouverneur – bis zum Attentat Lekerts.[7] Eine Entfremdung zwischen eigentlich loyalen Gebildeten und Angehörigen der Lokalverwaltungen auf der einen Seite und der Obrigkeit, die auf polizeistaatliche Mittel setzte, war im ganzen Reiche nicht mehr zu übersehen. Sie nährte den Wunsch nach der Umwandlung Russlands in eine konstitutionelle Monarchie.[8]

Auch außenpolitisch bewegte sich das Zarenreich in den ersten Jahren des noch jungen Jahrhunderts in schwierigem Fahrwasser. Aus unterschiedlichen Motiven betrieben Finanzminister Witte und Admiral Alekseev Russlands Expansion im Fernen Osten in der Mandschurei und auf der Halbinsel Liaotung, wo Russland sich den Hafen Port Arthur sicherte. Die Ostchinesische Eisenbahn zweigte von der Transsibirischen Eisenbahn nach Süden ab, um auf kürzerem Weg den Pazifik und das Chinesische Meer zu erreichen. Was Witte als Ausgangspunkt einer friedlichen ökonomischen Durchdringung Asiens sah, galt Admiral Alekseev als Sprungbrett Russlands zu militärischer und geopolitischer Geltung im Pazifikraum. Japan, das 1894/95 den altehrwürdigen Hegemon Asiens China in einem Krieg bezwungen hatte, nahm das eine wie das andere als Gefährdung seines eigenen empire-building im Pazifik im Allgemeinen und der Mandschurei im Besonderen wahr. Ohne Russland den Krieg zu erklären, versenkte Japan im Februar 1904 die Flotte Russlands in Port Arthur und eröffnete damit den japanisch-russländischen Krieg. Bis zur Versenkung der Ostseeflotte Russlands im Mai 1905 in der Seeschlacht von Tsushima brachte der in Russland vollkommen unpopuläre Krieg zu Lande und zu Wasser dem Zarenreich eine Reihe von schmerzlichen Niederlagen bei.[9]

Obgleich an Brandherden im Inneren und Äußeren kein Mangel herrschte, lebte die Obrigkeit in der Illusion gefestigter Verhältnisse. Der Innenminister Pleve war – der Überlieferung Sergej Wittes zufolge – der Ansicht, ein «kleiner siegreicher Krieg» gegen Japan werde das Land im Inneren festigen.[10] Die visuelle russische Kriegspropaganda stilisierte den Krieg zwischen Russland und Japan zu einem Rassenkrieg. Überlebensgroße und kräftige, weiße russische Bauernsoldaten und Kosaken würden die winzigen, gelben Japaner mit spielerischer Leichtigkeit besiegen.[11] Auch auswärtige Besucher Russlands ließen sich von russischer Folklore und scheinbar gut organisierter Kriegsanstrengung des Imperiums einnehmen. Auf der Durchreise zum Kriegsschauplatz im Fernen Osten fasste der ungarische Rittmeister Alexander Spaits seine Eindrücke aus Petersburg im Dezember 1904 in die Worte: «Alles geht hier im gewohnten Gleise; ruhig und ernst. Würde das helle Schellengeklingel von hunderten und hunderten kleiner Schlitten – dem eigentümlichen Verkehrsmittel Petersburgs – nicht bis spät nachts hinein fröhlich durch die breiten Straßen und über die endlos weiten Plätze schallen, das vom Lärm unserer Großstädte betäubte Ohr könnte kaum glauben, in einer Millionenstadt zu sein.»[12]

Auch von der wohltätigen Geschäftigkeit des Zarenhofes und der Petersburger adligen High Society, die im kaiserlichen Winterpalais Verbandsmaterial, Kleidung und Weihnachtsgeschenke für die Soldaten im Fernen Osten herrichtete, zeigte sich Spaits beeindruckt: «Jeder Soldat erhält eine Blechbüchse, worin er Zucker, Tee, Schokolade, Tabak, eine Pfeife, Nähzeug, etwas Wäsche, geräuchertes Fleisch und ein Stück Seife finden wird. [...] Ich muß gestehen, daß beim Verlassen des Winterpalais sich meine Sympathie für Rußland wieder stark gefestigt hatte.»[13] Noch zum Jahreswechsel 1904/05 teilte Sergej Witte dem amerikanischen Botschafter R. S. McCormick vertraulich mit, die Lage sei zwar durchaus ernst, jedoch nicht bedrohlich, und eine Revolution stünde schon gar nicht vor der Haustür.[14] Nur wenige Tage später sollte sich diese Annahme als ein Irrtum herausstellen.

2. Vom Blutsonntag zum Oktobermanifest

Der 9. Januar 1905 war ein Sonntag.[15] Es war noch früh am Morgen, als sich in St. Petersburg an verschiedenen Plätzen der Hauptstadt des Russländischen Reiches zwischen 50 000 und 100 000 Menschen versammelten. Auch Frauen und Kinder waren unter ihnen. Sie sprachen zunächst Gebete, bevor sie sich mit Spruchbändern, Ikonen und Porträts des Zaren zu einer Prozession vereinigten. Das Ziel des Umzuges war der Winterpalast an der Neva, wo, so der Plan, dem Zaren eine Petition überreicht werden sollte. Es handelte sich um ein rundweg friedliches Vorhaben. Arbeiter hoben ihre Hände und deuteten auf ihre leeren Taschen, um zu zeigen, dass sie unbewaffnet waren. Orthodoxe Gesänge anstimmend, setzte sich der Zug in Bewegung. Hier und da forderten Soldaten Teilnehmer zum Rückzug auf, ohne dass es jedoch ein einheitliches, geschweige denn kommuniziertes und praktiziertes Sicherheitskonzept der Obrigkeit gegeben hätte.[16]

Der Spiritus Rector der Unternehmung, der Priester Gapon, durfte sich in jenen Minuten einem Ziel nahe wähnen, auf das er lange hingearbeitet hatte.[17] Georgij Apollonovič Gapon, 1870 geboren, hatte seine theologische Ausbildung an Priesterseminaren in Poltava und St. Petersburg erhalten. Nach Lebenskrisen gaben ihm die kirchenkritischen Schriften Lev Tolstojs neuen Halt und Orientierung. Der Schriftsteller stellte die Autorität der orthodoxen Amtskirche in Frage und empfahl die Gebote christlicher Nächstenliebe sowie einen bescheidenen Lebenswandel. Auf den Spuren Tolstojs sah Gapon seine Aufgabe darin, sich im Geiste Jesu um die Armen und Benachteiligten zu sorgen. In seinen Petersburger Gottesdiensten für Arbeiter und Arme nahm er die Menschen mit seinem ausdrucksstarken Auftreten für sich ein. Seine Gottesdienste waren nicht nur sehr gut besucht, sie zogen auch die Aufmerksamkeit der Kaiserin Alexandra auf sich, die dem Ministerkomitee empfahl, Gapon zu einer Sitzung einzuladen. Gapon fand Eingang in die Regierungskreise und glaubte, als Priester der Arbeiter seinen Beitrag zum Erhalt des Bündnisses zwischen Zar und Volk, zur Lebendigkeit des Zarenmythos leisten zu können.

So kam Gapon im Sommer 1903 auch in Kontakt mit Sergeij V. Zubatov, der im Auftrag der politischen Polizei Ochrana in Moskau regimetreue Arbeitervereinigungen geschaffen hatte, um eine eigene gewerkschaftliche Organisation oder gar Agitation der Arbeiter durch Revolutionäre zu verhindern. Gapon transferierte das Moskauer Modell nach St. Petersburg, wo er die Vereinigung der russischen Fabrik- und Werksarbeiter ins Leben rief. Dabei versuchte Gapon, Zubatovs polizeiliche Kontrollansprüche so weit als möglich zu reduzieren, um den Arbeitern eigene Freiräume zu eröffnen. Zugleich richtete er die Aktivitäten streng auf Wohlfahrt, Bildung und Freizeit aus. Politik suchte er zu vermeiden, um die Ausweitung seiner Aktivitäten auf andere Städte nicht zu gefährden.

Das Vertrauen der Arbeiter erwarb sich Gapon, indem er in der Vereinigung eine geheime Zusammenkunft von Arbeiterführern zuließ, die illegale Literatur lasen und über Politik sprachen. Er selber schwankte zwischen Loyalität gegenüber der Autokratie und konstitutionellen Gedankenexperimenten. Als das Jahr 1904 sich dem Ende entgegenneigte, erwog Gapon, die Vereinigung in eine Gewerkschaft umzuwandeln, war gleichzeitig jedoch darauf bedacht, der Polizei keine Verdachtsmomente umstürzlerischer Aktionen zu geben. In seiner Privatwohnung weihte er vertraute Arbeiterführer in seine Absicht ein, dem Zaren eine Petition zu überreichen: sei es anlässlich einer neuerlichen militärischen Niederlage im Krieg gegen Japan oder am 19. Februar 1905, dem Jahrestag des Befreiungsmanifestes der leibeigenen Bauern von 1861. Die willkürliche Entlassung von vier Arbeitern in den Petersburger Putilov-Werken setzte jedoch eine Ereigniskette in Gang, die Gapon seine Pläne ändern ließ. Am 7. Januar 1905 befanden sich in St. Petersburg bereits 100 000 Arbeiter, zwei Drittel der Arbeiterschaft, im Ausstand, um gegen die ungerechtfertigten Entlassungen und die mangelnde Gesprächsbereitschaft der Unternehmer zu protestieren.

Gapon setzte nun alles daran, bereits am 9. Januar einen prozessionsartigen Marsch der Arbeiter auf die Straße zu bringen.[18] Allein an einem Tag sprach er zu 50 Arbeiterversammlungen.[19] Seiner Botschaft lag immer noch die Annahme von einem Bündnis zwischen dem guten Zaren und dem Volk zugrunde. Die Sozialdemokraten, sowohl die Mehrheit (Bol'ševiki) als auch die Minderheit (Men'ševiki) unter ihnen, kritisierten einen eklatanten Mangel politischer Forderungen für den 9. Januar, es gelang ihnen jedoch nicht, Einfluss auf den Gang der Dinge zu gewinnen. Die Arbeiter wogen sich in der Hoffnung, der Zar könne 40 bis 60 von ihnen am 9. Januar im Winterpalast persönlich empfangen. Aufmerksame Beobachter waren jedoch in Sorge ob der Reaktion der Obrigkeit auf die Prozession. Der Liberale I. V. Gessen suchte noch am Abend des 8. Januar den ehemaligen Finanzminister Sergej Witte auf und bat ihn, seinen Einfluss geltend zu machen, um ein Verbot oder Repressionen der Prozession zu verhindern. Witte ließ Gessen mit dem kühlen Hinweis abblitzen, sein Einfluss am Hofe werde überschätzt. Obwohl der Zar keine direkte Konfrontation mit den Arbeitern wünschte, waren bereits am 7. Januar zwei Entscheidungen der Obrigkeit gefallen: Gapon solle kein Treffen mit Nikolaus II. gewährt werden, und die Arbeiter sollten keinen Zutritt in das Zentrum der Reichshauptstadt erhalten. Dazu erhielten die Petersburger Garnisonen bis zum 9. Januar 9000 Mann Infanterie und 3000 Kavalleristen Verstärkung.

Am Abend des 8. Januar setzte Gapon ein Schreiben an den Innenminister auf. Er bat ihn, dem Zaren mitzuteilen, dass die Arbeiter am morgigen Sonntag in friedlicher Absicht kämen und um eine Audienz um 2 Uhr nachmittags nachsuchten. Dem Zarenmythos verhaftet, appellierte Gapon an die väterliche Güte des Zaren und lastete die Missstände im Land allein den Verfehlungen der Bürokratie an. In einem maßvollen Ton referierte Gapon dem Innenminister die Petition der Arbeiterschaft, die er bereits tags zuvor publik gemacht hatte. Ganz im Stil einer altrussischen Bittschrift an den Zaren bezeichneten die Arbeiter ihre Eingabe als demütig. Sie wandten sich an den Zaren, um Gerechtigkeit und Schutz zu suchen, und schilderten die bedrückende Not und Armut der Arbeiter. Die Arbeiter legten ihren Konflikt mit den Arbeitgebern dar und beklagten deren mangelnde Gesprächsbereitschaft. Wie auch in älteren Bittschriften der Zarenzeit hieß es weiter, das Volk – Arbeiter und Bauern – sei der Willkür einer verantwortungslosen Beamtenschaft ausgeliefert. Der Mensch sei kein Mensch mehr, sondern Sklave der Obrigkeit. Abhilfe versprachen sich die Arbeiter jedoch vom Zaren, dem gütigen Vater des Volkes. Er möge eine konstituierende Versammlung aller Gruppen und Klassen einberufen. Auf diesen allgemeinen Appell an den Zaren, der Entrechtung der Arbeiter und Bauern durch Kapitalisten und Bürokraten ein Ende zu setzen, folgte ein äußerst detaillierter Katalog politischer, rechtlicher, gewerkschaftlicher und sozioökonomischer Forderungen, die auf Freiheit, politische Partizipation und Daseinsfürsorge sowie die Beendigung des Krieges mit Japan zielten.

Die Petition war moderat und konziliant im Ton, jedoch sehr weitgehend in ihren konkreten Forderungen. Die Abschaffung der Monarchie und die Einführung des Sozialismus forderte sie allerdings nicht. So war die Prozession am 9. Januar 1905 zuversichtlich auf dem Weg zum Winterpalast. Am Narva-Tor gab indessen ein Hornsignal Soldaten das Zeichen, das Feuer auf den Zug zu eröffnen. Da die Gesänge des Zuges das Signal übertönt hatten, konnte niemand Deckung nehmen. Die Salve überraschte Gapon und die Arbeiter vollkommen unvorbereitet. Seine Leibwächter konnten Gapon zur Flucht verhelfen, die ihn durch mehrere Privatwohnungen unter anderen zu Maxim Gorkij führte. 40 Personen waren jedoch auf der Stelle verwundet oder tot. Auch an anderen Stellen eröffneten Soldaten das Feuer. Insgesamt bezahlten 130 Demonstranten mit ihrem Leben, 299 wurden verwundet. Die Menge erwiderte die Schüsse mit Ausrufen des Entsetzens und Zornes: «Mörder! Blutsauger! Henker! Ihr flieht vor den Japanern, aber schießt auf Eure eigenen Leute.» Gapon soll gesagt haben, es gebe keinen Gott mehr und auch keinen Zaren. Der Tag erhielt auf der Stelle den Namen Blutsonntag.

Nikolaus II. dokumentiert in seinem Tagebuch durchaus Entsetzen über das Ereignis, ging aber am folgenden Tag zur gewohnten Tagesordnung über, nachdem er einige Maßnahmen zur Verhinderung weiteren Aufbegehrens getroffen hatte: «9. Januar, Sonntag. Ein schwerer Tag. Infolge des Wunsches der Arbeiter zum Winterpalais zu ziehen, kam es in Petersburg zu ernsten Unruhen. die Truppen waren in verschiedenen Stadtteilen gezwungen, zu schießen, es gab viele Tote und Verwundete. Ach, Gott, wie schmerzlich und schwer ist es! Mama kam von der Stadt direkt zur Frühmesse. Wir lunchten mit allen. Ich ging mit Mischa spazieren. Mama blieb bei uns über Nacht. 10. Januar, Montag. Es war heute in der Stadt nichts Besonderes los. Ich hörte Vorträge an. Onkel Alexej war zum Frühstück. Ich empfing eine Abordnung der Uralkosaken, die mir Kaviar brachten. Ich ging spazieren. Wir tranken Tee bei Mama. Um die Maßnahmen zur Unterdrückung der Unruhen zu vereinheitlichen, beschloß ich, den Generalmajor Trepow zum General-Gouverneur der Residenz und des Petersburger Gouvernements zu ernennen. Abends fand bei mir aus diesem Anlaß eine Konferenz mit ihm, Mirski und Hesse statt. Dabitsch (Diensthabender) war zum Diner.»[20]

In seinem Tagebuch dokumentierte Nikolaus II. am 19. Januar 1905, wie ihm die Gespräche mit verschiedenen Ratgebern und Lektüren im Gefolge des Petersburger Blutsonntags erhebliche Kopfzerbrechen und Unsicherheit verursachten: «Ein ermüdender Tag. Nach dem Vortrag machte ich einen großen Empfang. Georg und Minni frühstückten bei uns. Ich empfing drei verwundete Soldaten, die ich mit dem militärischen Verdienstkreuz auszeichnete. Dann empfing ich eine Abordnung der Arbeiter der großen Fabriken und Werkstätten Petersburgs, denen ich über die letzten Unruhen einige Worte sagte. Ich empfing Bulygin, der zum Minister des Innern ernannt wird. Ging ein bißchen spazieren. Vor dem Tee empfing ich Sacharow, später Witte und Gerbel, abends hatte ich viel zu lesen. Das Ergebnis war, daß ich ganz schwachsinnig wurde.»[21]

In den folgenden Wochen schwankte Nikolaus II. zwischen dem Beharren auf seiner unumschränkten autokratischen Autorität und dem Versuch, Zugeständnisse an die Bevölkerung zu machen. Am 18. Februar 1905 sandte der Zar widersprüchliche Signale aus. In einem Manifest rief er Regierung und Bevölkerung auf, sich in Zeiten äußerer Herausforderung und innerer Unruhe fest um den Thron zu scharen.[22] In einem Reskript an den Innenminister Aleksandr Grigo-

Vor dem Winterpalast am Petersburger Blutsonntag 1905.

revič Bulygin vom gleichen Tag kündigte Nikolaus II. an, er wolle ehrwürdige und vom Volk gewählte Leute zur Vorbereitung und Beratung von Gesetzesprojekten heranziehen. Bulygin, so der Zar weiter, solle einer Außerordentlichen Konferenz zur Umsetzung dieses Vorhabens vorstehen.[23]

Doch mit solchen halbherzigen Schritten ließ sich die scheinbare Ruhe und Stabilität des Reiches aus der Zeit vor der Erschütterung nicht wiederherstellen. Soziale und nationale Fragen entglitten in den folgenden Wochen und Monaten der Kontrolle des Reichszentrums. Als am 6. Juni 1905 eine Abordnung der zemstvo und der Städte angeführt vom Fürsten S. Truebeckoj bei Nikolaus II. erschien, um ihm vom Misstrauen der Bevölkerung gegenüber der Regierung zu berichten und eine breitere Mitwirkung der Menschen an der Politik im Zarenreich anzumahnen, notierte der Zar anschließend in seinem Tagebuch seine Antwort: «‹Laßt Eure Zweifel, mein Wille, mein Zarenwille, die Volksabgesandten einzuberufen, ist unbeugsam. Die Einberufung dieser Männer zur Mitwirkung bei der Erledigung der Staatsgeschäfte wird in rechtmäßiger Weise durchgeführt. Ich verfolge diese Sache Tag aus Tag ein. Ich glaube fest, daß Rußland nach der Prüfung, von der es heimgesucht worden ist, erneuert wieder aufleben wird. Möge zwischen dem Zaren und ganz Rußland wie einst wieder Eintracht herrschen, Einigkeit zwischen mir und den Semstwoleuten.

Und auf dieser Einigkeit möge die Ordnung beruhen, die den eigenartigen russischen Grundsätzen entsprechen wird. Ich hoffe, daß Sie mir behilflich sein werden.›»[24]

Doch die Ordnung war 1905 im Imperium verloren. Die Nachricht vom Petersburger Blutsonntag hatte sich in Windeseile durch das Zarenreich verbreitet. In den westlichen und südlichen Grenzregionen waren die unmittelbar vorangegangenen Jahre wie im Zentrum eine Zeit der Demonstrationen, Streiks und Bauernunruhen gewesen. Die Kunde von der zusammengeschossenen Demonstration in der Hauptstadt entfachte sie neuerlich. In Polen kam es zu Streiks. Polnische und jüdische Arbeiter traten im Westen des Reiches in den Ausstand. Allein bei Unruhen in Warschau kam es zu 90 Toten. Die staatlichen russischen Schulen, ein Ort der verhassten Russifizierungspolitik, wurden in Polen nun boykottiert. Die Streiks und Demonstrationen in Polen gipfelten im Sommer 1905 in Łódź in Barrikadenkämpfen, die 500 Menschen das Leben kosteten. Die Polnische Sozialistische Partei unter der Führung Piłsudskis tat ein Übriges, um mit gezielten Terroranschlägen die Lage in Polen weiter zu destabilisieren. Auch im Transkaukasus war der Ausbreitung von Streiks in den Städten kein Einhalt zu gebieten. Von der Ölmetropole Baku aus griffen sie auf Tiflis und Batumi über. Teile Georgiens wurden von einem Bauernaufstand gegen den georgischen Adel erfasst. In Baku verlor die Obrigkeit vollkommen die Kontrolle über die Gewalt zwischen christlichen Armeniern und muslimischen Azerbajdžanern. Auch in den Ostseeprovinzen erhoben sich die Arbeiter in den Städten. Auf dem Lande revoltierten die estnischen und lettischen Bauern und Landarbeiter gegen den deutschbaltischen Gutsadel. 563 Rittergüter gingen im Flammen auf.

Auch die rechtsufrige Ukraine erlebte massive Bauernrevolten. In Odessa, wo sich die Arbeiter – viele von ihnen Juden – erhoben hatten, kam es zu einer spektakulären Verbrüderung mit der meuternden Besatzung des Panzerkreuzers Potemkin, die das Schiff nach Odessa gesteuert hatte. Die Regionen an der Ostsee, im Westen und am Schwarzen Meer befanden sich 1905 jenseits der Kontrolle der Zarenmacht.[25] Unter den Muslimen des Reiches verliehen die Ereignisse von 1905 dem reformislamischen Flügel, dem Djadidismus, weiteren Zulauf. Seine Bedeutung stieg unter den Krimtataren und den Muslimen Zentralasiens.[26] In Zentralrussland wiederum brachte die Revolution zwei zentrale Kräfte hervor. Zum einen bündelte sich die liberale Bewegung, und zum anderen entstand 1905 erstmals ein Rat (Sowjet) der Arbeiter. In Ivanovo fanden sich Arbeiter zu einem Rat zusammen und schufen damit eine Institution, die in St. Petersburg und Moskau rasch Schule machen sollte.[27]

Die Meuterei auf dem Panzerkreuzer Potemkin beschäftigte Nikolaus II. mehrfach in seinem Tagebuch. Seine Einträge zeigen, für welch ein außergewöhnliches und unerklärliches Phänomen der Zar diese Erhebung hielt. Am 15. Juni 1905 notierte er: «Ein heißer, stiller Tag. Alix und ich empfingen auf der Farm viele Personen und verspäteten uns um eine ganze Stunde zum Frühstück. Onkel Alexej wartete inzwischen im Garten mit den Kindern. Ich habe eine große Fahrt im Paddelboot unternommen. Tante Olga kam zum Tee. Ich badete im Meer. Nach dem Diner machten wir eine Spazierfahrt. Ich erhielt aus Odessa die erschütternde Nachricht, daß das Kommando des Panzerschiffes ‹Potemkin-Tawritscheski› gemeutert, seine Offiziere ermordet und sich des Schiffes bemächtigt habe. Die Meuterer drohen gleichzeitig, in der Stadt Unruhen hervorzurufen. Es ist schwer daran zu glauben!»[28] Fünf Tage später heißt es im Tagebuch: «Der Teufel weiß, was bei der Flotte des Schwarzen Meeres vorgeht.»[29] Am 23. Juni 1905 bat der Zar sein Tagebuch, «Gott gebe, daß dieser schwere und schändliche Fall bald zu Ende ist.»[30] Normalität schien erst wieder am 25. Juni in sein Leben einzuziehen: «Zum ersten Male nach langer Unterbrechung spielte ich nach dem Frühstück mit Offizieren Lawn Tennis.»[31]

Mochte eine Meuterei ihre Brisanz verlieren, so blieb das Reich insgesamt destabilisiert. Das Zentralkomitee des Bundes, der jüdischen Arbeiterpartei im Westen des Imperiums, fasste in seinem Flugblatt zum 1. Mai 1905 seine Sicht der Dinge zusammen.[32] Noch im vorigen Jahr sei die Despotie des Zarentums fest und unerschütterlich erschienen. In einem fürchterlichen Schrecken durchlebe sie jetzt ihre letzten Tage. Seit dem 9. Januar 1905 versetze die Arbeiterklasse der Autokratie einen schweren Schlag, die Revolution sei seitdem noch nicht an ihr Ende gekommen. An der Schwelle zu einem neuen Leben und zum Reich des Sozialismus rief das Zentralkomitee des Bundes die jüdischen Arbeiter auf, am 1. Mai die Straßen mit ihren roten Bannern zu bevölkern und folgende Forderungen auf ihre Fahnen zu schreiben: das Ende des Krieges und seines unnützen Blutvergießens, das Ende der Autokratie. Hoch lebe eine Konstituierende Versammlung der Volksvertreter, gewählt in einer allgemeinen, direkten, gleichen und geheimen Wahl. Der Kapitalismus wurde verwunschen, der Acht-Stunden-Tag und der Sozialismus gefordert. Es blieb nicht bei Unruhen an den westlichen und südlichen Rändern des Reiches. Nachdem die ostslavischen Bauern die Ernte des Jahres 1905 eingebracht hatten, erhoben sie sich in den zentralen Regionen des Reiches gegen ihre Gutsherren. Die Eisenbahner traten in einen Ausstand, und die Beschäftigten der städtischen Infrastrukturen streikten gleichfalls. Angeheizt durch den großen sozialen Sprengstoff, nationale Antagonismen und einen allgemeinen Überdruss an einem selbstherrlichen Regime, das sich im Fernen Osten in einem verlustreichen Krieg verzettelt hatte, befand sich Russland im Herbst 1905 in einem allgemeinen Ausstand.[33]

Wie das Imperium im Oktober 1905 der Beherrschung durch das Zentrum entglitt, schien sich Nikolaus II. nur allmählich mitzuteilen. Am Freitag, dem 7. Oktober 1905 hielt er noch voller Zufriedenheit die Resultate seiner zarischen Jagd in Vastolovo und eine gewonnene Billardpartie fest: «Das Wetter war kalt, es schneite, und der Schnee blieb liegen. Nichtsdestoweniger war die Treibjagd munter und erfolgreich. Es wurden geschossen insgesamt 326 Stück, davon Geflügel 81. Von mir: ein Fasan, ein Auerhahn, zwölf Birkhähne, zwei Waldschnepfen, drei graue Feldhühner, vier graue Hasen und zwölf weiße Hasen – insgesamt 35 Stück. Kam nach Hause um 5 1/4. Empfing: Fürst Chilkow. Zum Diner waren wir bei Alek und Tante Eugenie. Spielte Billard mit dem Marqueur des Jachtklubs. Eine Partie von mir gewonnen.»[34] Am 12. Oktober führte jedoch auch dem Zaren die Verspätung von Audienz und Frühstück vor Augen, dass sein Reich nicht mehr so funktionierte, wie es ihm sein geregelter Tagesablauf bis dahin suggeriert hatte: «Die Eisenbahnerstreiks, die um Moskau begannen, haben Petersburg erreicht, und heute ist der Verkehr auf der Baltischen stillgelegt. Manuchin und die Herren, die zur Audienz fuhren, konnten kaum Peterhof erreichen. Um den Verkehr aufrechtzuerhalten, kursieren zweimal täglich die Schiffe ‹Dosornyj› und ‹Raswjedschik›. Schöne Zeiten. Infolge verspäteten Empfangs frühstückten wir erst um 2 Uhr. Nachdem eine Spaziertour zu zweit. Schlimmes Wetter: Regen und Wind. Ich las viel. Empfing Goremykin. Stana aß mit uns zu Mittag.»[35]

Dies sollte noch nicht das Ende der revolutionären Fahnenstange sein. Das Zentralkomitee des Bundes fasste in der zweiten Woche des allgemeinen Post- und Telegraphenstreiks in einem Flugblatt die Situation zusammen und rief zu energischem gewaltsamen Handeln auf. [36] Der Beginn des Textes vermittelt einen Eindruck von der Breite, Vielfalt und Wucht der revolutionären Situation. Regierung und Unternehmer hätten Hunderttausende von Arbeitern ausgesperrt. Bauernunruhen erschütterten ganz Russland. Der allgemeine Post- und Telegraphenstreik gehe in die zweite Woche. Im Fernen Osten und Japan werde eine Armee von einer halben Million Soldaten gegen ihren Willen festgehalten. Der Staat stehe unmittelbar vor dem Bankrott – im wörtlichen und übertragenen Sinn. Die Staatskasse sei leer, Steuern und Abgaben würden nicht mehr entrichtet. Das Volk stürme die Sparkassen, um seine Ersparnisse zu sichern. Die Regierung könne ihre Amtsträger nicht mehr entlohnen. Immer mehr Soldaten wechselten auf die Seite der Revolution. Die Armee werde von einem Ende an das andere des Imperiums verlegt – von Vladivostok nach Kronstadt, aus Sevastopol' in die Petersburger Peter-und-Paul-Festung und nach Carskoe Selo. In Grodno, Riga, Ust'-Dvinsk, Kiev, Odessa, Elizavetpol', Novorossijsk, Ekaterinodar sowie Kars und vielen anderen Orten flamme die Erhebung der Soldaten auf. Der revolutionäre Teil der Armee verbrüdere sich mit den Arbeitern. Das Gebot der

Stunde laute, sich dem Generalstreik anzuschließen, die Industrieproduktion vollkommen zum Erliegen zu bringen, sich zu bewaffnen, sich auf den Straßenkampf vorzubereiten und Kampfgruppen zu bilden. Die Revolution schreite voran.

Das tat sie, und sie zu kanalisieren war auch das Anliegen des Historikers Pavel Miljukov, der am 12. Oktober 1905 die Eröffnungsrede auf einem liberalen Kongress in Moskau hielt.[37] Ziel war es, die Liberalen des Reiches in einer Partei zusammenzuführen, der Partei der Konstitutionellen Demokraten. Die Initialen K und D gaben der Partei ihren Kurznamen: die Kadetten. Die konstitutionell-demokratischen Kräfte hätten bislang – so Miljukov – aus zwei Gruppen bestanden: dem Bund der Befreiung und dem Bund der Konstitutionalisten in den Lokalverwaltungen. Auf diese beiden Gruppen führt Miljukov die gesamte Befreiungsbewegung im Russland des vergangenen Jahres zurück; die sozialistischen Parteien hätten zu ihr nichts beigetragen. Auf eine politische oder ökonomische Doktrin oder eine soziale Basis lasse sich die Bewegung nicht reduzieren, doch ihre gemeinsame Basis sei die Befreiung vom herrschenden System. Im alltäglichen Umgang hätten die Unterstützer weitere Gemeinsamkeiten bemerkt: den Wunsch nach einer Verfassung und demokratischen Entscheidungsprinzipien. Erst dieser politische Rahmen ermögliche die Lösung aller sozialen Fragen: der Agrarfrage, der Arbeiterfrage und der Finanzfrage. Die Befreiungsgruppen grenzten sich damit gegenüber dem Proletariat auf der einen Seite und Agrar- und Industrieunternehmern auf der anderen Seite ab. Das politische Ziel sei ein klassenübergreifendes und stehe in Übereinklang mit Traditionen der russischen Intelligenz.

Seit dem November 1904 war das übergeordnete konstitutionell-demokratische Ziel vor allem auf den Kongressen der Lokal- und Stadtverwaltungen artikuliert worden. Unter den aktuellen Umständen sei die Gründung einer Partei das Gebot der Stunde. Der Kongress müsse sich nun vor allem mit der Frage beschäftigen, wie die unterschiedlichen Strömungen in einer Partei sich auf einen gemeinsamen Nenner bringen ließen. In den folgenden Tagen formulierten die Kadetten auf dem Gründungskongress ihr Parteiprogramm.[38] Es verpflichtet sich als Erstes den staatsbürgerlichen Grundrechten. Alle russländischen Staatsbürger sollen unabhängig von Geschlecht, Glauben und Nationalität gleich vor dem Gesetz sein. Sämtliche ständischen Unterschiede und Beschränkungen von Juden, Polen und anderen Gruppen im Imperium sollen aufgehoben werden. Das Programm verpflichtet sich der Freiheit der Person, der Rede und der Vereinigung und Versammlung. Es soll ein Grundgesetz des Russländischen Imperiums geben, das allen Völkern außer der staatsbürgerlichen Gleichheit das Recht kultureller Selbstbestimmung einräumt. Dazu zählt auch die Einrichtung von Kulturinstitutionen und Unterricht in der eigenen Sprache. Russisch soll allerdings die Sprache aller zentralen Einrichtungen sowie der Flotte und der Armee sein. Die zweite Abteilung des Programms handelt vom Staatsaufbau. Ein Grundgesetz soll einen verfassungsmäßigen Aufbau Russlands darlegen. Gesetze sollen allein mit Zustimmung der Volksvertretung in Kraft treten können. Die Ministerverantwortlichkeit gegenüber dem Parlament wird gefordert. Die Zukunft und Rolle des Monarchen wird mit keinem Wort erwähnt. Die dritte Abteilung ist der Selbstverwaltung gewidmet. Hier wird u. a. gefordert, die Verfassung des Großfürstentums Finnland wieder in Kraft zu setzen. Abteilung vier handelt vom Gericht, Abteilung fünf von der Finanz- und Wirtschaftspolitik, Abteilung sechs nimmt die Agrargesetzgebung ins Visier. Landlose und Kleinbauern sollen in den Genuss erweiterter Bodennutzungsrechte kommen und Landarbeiter in die Arbeiterschutzgesetzgebung einbezogen werden. Von ihr handelt die siebte Abteilung, die die Freiheit von Arbeiterbünden und -versammlungen sowie das Streikrecht fordert. Die achte Abteilung schließlich ist der Bildungspolitik gewidmet und fordert mehr Freiheit für die Bildung an Schulen und Universitäten, eine Ausweitung der Bildungsangebote und regionale Kompetenzen im Bildungswesen.

Russland stand im Herbst 1905 vor dem Ende der Zarenherrschaft. Nikolaus II. war die Kontrolle über das Imperium entglitten. Im Zentrum, in zahlreichen Regionen und entlang der Eisenbahnstrecken war die Obrigkeit zusammengebrochen und die Herrschaft des Zarenreiches von Bauern, Arbeitern und neuen Parteien herausgefordert. In dieser existenziellen Notlage nahm Nikolaus II. schließlich widerstrebend hin, dass sein einstiger Finanzminister Sergej Witte einen Plan entwarf, wie die Herrschaft der Monarchie wiederhergestellt werden könnte. Dies führte zum Oktobermanifest von 1905. Nikolaus' Unterzeichnung des Oktobermanifestes ging ein rund eineinhalbwöchiger dramatischer Entscheidungsprozess im engsten Zirkel der Macht voraus.[39] Am 6. Oktober suchte Witte beim Zaren um eine Audienz nach, um ihm die bedrohliche revolutionäre Herausforderung, in der das Zarenreich sich befand, darzulegen. Nikolaus II. zog es vor, an den Plänen einer für den 7. Oktober angesetzten kaiserlichen Jagd festzuhalten, so dass Witte sich zunächst in Geduld üben musste. Am 8. Oktober hatte er sodann Gelegenheit, dem Zaren in der Residenz Peterhof ein Memorandum vorzutragen, an dessen Ausarbeitung er den pensionierten General V. D. Kuzmin-Karaev, einen Rechtsliberalen, beteiligt hatte. Nikolaus II., der Zeit seiner Herrschaft eine gewählte Regierung als sinnlose Träumerei abgetan hatte, war entsetzt über Wittes Ausführung, dass in der gegenwärtigen Situation an einer Verfassung und staatsbürgerlichen Freiheiten kein Weg vorbeiführe. Am 9. Oktober traf man sich abermals, und Witte verdeutlichte Nikolaus II., dass er allein über zwei Alternativen verfüge. Entweder lasse er sich auf Wittes Strategie einer Konstitutionalisierung Russlands ein oder er wähle die gewaltsame Unterdrückung der Revolution, die nach Wittes Dafürhalten jedoch keine dauerhafte Stabilität bringen würde. An diesem Punkt kam nun auch Nikolaus II. zu der Einsicht, es könne angeraten sein, ein Manifest vorzubereiten.

Über der Ausformulierung des Manifestes sollten noch etliche Tage ins Land gehen, was angesichts der revolutionären Dramatik verwundert. Nikolaus II. war insbesondere daran gelegen, neben Zugeständnissen an das Volk auch den Imperativ von Ruhe und Ordnung in das Manifest aufzunehmen. Ab dem 14. Oktober kam es zu intensiven Interaktionen zwischen Akteuren und Ratgebern um den Zaren und Witte. Der Zar zog Trepov, Budberg, Goremykin, den Großfürsten

Nikolaus Nikolaevič und den Baron V. B. Frederiks in sein Vertrauen. Witte wiederum stützte sich auf Vuič und den Fürsten A. D. Obolenskij. Am 14. Oktober erhielt Witte die Aufforderung, den Entwurf eines Manifestes vorzulegen, der tags darauf auf einer Konferenz in der Zarenresidenz Peterhof besprochen werden sollte. Am 15. Oktober machten sich Witte, Vuič und Obolenskij auf den Weg dorthin. Um elf Uhr begann die Besprechung. Nach einer Mittagspause, die Witte und seine Kompagnons dazu nutzten, ihren Entwurf des Manifestes zu überarbeiten, ging es um 15 Uhr weiter. Die Sitzung endete damit, dass Nikolaus II. im Falle seines Einverständnisses Witte am folgenden Tag darüber unterrichten werde. Doch am 16. Oktober gingen am Hof Gerüchte um, Nikolaus II. schreibe gemeinsam mit Budberg und Goremykin den Entwurf um. Erst am 17. Oktober zitierte der Zar abermals den Großfürsten Nikolaevič und Witte zu sich. Da er von vielen Seiten den Rat erhalten habe, sich unter den obwaltenden revolutionären Umständen dem Rat Wittes zu fügen, bekreuzigte sich Nikolaus am 17. Oktober 1905 des Nachmittags um fünf Uhr und unterschrieb das Oktobermanifest.

Gleich im ersten Satz spricht das Manifest die Wirren und Unruhen in den Hauptstädten und an vielen Orten des großen Reiches an. Die Erhebungen werden als Gefahr für die Gesamtheit und Einheit der Großmacht benannt. Die Wiederherstellung von Ruhe und Ordnung nennt das Manifest als ein wichtiges Ziel. Der Regierung wird aufgetragen, folgende Punkte in die Tat umzusetzen: Staatsbürgerliche Freiheit, Unantastbarkeit der Person, Freiheit des Gewissens, des Wortes, der Versammlung und Vereinigung; die Einrichtung einer Duma und die Einführung eines allgemeinen Wahlrechts auf gesetzlicher Grundlage; Gesetze sollen nur mit Zustimmung der Duma in Kraft treten. Die Dumaangehörigen sollen die Möglichkeit haben, an der Aufsicht der Regierung tatsächlich Teil zu haben. So werde es mit Hilfe der wahren Söhne Russlands, die sich ihrer Verpflichtung gegenüber der Heimat bewusst seien, gelingen, die Wirren im Land zu beenden und Ruhe und Frieden herzustellen, schließt das Manifest.[40] Im Tagebucheintrag vom 17. Oktober kommt Nikolaus' II. gespaltenes Verhältnis zu diesen Versprechungen zum Ausdruck: «Zum Frühstück waren Nikolascha und Stana. Unterhielten uns bis zur Ankunft Wittes. Um 5 Uhr unterzeichnete ich das Manifest. Nach solchem Tage wurde mir der Kopf schwer, und meine Gedanken verwirrten sich. Gott helfe uns und beruhige Rußland!»[41]

3. Zuckerbrot und Peitsche

Der russische Maler Ilja Repin hat in seinem von 1907 bis 1911 entstandenen Gemälde *Demonstration am 17. Oktober 1905* die Reaktion der Menschen auf das Oktobermanifest wiedergegeben. Eine Blaskapelle führt einen bunt gemischten Freudenumzug an. Frauen und Männer, Zivilisten und Uniformierte bilden einen langgestreckten Umzug, dessen Konturen sich im Bildhintergrund verlieren. Mützen fliegen in die Lüfte. Eine Frau winkt mit einem Strauß roter Blumen. Ein Mann wird auf den Schultern getragen. Er führt noch die gesprengten Ketten des einst geknechteten und nun befreiten Volkes mit sich, die er wie zum Triumph in die Höhe reckt. Ein anderer Mann grüßt mit abgenommenem Hut euphorisch. Die Menschen führen Fahnen mit sich: die rote Flagge, die russische Trikolore und auch eine weiße Fahne mit der Aufschrift «1905, 17. Oktober». Endlich schien sich zu erfüllen, was seit fast einhundert Jahren immer wieder vereinzelt Gesprächsgegenstand in Russland gewesen war. Die Dekabristen, eine Gruppe junger Offiziere der zarischen Armee, hatten im Dezember 1825 anlässlich des Thronwechsels von Alexander I. zu Nikolaus I. den Aufstand gewagt und die Einführung einer Verfassung in Russland gefordert. Ihre Erhebung wurde rasch niedergeschlagen, Todesurteile wurden vollstreckt und eine Reihe von Verbannungen nach Sibirien ausgesprochen. Als Alexander II. 1855 voller Reformpläne Nikolaus I. auf dem Thron ablöste, durften die verbannten Dekabristen aus Sibirien zurückkehren. Trotz seiner Reformen in den 1860er und 1870er Jahren vermochte sich Alexander II.

nicht zu einer Verfassung durchringen. Nun schien es so, dass Nikolaus II. sich bereit zeigte, diesen Schritt zu gehen.

In der Tat haben viele Zeitgenossen ihre Freude über das Oktobermanifest überliefert. Vielen Untertanen des Zaren war aber auch bewusst, dass das Manifest allein keine neue Zeit heraufzubeschwören vermochte und die Zukunft ungewiss blieb. Exemplarisch kommt in den Aufzeichnungen der Juden Simon Dubnow und Jakob Tejtel zum Ausdruck, wie nahe die Freude über das Oktobermanifest und die neuerliche Erfahrung von Gewalt beieinander lagen. Als sich die Nachricht vom Manifest im Imperium verbreitete, befand sich Simon Dubnow, ein Historiker und publizistischer Vertreter der jüdischen Aufklärung im Zarenreich, in Vil'na, der heutigen Hauptstadt Litauens Vilnius. In seinen Lebenserinnerungen schildert er das Eintreffen der Nachricht:

«Am Morgen des 18. Oktober, als ich in meinem Arbeitszimmer saß, hörte ich die Klingel und dann einige Stimmen in der Diele. Sch. Levin, die Brüder Goldberg und noch jemand stürzten herein mit dem Freudenruf: eine Verfassung! Sie brachten die erste Nachricht vom Manifest des 17. Oktober. Der Zar hatte dem Volk alle bürgerlichen Freiheiten und eine gesetzgebende Duma mit allgemeinem Wahlrecht gegeben. Es war ein klarer, ganz und gar nicht herbstlicher Mittag, als ich auf die Straße ging. An der Ecke Sawalnaja und Trokskaja drängelte und lärmte eine Menschenmenge. Überall begegnete und begrüßte man Bekannte mit fröhlichen Gesichtern.»[42]

Auch Simon Dubnow war euphorisch über die neuen Möglichkeiten politischer Betätigung im Zarenreich. Er schildert in seinen Erinnerungen die zahlreichen Versammlungen, in denen nun über den Sozialismus, das Proletariat und die Konstitution beraten wurde.[43] Doch es dauerte nicht lange, bis sich die Situation für ihn in einem anderen, bedrohlichen Licht darstellte: «[...] ein Zusammenstoß zwischen Militär und Demonstranten, Tote und Verletzte. Offenbar war die ‹Obrigkeit zurückgekehrt›. Da kam auch schon ein Bote gelaufen, um uns zu informieren, daß Telegramme über Pogrome in Kiew, Odessa und anderen Städten eingegangen seien. Das war die erste

Nachricht von den schrecklichen Oktoberpogromen. Dem folgten weitere, die uns davon überzeugten, daß seit dem 18. Oktober, gleich nach Bekanntgabe des Manifests, eine Pogromwelle fast den ganzen Ansiedlungsrayon überflutete. Bereits am 25. Oktober mußte ich meine Beobachtungen über das ‹freie Rußland› so fortsetzen: ‹Das freie Rußland und das barbarische, sklavische, blutrünstige Rußland, das es überwältigt! Eine unvorstellbar blutige Konterrevolution, vor der die Vendée erblaßt – und wer sind ihre Hauptopfer? Die Juden. Die Tage vom 18. bis zum 25. Oktober sind eine ununterbrochene Bartholomäusnacht, und sie ist noch nicht zu Ende!›»[44]

Seit der Ermordung Alexanders II. 1881 hatten mehrmals Pogrome die Juden im Südwesten des Reiches heimgesucht. 1881 entzündeten sie sich am Gerücht, das Attentat auf den Zaren sei auf eine jüdische Verschwörung zurückzuführen. Die monarchische Rechte pflegte ihren Antisemitismus, und die neuen Eisenbahnlinien im Zarenreich trugen sowohl Gerüchte als auch einen gewaltbereiten Mob rasch von einer Stadt in die andere.[45] Die jüdischen Gemeinden reagierten. Simon Dubnow schildert in seinen Erinnerungen, wie jüdische Parteien und Verbände einen Aufruf in der Stadt plakatieren ließen, der für den Fall eines Pogroms jüdische Selbstwehr und Gegenwehr ankündigte. Es gelang auch, die städtische Duma zu einem Aufruf gegen einen Pogrom zu bewegen.[46] Von ganz ähnlichen Erfahrungen berichtet Jakob Tejtel, der es als einziger Jude im Zarenreich in Saratov an der mittleren Wolga in die Position eines Untersuchungsrichters im ansonsten Juden verschlossenen Justizapparat des Reiches geschafft hatte:

«Am 18. Oktober 1905 um die Mittagszeit, als ich mich auf dem Landgericht befand, kam die Nachricht von dem Manifest vom 17. Oktober 1905. Diese Nachricht machte auf alle Anwesenden einen gewaltigen Eindruck; wildfremde Menschen umarmten einander; manchen standen Tränen der Freude in den Augen. In den Straßen bewegten sich Volksmassen und sangen revolutionäre Lieder; es fanden Versammlungen statt, und von den Balkonen herab wurden Reden gehalten. Die Intelligenz verbrüderte sich mit Arbeitern, Droschkenkutschern, Soldaten. Bei Anbruch des Abends aber begannen bereits beängstigende Gerüchte herumzuschwirren. In den Straßen standen gruppenweise Ladeninhaber, Straßenhändler u. ä. herum, und das Wort ‹Žid› begann immer häufiger zu ertönen. All diese Menschen gruppierten sich um einen in Saratow bekannten Lumpenhändler, Uwarow, einen Dunkelmann, der sich später wegen irgendeines Schwindels vor Gericht verantworten mußte. Uwarow und seine Gesinnungsgenossen, die in sittlicher Beziehung wohl kaum reiner waren als ihr Anführer, behaupteten, die Juden hätten von den Balkonen herab lästerlich Reden gehalten und den Zaren beschimpft. [...] Meine Frau und ich waren am Tage auf der Straße gewesen und kehrten abends zurück. Bald erhielten wir aber von unseren guten Bekannten Schmerlings einen Zettel mit der Bitte, sie in dringender Angelegenheit aufzusuchen. Wir fuhren hin. In den Straßen herrschte herzbeklemmende Stille [...] Alle Haustore waren verschlossen. Aus manchen Fenstern lugten verängstigte Gesichter, hauptsächlich von Juden, hervor [...] Unweit des Hauses unserer Bekannten wurde unsere Droschke von einigen uns unbekannten jungen Leuten in Einjährigen-Uniformen angehalten, die uns rieten, nicht weiter in den Straßen herumzufahren, da ein Judenpogrom im Gange sei. Wir fuhren dennoch zu unseren Bekannten hin und trafen sie in äußerst deprimiertem Zustand an: Sie waren mit Müh und Not den Pogrombanden entkommen. Hierauf beschlossen wir, diese Familie mit uns zu nehmen, und bestiegen zusammen zwei Droschken. [...] Wir kamen wohlbehalten nach Hause und konnten von Glück reden.»[47]

Nach der Verkündigung des Oktobermanifestes existierten im Zarenreich mithin völlig verschiedene Gewaltszenarien. Bauernunruhen hielten an, revolutionäre Erhebungen setzten sich fort, manche Orte wie Baku blieben vom Staat unkontrolliert, und es brachen sich – wie die Erinnerungen Dubnows und Tejtels berichten – konterrevolutionäre Strömungen in Form von Judenpogromen Bahn. Nikolaus II. fügte sich nicht allein in die Verabreichung des Zuckerbrots von Grundrechten, Parlament, Parteien und Öffentlichkeit. Er ließ auch die Peitsche schwingen, um Unruhen und Erhebungen an zahlreichen Orten seines Reiches niederzuschlagen und zu strafen. In den Ostseeprovinzen suchten die zuvor ob der Russifizierung dem Reich entfremdeten deutschbaltischen Adligen im Angesicht der Bauernerhebungen vor allem der Esten den neuerlichen Schulterschluss mit dem imperialen Zentrum in St. Petersburg. Nun schickte der Zar die Armee auf das Land, um rücksichtslos Ruhe und Ordnung wiederherzustellen.

In Warschau wandte die zarische Obrigkeit koloniale Praktiken an, um Polen wieder unter ihre Kontrolle zu bringen.[48] Das imperiale Zentrum reagierte dabei auf eine neue Taktik seines polnischen Opponenten. Die vorangegangenen polnischen Aufstände im November 1830 und Januar 1863 hatten polnische Verbände mobilisiert und wenn nötig in den direkten Kampf mit der Armee des Zaren geschickt. Beide Versuche endeten in Niederlagen der Aufständischen, die letztlich der drückenden Überlegenheit des russländischen Militärs nichts entgegenzusetzen vermochten. Bereits nach dem Novemberaufstand von 1830 hatte Zar Nikolaus I. am rechten Weichselufer eine Zitadelle errichten lassen. Sie beherbergte fortan die russländische Garnison und stellte mit ihren wuchtigen Mauern und ihrer immensen Truppenkonzentration ein furchteinflößendes Zeichen russländischer Herrschaft über Polen dar. 1905 wandten polnische Akteure jedoch bewusst eine vollkommen neue Taktik an. Lange bevor in der Politikwissenschaft Partisanen, Guerilleros und asymmetrische Kriegsführung beschrieben wurden, hatten die polnischen Akteure sich die entsprechenden Praktiken auf ihre Fahnen geschrieben. 1905 attackierten sie nicht das in der Zitadelle konzentrierte Militär, sondern trieben die russische Polizei im Warschauer Stadtraum in einen nervenaufreibenden Kampf gezielter und tödlicher Nadelstiche, die die russische Herrschaft in der Stadt aus den Angeln hoben. Auf eine solche Herausforderung war die einem strengen Reglement unterworfene Polizei nicht vorbereitet. Ihre Dienstordnung sah vor, den Gebrauch von Schusswaffen in der Stadt mittels Trommelwirbeln und Trompetenfanfaren anzukündigen. Polizisten waren somit ein leichtes

Ziel für Schüsse aus dem Hinterhalt. Das der zarischen Kontrolle entglittene Warschau ließ sich unter diesen Umständen allein unter Anwendung von Techniken zurückgewinnen, die das Militär Russlands in der Unterwerfung des Kaukasus in der Mitte des 19. Jahrhunderts entwickelt hatte.

An die Stelle überforderter Polizei traten militärische Einheiten, die sich den gewandelten Bedingungen anpassten und Warschau im Stil eines kolonialen Unterwerfungsfeldzugs wieder unter die Hoheit des Zaren stellten. In kleinen und beweglichen Trupps bewegte sich das Militär, die Gewehre stets im Anschlag, durch die Stadt. Die Soldaten waren autorisiert, allein mit den Worten «Stopp! Hände hoch!» Kämpfer wie Zivilisten vorzuwarnen und jederzeit das Feuer zu eröffnen.

An vielen Orten des Reiches ließ der Zar Kosakeneinheiten einsetzen, um Ruhe und Ordnung wiederherzustellen, und beförderte ein völlig neues Kosakenbild in Russland.[49] In der Vormoderne waren Kosaken freie Kriegerverbände gewesen, die sich zumeist aus entlaufenen Bauern zusammensetzten. An den südöstlichen Grenzen Russlands zur Steppe stellten sie Vorposten der Verteidigung gegen die Krimtataren und das Osmanische Reich dar. Russlands Sieg über das Osmanische Reich im späten 18. Jahrhundert ließ diese Aufgabe obsolet werden. Im Verlauf des 19. Jahrhunderts wurden die Kosakenverbände als reguläre Einheiten in die Armee des Zarenreiches eingegliedert und kämpften nun nicht mehr exklusiv gegen äußere Gegner. Im frühen 20. Jahrhundert und gerade 1906/07 war es ihre Aufgabe, die inneren Gegner der Autokratie und der Romanovs zu bekämpfen. Der Kosake galt nun als loyaler Diener des Zaren, der die Autokratie auch dann noch verteidigte, wenn das Volk sich in Scharen von ihr abwandte.

Auch Baku zählte zu den Orten an den Rändern des Reiches, in denen die staatliche Ordnung 1905 zusammenbrach.[50] Im späten 19. Jahrhundert hatte sich die Stadt zu einer der Ölmetropolen und Boomtowns des Reiches entwickelt. Die Bohrtürme verliehen Baku sein eigentümliches Antlitz auf Bildern des späten 19. und frühen

20. Jahrhunderts. Der große Bedarf an Arbeitskräften führte christliche Armenier und muslimische Azeris in die Stadt, die neben der russischen Obrigkeit das Gros der Bevölkerung stellten. Gerüchte über religiöse Ausschreitungen ließen 1905 die Gewalt zwischen Armeniern und Azeris entflammen. Das russische Stadtoberhaupt suchte das Weite. Für Ruhe und Ordnung sollte nun ein aus Dagestan stammender Muslim sorgen, dessen Familie seit geraumer Zeit loyal im Dienst des Imperiums stand: Maksud Alichanov. Die Ermordung von Clanangehörigen durch Gamzat Bek hatte Alichanovs Familie in den 1830er Jahren dazu geführt, die Seite des Russländischen Imperiums zu wählen. Angeblich diente bereits Maksud Alichanovs Vater in einem Kavallerieregiment des Zarenreiches. Maksud lernte Russisch auf dem Gymnasium in Tiflis und besuchte anschließend die Konstantin-Militärschule in St. Petersburg, die er 1864 abschloss. Seine erste Stationierung führte ihn zurück nach Dagestan, bevor er im Russländisch-Osmanischen Krieg 1877/78 und in Feldzügen in Zentralasien Gelegenheit hatte, sich zu bewähren. Zu Beginn des neuen Jahrhunderts machte Maksud Alichanov mit Publikationen über den Kaukasus auf sich aufmerksam, in denen er mit den Anführern des Widerstands gegen die russische Eroberung des Kaukasus, Šamil' und Gamzat Bek, hart ins Gericht ging. Er warf ihnen eine Instrumentalisierung des Islams zu eigenen Zwecken und rücksichtslose Machtausübung vor. Den Islam zeichnete Alichanov als eine durchaus schöne Religion, der es jedoch in der Gegenwart an der nötigen Bildungsorientierung fehle. Vor diesem Hintergrund entpuppte er sich als glühender Verfechter einer russischen zivilisatorischen Mission im Kaukasus. Seiner Loyalität zum zarischen Imperium verlieh Alichanov nicht nur publizistisch, sondern auch mit Taten Ausdruck. Bereits im Sommer 1903 führte er das Militär an, das Streiks in Baku niederschlug. Diese Erfahrung qualifizierte Alichanov offensichtlich, 1905 erneut für Ruhe und Ordnung in Baku zu sorgen, was er mit allergrößter Rücksichtslosigkeit auch tat.[51] Auch in Moskau ließ der Zar Militär einsetzen, um der zweiten Hauptstadt des Reiches wieder habhaft zu werden. Bis in den Dezember schlug das Militär Aufstände

rücksichtslos nieder und profitierte davon, dass die Obrigkeit wieder ihre Verfügungsgewalt über das Eisenbahnnetz zurückerlangt hatte. Über die Schienen rollten die Militärzüge zur Niederschlagung der Revolution.[52]

Parallel zur militärischen Wiedereroberung des Landes durch die Obrigkeit ließ sich beobachten, wie das Oktobermanifest, die Bildung von Parteien und die Wahlen zur Duma Russland eine bis dahin unbekannte Form politischer Öffentlichkeit brachten. Das Kalkül, Zuckerbrot und Peitsche würden ihre jeweilige Wirkung tun, ging auf. Das Oktobermanifest entfaltete einen Effekt des divide et impera. Lokalverwaltung, Liberale und Bürgertum waren bereit, das Zarentum nicht einer weiteren Revolution preiszugeben, sondern mit ihm eine neue Ordnung auszuhandeln. Hier zeigten sich jedoch Differenzen zu den Liberalen, die eine verfassungsgebende Versammlung forderten. So weit konnte Witte ihnen nicht entgegenkommen. Er sah sich mit dem allerdringlichsten Wunsch Nikolaus' II. konfrontiert, so rasch als irgend möglich Ruhe und Ordnung wiederherzustellen. Während die liberale Opposition ein allgemeines, gleiches und freies Wahlrecht erwartete, knüpften Nikolaus II. und der Hof an ein beschränktes Wahlrecht die Hoffnung, dass rasch eine Duma gewählt werden könne, die die Revolution beendete.[53]

Das Wahlrecht vom 11. Dezember 1905 war ein indirektes und begünstigte vor allem den Adel und das Bürgertum, ließ aber auch eine hohe Zahl von Abgeordneten für die Bauernschaft erwarten. Dies implizierte, die Bauern für die Regierung zu gewinnen. Das Oktobermanifest hatte in der Landfrage geschwiegen. Bauernunruhen im Oktober und November 1905 waren die Folge. Im November 1905 hob ein Manifest Loskaufzahlungen von Land, die noch aus den Regelungen zur Aufhebung der Leibeigenschaft von 1861 resultierten, auf, erhöhte das Kapital der Bauernbank und versprach günstigere Darlehen. Doch die Bauern hatten die Loskaufzahlungen bereits in eigener Regie im Frühjahr 1905 eingestellt, und die Rückzahlung der Darlehen blieb belastend, so dass sich die Unruhen fortsetzten. Zar und Hof nahmen dies zum Anlass, der befürchteten Bauernduma ein

Oberhaus an die Seite zu stellen. Ein Erlass vom 20. Februar 1906 sah eine obere Kammer vor, die jeweils zur Hälfte aus gewählten und vom Zaren ernannten Vertretern bestehen sollte. Gesetzesvorlagen der Duma sollten allein mit Zustimmung des Oberhauses an den Zaren zur Unterschrift gelangen.[54]

Diese Vorschrift wurde Teil der Staatsgrundgesetze, die zwei Monate später publik gemacht wurden. Es handelte sich um eine oktroyierte Verfassung, die dem Zaren mit Armee, Flotte, Außenpolitik und der Entscheidung über Krieg und Frieden weitreichende Kompetenzen erhielt. Der Zar ernannte den Ministerrat, der der Duma nicht verantwortlich sein sollte. Die Duma verfügte allein über ein eingeschränktes Budgetrecht. Auch konnte der Zar die Duma auflösen und Neuwahlen ausrufen. Paragraph 87 gestattete es dem Zaren, außerhalb der Sitzungsperioden der Duma mit Notverordnungen zu regieren.[55] In den Augen Nikolaus' II. hatte Witte damit seine Schuldigkeit getan, er wähnte sich wieder fest im Sattel seiner Herrschaft. Einer erniedrigenden Entlassung kam Witte zuvor, indem er wenige Tage vor dem Erlass der Staatsgrundgesetze am 23. April 1906 seinen Rücktritt einreichte.[56]

Die Wahlen zur ersten Duma im Mai 1906 machten die Konstitutionellen Demokraten, die sogenannten Kadetten, mit 34,1% zur stärksten Fraktion. Die Trudoviki, die sich als breite Interessenvertretung von Werktätigen verstanden, errangen 23,9%. Die Autonomisten vereinigten 14,0% der Stimmen auf sich, wohingegen der Bund des 17. Oktobers als Status-quo-Partei des Oktobermanifestes magere 2,9% einfuhr. Wie es bei einer Wahl ohne vorher existentes Parteienspektrum kaum anders sein konnte, waren die Parteien noch nicht vollends etabliert. Ganze 23,4% der Stimmen gingen an Kandidaten, die als Parteilose in das Parlament einzogen. Nikolaus II. war ob der Zusammensetzung der Duma entsetzt und konnte sich mit diesem Parlament keine Zusammenarbeit vorstellen. Er machte umgehend von seinem Recht, das Parlament aufzulösen und Neuwahlen anzusetzen, Gebrauch. Doch die neue Duma präsentierte sich im Juli 1906 mit lediglich marginal geänderter Zusammensetzung. Die Kadetten waren mit 37,4% abermals die stärkste Fraktion, gefolgt von den Trudoviki mit 19,7%. Die Sozialdemokraten, die sich diesmal zur Teilnahme an der Wahl durchgerungen hatten, erreichten 3,6% der Stimmen. Ein Kreis polnischer Abgeordneter (koło polskie) brachte es auf immerhin 6,7%. Der Anteil der Parteilosen lag bei 20,9%. Die politikunerfahrenen Bauern unter den Abgeordneten erhofften von der Duma die Enteignung von Gutsland und schlossen sich mehrheitlich den Trudoviki an.[57]

Nun führte für Nikolaus II. kein Weg daran vorbei, die Duma tatsächlich zu eröffnen. Der Zar ließ sich nicht zu einem Besuch im Parlamentsgebäude, dem Taurischen Palais, herab, sondern zitierte die Abgeordneten in den Winterpalast, wo er eine Thronrede hielt. Erst danach suchten die Abgeordneten ihr Parlamentsgebäude auf. Der Anbruch einer neuen Zeit kam ihnen zugleich wie eine Entdeckungsreise in die ethnisch-kulturelle Vielfalt des Imperiums vor. Ein Abgeordneter beschrieb die Duma als eine «wahre ethnographische Karte» des Zarenreiches.[58]

In Reaktion auf die Thronrede setzten die Parlamentarier eine Adresse der Duma an den Zaren auf. Sie forderten eine umfassende Amnestie, eine weitere Parlamentarisierung der konstitutionellen Monarchie, die Enteignung von Gutsland zugunsten des bäuerlichen Landanteils, bürgerliche Freiheiten und rechtliche Gleichheit, Unabhängigkeit der Justiz, Abschaffung der Todesstrafe, eine Reform der lokalen Selbstverwaltung und eine Steuerreform, die eine gerechtere Lastenverteilung bewirken sollte. Die Ablehnung dieser Forderungen seitens des Ministerpräsidenten Goremykin quittierte die Duma, indem sie der Regierung das Misstrauen aussprach – ein symbolischer Schritt unter den gegebenen staatsrechtlichen Rahmenbedingungen, der zur weiteren Verschärfung des Verhältnisses zwischen Zar, Regierung und Duma beitrug. Das Parlament und Goremykin standen sich unversöhnlich gegenüber. Am 6. November 1906 entließ Nikolaus II. Goremykin und ernannte Stolypin zum Ministerpräsidenten. Drei Tage später löste er die Duma auf. Neuwahlen wurden für den 20. Februar 1907 anberaumt.[59] Fast die Hälfte der Abgeordneten, darunter viele Kadetten, verweigerten sich der Auflösung der Duma und verlagerten sich in das finnische Wiborg. Unter dem dortigen Schutz der finnischen Autonomie riefen sie zu zivilem Ungehorsam auf: Steuern sollten nicht gezahlt und Rekruten nicht gestellt werden. Der Aufruf blieb jedoch ungehört.

Im Frühjahr 1907 kam die zweite Duma zusammen. In ihr verfügten die Sozialdemokraten über 64, die Sozialrevolutionäre über 34, die Volkssozialisten über 14, die Trudoviki (Gruppe der Arbeit) über 100, die liberalen Kadetten über 100, die islamische Fraktion über 32, der polnische Zirkel über 46, die Progressisten über 9, der Bund des 17. Oktober über 32, eine Gruppe gemäßigter und parteiloser Abgeordneter über 59, die Rechte über 20 und der erzreaktionäre Bund des russischen Volkes über 2 Mandate. Auch mit diesem Parlament mochte Nikolaus II. sich keine Zusammenarbeit vorstellen. Der Zar ließ die Duma abermals auflösen und oktroyierte im Manifest vom 3. Juni 1907 ein neues Wahlrecht.[60]

Das neue, nach wie vor indirekte Wahlrecht verschob die Stimmengewichtung der Wahlmänner massiv zugunsten des Adels. Bauern und Städte mussten dramatische Reduktionen hinnehmen. Ein Wahlmann wählte durchschnittlich je für 230 Grundbesitzer, 1000 Industrielle und Geschäftsleute, 15 000 Wähler der Mittelklasse, 60 000 Bauern und 125 000 städtische Arbeiter. Diese Umstellung führte dazu, dass sich das Gewicht in der Duma nun zugunsten der Vorstellungen von Nikolaus II. und Stolypin verlagerte. Die Fraktion der Konstitutionellen Demokraten schrumpfte auf 53 Abgeordnete. Sozialdemokraten und Trudoviki brachten es zusammen auf gerade einmal 28 Abgeordnete. Die dritte Duma verfügte mit 150 Oktobristen über ein starkes regierungstreues Zentrum. Auf der Rechten sammelten monarchistische und reaktionäre Parteien Stimmen ein, die ihnen 137 Abgeordnete einbrachten.[61]

Mit der Wahl der dritten Duma 1907 kam die Revolution von 1905 zum Abschluss. Das Zarenreich hatte eine substantielle Wandlung durchlaufen. Im Angesicht eines Landes im Ausnahmezustand hatte der Zar Bürgerrechte, ein Parlament und eine politische Öffentlichkeit zugestanden – Einrichtungen, denen er sich vorher kategorisch verschlossen hatte. Die beschränkten Kompetenzen des Parlamentes, die Auflösungen der ersten und zweiten Duma und die Änderung des Wahlrechts zur dritten Duma haben jedoch auch zu skeptischen Einschätzungen Anlass gegeben. Max Weber, der im Zeitungslesesaal der russischen Studentengemeinde in Heidelberg das Geschehen gebannt verfolgte, sprach von einem Scheinkonstitutionalismus im Zarenreich.[62]

4. Russland am Vorabend des Ersten Weltkriegs

Es zählt zu den umstrittensten Fragen in der Geschichte Russlands, welcher Zukunft das gewandelte Zarenreich ab 1907 entgegenging. Die Jahre zwischen der Revolution von 1905 und dem Ersten Weltkrieg gehören zu den schillerndsten und widersprüchlichsten Phasen seiner Geschichte. Bis heute ist die Einschätzung von Krise oder Stabilität sowie Entwicklungschancen und -hemmnissen von 1907 bis 1913 umstritten. Eine Reihe von Ereignissen dieser Jahre wirft erhellende Schlaglichter auf das Zarenreich unmittelbar nach seiner ersten Revolution.

Die 1907 zusammengetretene dritte Duma absolvierte tatsächlich die volle Legislaturperiode von fünf Jahren. Ein Blick darauf rechtfertigt keine ausschließlich negative und skeptische Einschätzung der Entwicklungspotentiale des Parlamentarismus in Russland. Zum Vorsitzenden wählte die Duma den Oktobristen N. A. Chomjakov. Ihr gesamtes Präsidium bestand aus Abgeordneten der Oktobristen und rechter Parteien.[63] Der Anschein, die dritte Duma werde sich aufgrund ihrer konservativ-rechten Mehrheit dem Zaren stets loyal unterordnen, sollte sich jedoch bereits eine Woche nach der Eröffnung des Parlamentes als Trugschluss erweisen. Am 8. November 1907 debattierte die Duma, wie sie den Eröffnungsgruß Nikolaus' II. an das Parlament in einer Adresse an den Zaren erwidern sollte. Die rechten

Parteien insistierten darauf, dass der Zar in der Adresse achtungsvoll als Autokrat bezeichnet werde. Bereits hier brachen die Oktobristen aus dem konservativ-rechten Lager aus und setzten zusammen mit den liberalen Kadetten durch, dass das Wort Verfassung Aufnahme in die Adresse fand. Der Zar reagierte mit der kühlen Erwiderung, er erwarte eine fruchtbare Zusammenarbeit mit dem Parlament.[64] Im Frühjahr 1908 machte die Duma abermals unter Einbeziehung der Oktobristen und Rechten deutlich, dass sie eine weitere Beschneidung der Stimmrechte des Parlamentes nicht hinzunehmen bereit war.[65] Auf der Sitzung am 28. Mai wiederum wagte es der Oktobrist Aleksandr Ivanovič Gučkov, den Rücktritt der Großfürsten der Romanovs aus ihren führenden Positionen in Heer und Flotte zu fordern.[66]

In 24 Sitzungen behandelte die Duma vom 23. Oktober 1908 bis zum 24. April 1909 die Entwürfe zur Agrargesetzgebung, dem zentralen Projekt des Ministerpräsidenten Stolypin. Ziel der Agrarreform war es, Bauern den Auszug aus der Dorfgemeinschaft und ihrer Landumverteilungsgemeinschaft sowie einen arrondierten eigenen Landbesitz zu ermöglichen. Davon erhoffte Stolypin sich einen produktiven Zuwachs der russischen Agrarwirtschaft. Die Debatten zu diesem Thema waren facettenreich und beinhalteten Positionen von der vollkommenen Ablehnung bis zur vorbehaltlosen Idealisierung der Agrarreform. Am 30. April 1910 passierte das Projekt schließlich die Duma und das Oberhaus, den Reichsrat.[67] 1912 verabschiedeten Duma und Reichsrat nach langen und kontroversen Auseinandersetzungen ein Gesetz über die lokale Gerichtsverfassung. Das Gesetz beseitigte ständische Elemente der lokalen Justiz, die 1889 wieder in Kraft gesetzt worden waren, und stellte einen bedeutenden Schritt zur Schaffung eines einheitlichen Rechtsraumes im Imperium dar.[68] Auf dem Gebiet der Religionsgesetzgebung konnte sich die Duma nicht gegen Nikolaus II., die konservativen Kräfte im Heiligen Synod und die Regierung durchsetzen. Gesetzesinitiativen zur Aufgabe geistlicher Ränge und Konfessionswechsel wurden entweder von der Regierung zurückgezogen oder von Nikolaus II. nicht unterschrieben.[69]

Ungeachtet ihres eingeschränkten Budgetrechtes erreichte die dritte Duma, dass auf Gesetzesgrundlage die Regierung eine Liste der Ausgaben und Einnahmen vorzulegen hatte. Die alljährliche Debatte über den Reichshaushalt, in der Finanzminister Kokovcov Rede und Antwort stand, gehörte zu den Höhepunkten der parlamentarischen Tätigkeit. Wenn der Haushalt debattiert wurde, waren Plenum und Zuschauerränge gleichermaßen gefüllt.[70] Die Debatte, wie das Flottenbauprogramm des Marineministeriums zu finanzieren sei, zeigte, dass die Duma sich nicht auf die Rolle eines Erfüllungsgehilfen der Regierung reduzieren lassen wollte. Nach den immensen Verlusten der Flotte im russisch-japanischen Krieg 1904/05 wollte das Marineministerium u. a. den Neubau von vier Panzerkreuzern in Auftrag geben. Über die Vorlagen des Ministeriums verwickelte die Duma die Regierung in eine mehrjährige Auseinandersetzung. An die Spitze kritischer Nachfragen stellte sich 1910 der Oktobrist und Vorsitzende der Duma A. I. Gučkov. Es dauerte bis zum Sommer 1912, bis die Duma schließlich einem auf fünf Jahre gestreckten Finanzierungsplan des Marineministeriums zustimmte.[71] Selbst ein Parlament, dessen Mitte-rechts-Zusammensetzung Nikolaus II. als Gewähr unbehelligten Regierens angesehen hatte, fügte sich nicht in die Rolle eines willfährigen Erfüllungsgehilfen. Auf die weitere Geschichte Russlands im Weltkrieg vorausschauend, erhellt die Geschichte der dritten Duma, dass eine scheinbar loyale Elite sich durchaus in Opposition zum Zaren und zur Regierung begeben konnte.

1909 erschien in Russland ein Sammelband mit dem Titel *Wegzeichen* (Vechi).[72] Eine Reihe von Autoren nahm darin eine Standortbestimmung der Intelligencija, ihres Verhältnisses zum Volk und ihrer politischen Programmatik vor. In der zweiten Hälfte des 19. Jahrhunderts hatte sich die Intelligencija selbst ermächtigt, die Rolle des Anwalts und Erziehers des einfachen Volkes zu spielen. Die Gebildeten und Studenten aus den Städten wollten die einfachen Menschen Russlands aus ihrer unterstellten Unbildung und politischen Unfreiheit herausführen. Es handelte sich um ein ambitioniertes Vorhaben der Selbstzivilisierung Russlands. Schon im späten 19. Jahrhundert war punktuell ersichtlich geworden, welche kulturellen Missverständnisse zwischen den selbst ernannten Fackelträgern der Zivilisierung und den einfachen Bauern vorlagen. Die Gewalteruptionen in der Revolution von 1905 führten nun der Intelligencija dramatisch vor Augen, dass das Volk nicht auf eine Führung durch die Gebildeten wartete, sondern seine ganz eigenen Vorstellungen davon hatte, wie es sein Schicksal in die Hände nehmen könnte. Der Sammelband reflektiert diese Konstellation und weist auf die Revolution voraus, indem er die Kluft zwischen Gebildeten und gewöhnlichen Menschen offenlegt und problematisiert. Auch in den Jahren ab 1917 hatten verschiedene Eliten recht genaue Vorstellungen von der Zukunft Russlands, mussten aber ein um das andere Mal erleben, dass die Massen ganz andere Hoffnungen an das neue Russland hegten.

Die Differenz zwischen Intellektuellen und dem Volk war nicht die einzige Bruchlinie im Zarenreich, die nach der Revolution 1905 in aller Deutlichkeit zu Tage trat. Am 1. September 1911 besuchten Nikolaus II. und sein Ministerpräsident Stolypin die Aufführung des Märchens vom Zaren Saltan im Kiever Opernhaus. Sie waren anlässlich der Einweihung eines Denkmals für den Zaren Alexander II. in die Stadt gereist. Während der Aufführung schoss der Anarchist Dmitrij G. Bogrov auf Stolypin, der wenige Tage darauf seinen Verletzungen erlag. Bogrovs Attentat fügt sich in eine ganze Reihe von Anschlägen, die Anarchisten und Sozialrevolutionäre im frühen 20. Jahrhundert verübten. Sie zielten auf die öffentliche Bloßstellung des politischen Systems und machten ungeachtet der 1906/07 niedergeschlagenen Revolution eine politische Gärung im Zarenreich sichtbar sowie die Radikalität, mit der es im linken politischen Spektrum infrage gestellt wurde.[73]

In den folgenden Jahren demonstrierte ein Gerichtsprozess in Kiev, wie große Teile von Administration und Justiz des Reiches nach rechts gerückt waren. Im Frühjahr 1911, wenige Tage vor dem orthodoxen Osterfest, war im Kiever Ortsteil Lukjanovka die Leiche eines 13-jährigen Jungen, Andrej Juščinskij, gefunden worden. Die Staatsanwaltschaft war schnell bei der Hand, den Juden Mendel Bejlis verhaften zu lassen und eine Anklage auf jüdischen Ritualmord aufzusetzen. Bis in den Herbst 1913 folgte ein Verfahren, in dem sich weder für eine Schuld von Bejlis noch für den Vorwurf eines jüdischen Ritualmordes belastbare Beweise finden ließen. Die Tat hatte ihre Ursprünge im lokalen kriminellen Milieu. Nichtsdestotrotz hielten die Staatsanwaltschaft und das Gericht bis zuletzt an der Ritualmordthese fest. Russlands Bejlis-Affäre wirkte wie ein Echo der französischen Dreyfus-Affäre. Sie spaltete das Land in eine Auseinandersetzung zwischen rechtsstaatlichen Überzeugungen und haltlosen antisemitischen Verschwörungstheorien. Intellektuelle und die Öffentlichkeiten in den USA, Großbritannien, Frankreich und Deutschland verfolgten und kritisierten die Bejlis-Affäre mit großer Aufmerksamkeit. Schriftsteller wie Thomas Mann und H. G. Wells unterschrieben offene Protestbriefe. Zeitungen wie die *New York Times* und der *Manchester Guardian* unterrichteten ihre Leserschaft über jede neue Wendung des Prozesses.[74] Die Bejlis-Affäre blieb nicht der einzige Indikator dafür, wie sich antisemitische und rechte Verschwörungstheorien in Russlands Staatsapparat ausbreiteten. 1912 demissionierte der einzige jüdische Richter im Zarenreich, Jakob Tejtel. 1851 geboren, war es Tejtel gelungen, in dem schmalen Zeitfenster zwischen den Großen Reformen, die scheinbar neue Möglichkeiten auch für Juden boten, und einer Welle des Antisemitismus nach der Ermordung Alexanders II. 1881 Jura zu studieren und in den russischen Justizdienst zu treten. In den Jahren nach der Revolution 1905 hatte die Ministerialbürokratie Tejtel wiederholt zur Niederlegung seines Amtes aufgefordert – ohne Sachgründe, die in seiner Arbeit gelegen hätten. 1912 hielt Tejtel dem Druck nicht mehr stand und gab sein Amt auf. Er engagierte sich nun als Vertreter Russlands in der internationalen jüdischen Wohlfahrt. Zu seinen Projekten zählte auf Einladung der portugiesischen Regierung die Erkundung, ob sich eine jüdische Auswanderung aus dem Zarenreich in die portugiesische Kolonie Angola in Gang bringen lasse. Über eine erste Informationsreise nach Lissabon geriet der Plan nicht hinaus, der Erste Weltkrieg kam in die Quere.[75]

1912 gaben die Olympischen Spiele in Stockholm der Weltöffentlichkeit einen Einblick in die widerstreitenden Vorstellungen von Imperium und Nationen im Zarenreich. Der Sport im Zarenreich war zu dieser Zeit politisch und militärisch aufgeladen. Die Zeitungen erwärmten sich an der Aussicht, die militärische Schmach auf den Schlachtfeldern des russisch-japanischen Krieges könne auf den olympischen Sportanlagen Stockholms kompensiert werden. Sport galt sozialdarwinistisch als «survival of the fittest» und Fortsetzung imperialer Konkurrenz mit anderen Mitteln. Die Bürde des weißen Mannes hatte einen neuen Spielplatz gefunden. Doch wie sollte die olympische Mannschaft beschaffen sein, die die ruhmvollen Siege erzielen würde? Bereits vor der Gründung eines Russischen Olympischen Komitees hatten die Finnen aus ihrem Russland unterstehenden Großfürstentum heraus ein Finnisches Olympisches Komitee gegründet. Nur mühsam ließen sich die Finnen in die olympische Mannschaft des Imperiums eingliedern. Beim Einlauf der Athleten murrten sie, dass sie auf ihre Nationalfahne verzichten mussten und allein mit einem mit «Finnland» beschriebenen Schild in der imperialen Mannschaft Russlands auflaufen durften. Auf die Deutschbalten aus den Ostseeprovinzen konnte das Team gleichfalls nicht verzichten, da sie im Schießen schlicht zu gut waren. Zu allem Überfluss hatten die Deutschbalten bereits auf eigene Faust einen eigenen Segelverein beim Internationalen Olympischen Komitee registrieren lassen. Auch hier war viel Diplomatie nötig, um den Zusammenhalt der imperialen Mannschaft zu gewährleisten. Schließlich der Fußball: Auf Betreiben stramm russisch-national gesinnter Fußballer wurden Juden aus der russischen Elf ausgeschlossen. Geholfen hat es alles nichts. Im Fußball unterlag das Zarenreich der zweiten Mannschaft des deutschen Kaiserreiches mit 0:16. Der Medaillenspiegel war niederschmetternd. Abzüglich der separat gezählten finnischen Medaillen belegte das Imperium den herben 16. Platz – nach dem russisch-japanischen Krieg eine weitere bittere Schmach auf internationaler Bühne.[76]

Die Diskussionen um die Zusammensetzung der imperialen Mannschaft legten einen durchdringenden Streit um den Charakter des Reiches auf internationaler Bühne offen. War das Reich auf seine Tradition als Vielvölkerreich angewiesen, die über Jahrhunderte zahlreiche Nichtrussen in wichtige Funktionen am Hof, in der Armee und der Verwaltung gebracht hatte? Oder war es an der Zeit, dass die Russen, gemeinsam mit ihren ostslavischen Brüdern, den Ukrainern und Belarusen, die Führung im Reich übernahmen? Schließlich stellten sie fast zwei Drittel der Bevölkerung. Die Führung der Armee hätte gerne im Offizierkorps ein Quorum von zwei Dritteln Ostslaven durchgesetzt. In der Spitze der Armee hatte sich seit der Einführung der allgemeinen Wehrpflicht 1874 die Ansicht durchgesetzt, allein die Ostslaven könnten im Unterschied zu Polen, Juden und Muslimen ein loyales Heer garantieren. Im Offizierkorps ließ sich dieses Quorum jedoch zu keinem Zeitpunkt durchsetzen. Desgleichen behielten auch in Verwaltung und Wirtschaft Nichtrussen zahlreiche wichtige Schlüsselstellen. Armee und Bürokratie funktionierten ungeachtet aller Rhetorik russischer Nationsbildung nach wie vor als inklusive Veranstaltungen eines Vielvölkerreiches.[77] So blieb das Verhältnis von Imperium und Nationen ambivalent und entwicklungsoffen. Zwar drängten die Antisemiten den jüdischen Richter Tejtel aus dem Staatsdienst. Doch das 1905 außer Kontrolle geratene Baku hatte der Muslim Alichanov mit seiner entschiedenen militärischen Vorgehensweise wieder in die Ordnung des Imperiums eingefügt. Eine nach zunehmender Geltung drängende russische Nationsbildung und die unverwüstlichen Herrschaftspraktiken eines Vielvölkerreiches koexistierten in dieser Phase russischer Geschichte.

1913 jährte sich zum 300. Mal der Beginn der Herrschaft der Romanovdynastie. Nikolaus II. und seine Familie verbrachten einen guten Teil des Jahres damit, an ausgedehnten Feierlichkeiten dieses großen Ereignisses teilzunehmen. Die Hauptfeierlichkeiten fanden in St. Petersburg statt. Es gab jedoch auch Reisen in die Provinzen an der Wolga, in denen sich Michail Romanov 1613 aufgehalten hatte, bevor er sich nach Moskau begab, um zum Begründer und Namensgeber einer Dynastie zu werden. Nikolaus II. fuhr die Reiseroute seines

Ahnen 1913 nochmals ab. Allerorten bestärkten ihn die inszenierten Begegnungen mit der einfachen Bevölkerung in dem Glauben, die Revolution von 1905 habe das feste Band zwischen Zar und Volk nicht zerrissen.[78] Von dieser Vorstellung umsponnen, blieben Nikolaus II. die rasende Entwicklung des Reiches, seine Probleme und Potentiale und die Entwicklungskräfte der Gesellschaft verborgen.

Die Kulturgeschichte Europas jener Zeit, die Entwicklung neuer Formen in Literatur, Theater, Malerei und Musik, könnte ohne eine Würdigung der russischen Beiträge nicht geschrieben werden. In den Jahren nach 1905 hatte Russland Anteil am Futurismus des frühen 20. Jahrhunderts. Wie in anderen Ländern Europas auch erfreuten sich Flugschauen einer rasant steigenden Popularität.[79] Das Moskauer Stadtparlament brütete über den Plänen für eine Metro.[80] Zugleich lebten an vielen Orten ehrgeiziger Rohstoffgewinnung und Industrialisierung Arbeiter in unbeschreiblich primitiven Verhältnissen. Auf den Goldfeldern der Lena kam es 1912 zu einem Arbeiterstreik, den die Obrigkeit brutal zusammenschießen ließ.[81] 1914 streikten die Arbeiter in vielen Petersburger Fabriken. Die Bauernschaft des Reiches war differenziert: Einige produzierten allein und eigenständig für überregionale Märkte, andere suchten Schutz und ein Auskommen in der traditionellen russischen Dorfgemeinde. Wieder andere waren als Wander- und Saisonarbeiter sowohl in Städten tätig als auch in ihren angestammten Gemeinden bei der Feldarbeit anzutreffen.[82] So barg Russland 1913 viele Entwicklungswege in sich. Das Zarenreich war erfasst von der Globalisierung des späten 19. und frühen 20. Jahrhunderts. Es hatte seit 1890 einen gewaltigen Industrialisierungsschub hinter sich gebracht. Soziale Probleme der Arbeiter und Bauern waren nicht zu übersehen. Die Machtfrage zwischen der Monarchie und dem Parlament stand immer noch auf der Tagesordnung. Das Verhältnis zwischen dem Russländischen Imperium als Vielvölkerreich, der russischen Nation und zahlreichen anderen Nationen in unterschiedlichsten Ausprägungsformen und konfessionellen Gruppen wie Juden und Muslimen hing in der Schwebe. In einem solchen Land, das 1905 eine Revolution erlebt hatte, war der neuerliche Ausbruch einer Revolution denkbar, strukturell zwingend war er aber nicht. Die Revolution brach erst aus, als Russland sich im dritten Jahr eines Krieges neuen Typs befand und die Eliten in Militär und Politik ihre Loyalität zum Zaren aufkündigten.

1914–1915: Russland im Ersten Weltkrieg

1. Russlands Weg in den Krieg

Am 1. August 1914 hatte das Deutsche Reich dem Zarenreich den Krieg erklärt. In einer Ansprache vom Balkon des Berliner Schlosses verkündete Wilhelm II., er kenne nunmehr keine Parteien, sondern allein noch Deutsche. Aller Streit solle der Vergangenheit angehören und das Volk geeint der äußeren Herausforderung trotzen.[1] Tags darauf erreichte Nikolaus II. in Begleitung seiner Frau und seiner Töchter auf der Yacht Aleksandrija von seiner Residenz Peterhof herkommend St. Petersburg. An der Neva hatte sich bereits eine Menschenmenge versammelt. Salutschüsse von der Peter-Paul-Festung kündeten von der Ankunft des Zaren. Im Malachitsaal des Winterpalastes unterschrieb Nikolaus II. das Manifest über die Kriegserklärung an Deutschland. In einer kurzen Rede vor dem versammelten Hof sowie hochrangigen Bürokraten und Militärs schwor er, die Waffen nicht niederzulegen, solange auch nur ein Flecken russischer Erde besetzt sei.[2] Der Dumapräsident Rodzjanko schilderte in seinen Erinnerungen, wie Nikolaus II. sich anschließend an seine Untertanen wandte: «Der Kaiser trat auf den Balkon hinaus, gefolgt von der Kaiserin. Als das Volk, das den großen Platz und die einmündenden Straßen besetzt hielt, seinen Kaiser erblickte, ging es wie ein elektrischer Funke durch alle Herzen und ein nicht endenwollendes Hurra erschütterte die Lüfte. Die Fahnen, die Tafeln mit Aufschriften: ‹Es lebe Russland und das Slawentum!› senkten sich zur Erde, und die Menge beugte das Knie vor dem Zaren.»[3] Bereits am Tag zuvor hatten die Moskauer Nachrichten (Moskovskie Vedomosti) geschrieben: «Die ganze russische Gesellschaft von oben bis unten, angefangen von der

Macht der Besitzenden bis zu den einfachen Arbeitern, ist vereint in einem einzigen allgemeinen Gefühl, in einem einzigen einmütigen Antrieb der Liebe zu ihrer Heimat.»[4]

Auch aus der Distanz eines ganzen Jahrhunderts bieten Historiker unterschiedliche Erklärungen für den Ausbruch des Ersten Weltkriegs an. Wo die einen Europas Mächte gemeinsam wie Schlafwandler in den Krieg taumeln sehen, beharren andere auf der Verantwortung einzelner Staaten für den Kriegsausbruch.[5] So erscheinen nach wie vor Bücher, die entweder im weltpolitischen Gegensatz zwischen Großbritannien und Russland oder in dem begehrlichen Blick Russlands auf die Meerengen zwischen dem Schwarzen Meer und dem Mittelmeer die entscheidenden kriegstreibenden Faktoren sehen.[6] Doch die einst im Marxismus und Leninismus gängige Erklärung, die expansive Dynamik des europäischen Imperialismus hätte die Welt 1914 in den Krieg getrieben, besitzt keine Überzeugungskraft mehr. Der Krieg resultierte nicht aus imperialen Ambitionen in Afrika und Asien, er wurde nicht durch koloniale Rivalitäten außerhalb Europas ausgelöst.[7] Uneinigkeit herrscht, ob sich in Europa eine systemische und situative Erklärung des Kriegsausbruchs finden lässt oder ob die Politik einzelner Staaten maßgeblich verantwortlich für den Kriegsausbruch war. Das Weltmachtstreben des deutschen Kaiserreiches, die Nationalitätenpolitik des Habsburgerreiches, die habsburgisch-russische Konkurrenz um die Ukraine, der begehrliche Blick Russlands auf Konstantinopel und die Meerengen sowie Frankreichs Plan, Russland in einen Krieg gegen Deutschland zu verwickeln, werden nach wie vor als entscheidende und kriegsauslösende Momente gehandelt. Anders als der Zweite Weltkrieg entstand der Erste Weltkrieg nicht aus dem festen Vorsatz eines einzelnen Akteurs, den Kontinent in einen Krieg zu stürzen. Allerdings geht auch das Bild der Schlafwandler am Zustandekommen des Krieges vorbei. Anders als Schlafwandler waren die Monarchen, Militärs und Diplomaten im Sommer 1914 bei Sinnen, als sie den Weltkrieg zuließen.[8] Erwartungshorizonte, Kalkulationen, Interaktionen und eine auf höchster Frequenz laufende Kommunikation von Höfen, Generalstäben, Außenministerien und

Medien ließen eine Situation entstehen, in der der Krieg möglich, aber nicht zwangsläufig war. Die Telegraphen und Telefone in den Regierungszentralen liefen auf Hochtouren und lieferten in atemraubendem Tempo neue Nachrichtenlagen. Der Krieg brach aus, weil alle beteiligten Akteure die Annahme teilten, sie befänden sich in einer defensiven Position, die durch weiteres Abwarten sich nur verschlechtern könnte. So wähnten sich alle in der Rolle des Verteidigers, dem das eigene Handeln von außen aufgezwungen würde. Erst so wurde aus einem Regionalkonflikt zwischen Österreich-Ungarn und Serbien ein Krieg der europäischen Großmächte.

Auch Russlands Agieren fügt sich in dieses Muster des Sommers 1914. Wie in anderen europäischen Staaten hatte die Presse gehörigen Anteil an der öffentlichen Meinung. Blätter wie die *Neue Zeit* (Novoe Vremja) formulierten weitreichende nationalistische Agenden, die im Außenministerium ein um das andere Mal mehr als Einschränkung diplomatischer Handlungsfreiheit wahrgenommen wurden. Und wie in anderen europäischen Staaten besaß schließlich die militärische Eigenlogik des Generalstabes eine durchschlagende Wucht. Nikolaus II. hat sich dem Wunsch der Militärs nach einer Generalmobilmachung lange entzogen. Der Zar fürchtete den Horror des Krieges und stimmte entgegen dem Wunsch seines Generalstabes am 29. Juli 1914 allein einer Teilmobilmachung gegen Österreich-Ungarn zu. Erst tags darauf ließ der Zar sich unter dem Eindruck neuerlicher diplomatischer Informationen, Deutschland unterstütze Österreich-Ungarn vorbehaltlos, wieder in die Logik des Generalstabes einbeziehen. Demzufolge sei eine Teilmobilmachung mit den Erfordernissen einer später eventuell nötigen Generalmobilmachung logistisch nicht vereinbar. So willigte der Zar am 30. Juli 1914 endgültig in die Generalmobilmachung Russlands ein.[9]

Nikolaus II. driftete nicht unreflektiert in die Frage von Krieg und Frieden hinein wie im Vorfeld des russisch-japanischen Krieges von 1904. 1898 hatte Nikolaus II. Jan Bloch zu einer Audienz geladen, um sich dessen Buch über den künftigen Krieg und seine verhängnisvollen Auswirkungen auf Gesellschaft und Wirtschaft erläutern zu lassen. Künftige Kriege, so Bloch in heller Voraussicht, würden im Unterschied zu Kabinettskriegen alten Stils ganze Gesellschaften und Volkswirtschaften involvieren und sie in Untergang und Ruin treiben. Im Vorfeld der Haager Friedenskonferenz von 1899 – einberufen auf seine Initiative – zeigte sich der Zar einsichtig in die Verhängnisse des Krieges, um keine fünf Jahre später sein Reich in einen Expansionskrieg gegen Japan zu verwickeln, der seine Herrschaft im Inneren an den Rand des Abgrunds brachte. Nikolaus II. hatte die Außenpolitik im Fernen Osten vollkommen an einen Militär delegiert und der Eskalation gegenüber Japan damit freien Lauf gelassen.[10] Der russisch-japanische Krieg 1904/05 bestätigte alle Prognosen Blochs über die Infragestellung von Gesellschaft und Staat in einem modernen Krieg. Hatte Nikolaus II. seine Bloch-Lektüre und die Erfahrungen von 1904/05 im Sommer 1914 verdrängt und vergessen, oder gab es Gründe, sie hinter anderen Erwägungen zurückzustellen?

Der Innenminister Durnovo hatte seinem Zaren erst im Februar 1914 als Gedächtnisstütze ein Memorandum geschickt, in dem er vor einem Krieg gegen Deutschland und den in seinen Augen absehbaren Folgen warnte.[11] Die Belastungen eines Krieges würden unweigerlich soziale Forderungen der Bauern und Arbeiter nach sich ziehen und Russland in eine Anarchie wie zuletzt 1905 stürzen. Weder die Armee noch das Parlament und die von der Intelligencija getragenen Parteien wären dann in der Lage, dem freien Lauf der Kräfte Einhalt zu gebieten, der Russland in einen Abgrund hinabreißen würde. Die ehemaligen Finanzminister Vladimir Kokovcov und Sergej Witte rieten ebenfalls dazu, ein Auskommen mit Deutschland und Österreich zu suchen, anstatt in einen Krieg zu ziehen, den Russland nach allem menschlichen Ermessen nur verlieren könne.[12]

Die Vorstellung, es liege in der Macht des Monarchen, die Außenpolitik mit einer Handbewegung in eine bestimmte Richtung zu lenken, entsprach jedoch nicht mehr den Konstellationen Russlands am Vorabend des Ersten Weltkriegs. Zwar begab Nikolaus II. sich selber gerne in eine imaginierte Welt der Selbstherrschaft. Doch seine Entscheidungen trugen durchaus den Komplexitäten Russlands nach seiner ersten Revolution von 1905 Rechnung. Aus dem fernöstlichen Desaster 1904/05 hatte der Zar die Konsequenz gezogen, Außenpolitik nicht mehr allein hinter dem Rücken des Außenministers zu betreiben. Mit Aleksandr Izvolskij und Sergej Sazonov standen im Jahrzehnt von 1906 bis 1916 zwei Minister an der Spitze des Außenministeriums, die esprit de corps, berufliche Erfahrung und ein starkes Verantwortungsgefühl gegenüber Russland auszeichneten.[13]

Nikolaus II. persönliche Blicke auf die Außenbeziehungen Russlands lassen sich so zusammenfassen: Die Kontrolle der Meerengen hielt der Zar für ein lohnenswertes Ziel russländischen Engagements. Auf die Südslaven blickte Nikolaus II. allerdings skeptisch. Wie sein Vater warf er ihnen Undankbarkeit für Russlands Engagement 1877/78 vor. Zu den Habsburgern unterhielt Nikolaus II. ein abgekühltes Verhältnis. Österreichs Engagement im Krimkrieg gegen Russland sah er als Ausdruck groben Undanks, nachdem Russland 1849 in Ungarn zur Rettung habsburgischer Herrschaft interveniert hatte. Die habsburgische Bitte um dynastische Solidarität in der Annexionskrise Bosniens 1908/09 brachte den sonst so ruhigen Nikolaus II. aus der Fassung. Nicht minder verärgert zeigte der Zar sich über die habsburgischen Freiräume für die ukrainische Nationsbildung in Galizien. Der Zar hing der Vorstellung einer großen russischen Nation an, die die Ukrainer mit einschloß. Die Habsburger jedoch folgten einer Logik von divide et impera und gewährten der ukrainischen Nationsbildung Entfaltung in Auseinandersetzung mit der polnischen Nationsbildung im habsburgischen Kronland Galizien. Die dynastische Verbindung zu den Hohenzollern hielt Nikolaus II. demgegenüber in hohen Ehren. Seinen Cousin Wilhelm II. sah er zwischen 1905 und 1914 fast jährlich, und er war überzeugt, in Wilhelm II. einen Fürsprecher des Friedens an seiner Seite zu haben. Insgesamt verband sich in Nikolaus II. nach 1905 die Abneigung gegen einen neuen Krieg mit den Werten des russischen Offiziers, der sich zuvorderst der Verteidigung der Ehre Russlands auf der internationalen Bühne verpflichtet fühlte.[14]

Die Vorstellung, dass Russland für seine Entwicklung eine längere

Friedensphase benötige, teilten alle Premierminister – streng genommen Vorsitzende des Ministerrates – von Sergej Witte über Petr Stolypin bis hin zu Vladimir Kokovcov, der das Amt bis Anfang 1914 ausfüllte.[15] Im Außenministerium des Zarenreiches stießen unterschiedliche Vorstellungen von Form und Ausrichtung der Außenpolitik in den Jahren vor dem Ersten Weltkrieg aufeinander. Eine Gruppe höfischer Traditionalisten hielt die Außenbeziehungen für einen Arkanbereich von Politik, den man nicht den Emotionen und Interessen von Medien und Eliten öffnen sollte. Die Bündnisorientierung dieser Gruppe zielte auf eine Fortsetzung der Tradition des 19. Jahrhunderts. Nur ein Bund mit den Dynastien der Hohenzollern und Habsburger diene den Sicherheitsinteressen Russlands als einem der östlichen Kontinentalimperien. Dem stand eine Fraktion gegenüber, die grundsätzlich die Außenpolitik für die gebildeten Eliten und die Medien öffnen wollte. Die medial formulierten Interessen der Nation sollten demzufolge in die Meinungsbildung im Außenministerium einfließen. Auf der Agenda dieser Gruppe standen geopolitische Ziele wie die Meerengen und Konstantinopel sowie die Brüderschaft der Ostslaven mit den Südslaven. Das Osmanische Reich und das Habsburgerreich erschienen dabei unausweichlich als Gegner Russlands. In den Jahren vor dem Ersten Weltkrieg billigte Nikolaus II. ausdrücklich, dass solche Debatten auch im Ministerrat ausgetragen wurden. Unterschiedliche Lesarten fand dabei auch das Buch Blochs, das die Gefahren künftiger Kriege eindringlich beschrieben hatte. Einen Vorteil Russlands erkannten manche russischen Leser in dem Hinweis Blochs, es könnte in einem europäischen Krieg Russland am ehesten gelingen, seine Wirtschaft auf Autarkie umzustellen, da sie im Vergleich zu den übrigen Mächten weniger stark in die globale Wirtschaft eingebunden sei.

Für die Frage von Krieg und Frieden waren solche Grundsatzüberlegungen in der Julikrise 1914 jedoch auch in St. Petersburg kaum ausschlaggebend.[16] Entscheidend waren vielmehr die sich rasch wandelnde Nachrichtenlage in der erhitzten Julikrise, die Selbstwahrnehmung als potentielles Angriffsopfer und die Konkurrenz ziviler und militärischer Handlungslogiken. Der Generalstab des Zarenreiches sah die größte Gefahr in einem schnell ausgeführten deutschen Angriff auf Russland. Um dafür gewappnet zu sein, basierten alle militärischen Planungen des Generalstabes auf einer Generalmobilmachung Russlands innerhalb von 14 Tagen. Wilhelm II. und der deutsche Kanzler Bethmann-Hollweg waren jedoch der Überzeugung, dass sich Russland auch in der Julikrise nicht militärisch engagieren werde. Die deutsche und habsburgische Diplomatie gegenüber dem Zarenreich in der bosnischen Annexionskrise 1908/09 war in Diplomatie und Öffentlichkeit Russlands als germanisches Ultimatum und Erniedrigung Russlands wahrgenommen worden. Sazonov hatte den Botschaftern Berlins und Wiens zu verstehen gegeben, dass das Zarenreich sich nicht ein zweites Mal so behandeln lassen könne. Die Botschafter hatten dies in Berlin und Wien übermittelt. In der Julikrise 1914 haben die Regierungen in Berlin und Wien diese Botschaft ausgeblendet. Russlands Außenminister Sazonov sowie Paul Benckendorff und Anatolij Nekljudov waren allerdings der Ansicht, dass Russland sich nicht abermals einem Ultimatum Berlins und Wiens beugen könne. Die österreichische Kriegserklärung an Serbien beantwortete Russland mit dem Befehl, die vier Militärdistrikte an der Grenze zum Habsburgerreich zu mobilisieren. Als der Ministerrat Russlands am 24. Juli 1914 eine Teilmobilmachung als diplomatisches Signal beschlossen hatte, hat der Chef des Generalstabs Nikolaj Januškevič versäumt, darauf hinzuweisen, dass eine Teilmobilmachung alle Pläne für eine Generalmobilmachung über den Haufen warf. Nikolaus II. fügte sich am Nachmittag des 30. Juli 1914 erschöpft in die Zustimmung zur Generalmobilmachung. Gegenüber Sazonov klagte er, dies bedeute Hunderttausende Russen in den Tod zu schicken.[17]

Doch auch Sazonov hatte die Generalmobilmachung nicht von vornherein befürwortet. Er sah sich starkem Druck des Generalstabs ausgesetzt, wie er in seinen Memoiren schildert: «Ungefähr um 14 Uhr am 30. Juli rief mich der Chef des Generalstabes, General Januškevič, an und sagte mir, dass er sich mit mir über die letzten Ereignisse unterhalten müsse, die dem Stab bekannt geworden seien, dass bei ihm im Büro auch der Kriegsminister sei und dass er mich bitte, zu ihm zu kommen. Während ich mich ins Gebäude des Generalstabs begab, wo Januškevič wohnte, und das fünf Minuten zu Fuß vom Außenministerium entfernt war, ahnte ich schon, was ich zu hören bekommen würde. Ich fand die beiden Generäle in einem Zustand äußerster Besorgnis vor. Schon aus ihren ersten Worten wurde mir klar, dass sie die Bewahrung des Friedens nunmehr für unmöglich hielten und die Rettung ausschließlich darin sahen, alle Land- und Seestreitkräfte des Imperiums unverzüglich zu mobilisieren. General Januškevič sagte mir, dass es für ihn angesichts der speziellen Meldungen, die dem Generalstab vorgelegt worden seien, nicht den geringsten Zweifel gebe, dass die deutsche Mobilisierung viel weiter voranschreite, als man angenommen habe und dass angesichts der Schnelligkeit, mit der sie sich vollziehe, Russland in eine äußerst gefährliche Lage geraten könne, wenn wir unsere eigene Mobilisierung nicht in vollem Umfang, sondern nur in Teilen vollziehen würden.»[18]

Dass Russland nicht von langer Hand geplant, sondern in einem Strudel der Ereignisse in den Krieg gezogen ist, lässt sich auch an der Festsetzung der Kriegsziele beobachten. Sie lagen nicht ausformuliert in der Schublade, sondern ergaben sich aus den Konstellationen und Ereignissen bis in den Herbst 1914 hinein. Die Kriegsziele bedurften der Abstimmung mit den Alliierten England und Frankreich und konnten erst eindeutig formuliert werden, nachdem das Osmanische Reich im Oktober 1914 an der Seite Deutschlands in den Krieg eingetreten war.[19] Die Ziele bildeten ein Potpourri der angenommenen Möglichkeiten gegenüber Deutschland, Österreich-Ungarn und dem Osmanischen Reich. In Strategiepapieren des Russländischen Außenministeriums galt die Zeit des Osmanischen Reichs schon lange als abgelaufen. Die Frage war allein, welche operativen Schlüsse daraus zu ziehen seien.[20] Das deutsche Kaiserreich und die österreichisch-ungarische Doppelmonarchie galten demgegenüber als ernstzunehmende militärische Gegner. Dementsprechend wurden als Kriegsziele Russlands die Beherrschung des Bosporus und der Dardanellen, die Eroberung Konstantinopels, die vollständige Erlangung Galiziens vom Habsburgerreich und ein Ausbau der Position Russlands an seiner Westgrenze zu Deutschland, vor allem in Ostpreußen, ausgerufen. Die Beherrschung Galiziens spielte eine wichtige Rolle in der Konkurrenz verschiedener Nationsprojekte im Zarenreich. Die Vorstellung einer großrussischen Nation, die in Gestalt der Russen, Ukrainer und Belarusen alle Ostslaven umfassen sollte, war in Regierungskreisen und unter russischen Gebildeten weit verbreitet. Sie stand in unversöhnlicher Konkurrenz vor allem zur ukrainischen Nationsbildung. Deren Anfänge lagen zwar in der Dnepr-Ukraine. Im frühen 20. Jahrhundert fand sie jedoch ihre größten Handlungsspielräume im habsburgischen Königreich Galizien, wo die Wiener Zentrale einen Aufschwung der ukrainischen Nationsbildung als Gegengewicht zu den dortigen Polen zuließ. Der Krieg, so die Planung Russlands, sollte nun Zugriff auf die Ostslaven in Galizien bringen, um sie in das Projekt der großen russischen Nation einzugemeinden.[21]

Die Propaganda vermittelte in Russland die Vorstellung, der Krieg müsse zwangsläufig mit einem Sieg seiner übermächtigen Truppen enden. Seit den Napoleonischen Kriegen im frühen 19. Jahrhundert hatten sich in der visuellen Kriegspropaganda starke Motive herausgebildet. Der russische Soldat erscheint in ihnen wahlweise als russischer Bauer, Kosake oder überlebensgroßer Kämpfer, der seine stets winzig dargestellten Gegner mühelos besiegt. Ein Volksbilderbogen aus der Feder von Kazimir Severinovič Malevič aus dem Ersten Weltkrieg zeigt, wie ein riesiger russischer Mužik, ein gewöhnlicher ostslavischer Bauer mit weitem Gewand und orthodoxer Bartpracht, die kleinen wilhelminischen Soldaten des deutschen Kaiserreiches mit seiner Sense wie Grashalme hinwegmäht.[22] Die Inszenierung der Kaiserfamilie und Nikolaus' II. wiederum hob ganz auf das Band zwischen Monarch und Volk ab und schrieb Nikolaus II. ritterliche und heldenhafte Qualitäten zu.[23] Die bestialische Seite der Fronterfahrungen – vielfacher Tod und schwere Verletzungen – verbarg die Kriegspropaganda hinter dem Bild der allzeit hilfsbereiten und gnädigen Krankenschwestern, die den Verwundeten Trost und Pflege versprachen.[24]

2. Äußere und innere Fronten

Die ersten Kriegstage beendeten zur allgemeinen Überraschung die Austragung sozialer Konflikte. Die Reichshauptstadt St. Petersburg und die Ölmetropole Baku am Kaspischen Meer waren im Juli 1914 von schweren Arbeiterstreiks gezeichnet gewesen. Straßenschlachten zwischen Arbeitern und der Polizei hatten in der Hauptstadt am 22. Juli gar den öffentlichen Nahverkehr zusammenbrechen lassen. Ein gewisses Maß an öffentlicher Ruhe und Ordnung während des Besuchs des französischen Staatspräsidenten Poincaré konnten die Sicherheitskräfte nur mit Gewalt herstellen. Doch kaum, dass Russland sich im Krieg befand, endeten alle Streiks und Auseinandersetzungen.[25] Auch die Befürchtungen, höchstens 80% der Einberufenen würden folgen, erfüllten sich nicht. Die Rekrutierungsstellen wurden überlaufen. Der Aufruf zu einem nationalen Verteidigungskrieg schien Einheit zu stiften.[26]

Es sollte eine kurze Illusion von Einmütigkeit und Erfolgsaussicht bleiben. Welch hohes Risiko Russland wie auch die übrigen kontinentalen Reiche des östlichen Europas in diesem Krieg eingingen, zeigt ein Blick auf den Wandel der interimperialen Verhältnisse im frühen 20. Jahrhundert. Preußen, das Habsburgerreich und das Zarenreich hatten ihre Stabilität seit dem späten 18. Jahrhundert nicht zuletzt aus einer einvernehmlichen Solidarität zwischen ihren Dynastien und Reichen geschöpft und waren wiederholt gemeinsam gegen Aufstände sowie konstitutionelle und nationale Bewegungen vorgegangen. Die Teilungen Polen-Litauens im späten 18. Jahrhundert ließen dieses Einvernehmen erstmals beobachten. 1849 beteiligte sich das Zarenreich auf Bitte der Habsburger an der Niederschlagung der Revolution in Ungarn. 1863 bot Bismarck Russland Preußens Hilfe an, um den polnischen Januaraufstand zu bekämpfen. Diese Zeiten waren mit dem Ersten Weltkrieg vorüber. Die Imperien verteidigten sich nicht mehr gemeinsam gegen nationale Herausforderungen. Sie nutzten nationale Bewegungen, um die anderen Reiche gezielt zu destabilisieren.

Diese Strategie nationaler Destabilisierung anderer Imperien war im Ersten Weltkrieg mehrfach zu beobachten. Im Verlauf des Krieges adressierten Deutschland, die Habsburger und das Zarenreich die polnische Nation mit vagen Versprechungen, die nach dem Krieg auf Kosten der jeweils anderen Mächte zu realisieren gewesen wären. Das Zarenreich hatte sich schon vor dem Krieg als Fürsprecher der Armenier erwiesen, die seit dem späten 19. Jahrhundert von Repressionen im Osmanischen Reich bedroht waren. Der Plan einer armenischen Autonomie auf dem Territorium des Osmanischen Reiches unter internationaler Aufsicht war ganz wesentlich von Diplomaten und Völkerrechtlern Russlands ausgearbeitet worden. Während das Zarenreich versuchte, alle Ukrainer in das Projekt der großen russischen Nation einzubeziehen, entwickelte in Österreich-Ungarn Erzherzog Wilhelm den Plan, nach dem Krieg ein ukrainisches Königtum im Habsburgerreich einzurichten. Großbritannien wiederum stellte eine jüdische Legion auf, die in Palästina zur Destabilisierung des Osmanischen Reiches beitragen sollte.[27] Die wechselseitig aufgekündigte Unterstützung ließ bereits zu Beginn des Krieges eine enorme Belastungsprobe der Imperien erkennen. Innerhalb von drei bis vier Jahren sollte diese Belastung die Dynastien der Hohenzollern, Habsburger und Romanovs in den östlichen Kontinentalreichen hinwegfegen.[28] Doch während die Imperien gegenseitig die Axt an Wurzeln ihrer Existenz legten, verfügten sie nach wie vor über loyale Untertanen, die sich nationalen Zuordnungen bewusst entzogen, um ihrer Dynastie zu dienen. In der Armee des deutschen Kaiserreiches diente General Hermann von François, ein Deutscher aus einer aus Luxemburg stammenden Familie französischer Protestanten. Demgegenüber führte die Truppen des Zarenreiches bei ihrem Vorstoß nach Ostpreußen der deutschbaltische General Paul von Rennenkampf. Auch Baron Roman von Ungern-Sternberg setzte mit Ausbruch des Ersten Weltkriegs mit größter Selbstverständlichkeit seine Laufbahn im Militär Russlands fort.[29]

Die militärischen Operationen resultierten zu Beginn des Krieges rasch in Siegen und Niederlagen, um alsbald in unbeweglichen Frontverläufen in einem Abnutzungskrieg zu erstarren. Russland konnte anfangs erfolgreiche Offensiven in Ostpreußen und Galizien verzeichnen, musste in Ostpreußen allerdings einen Gegenschlag des deutschen Kaiserreiches hinnehmen. Hindenburg und Ludendorff wendeten im späten August und frühen September 1914 das Blatt und machten die Geländegewinne Russlands in Ostpreußen vor allem in der Schlacht von Tannenberg zunichte. Allein im späten August 1914 schlugen die russischen Niederlagen dort mit 50 000 Gefallenen und 92 000 Gefangenen zu Buche. Im Folgenden gelang es dem Heer des deutschen Kaiserreiches, die Frontlinie nach Osten zu verschieben. Der westliche Saum des Zarenreiches stand somit unter deutscher Besatzung. Lediglich Ostgalizien und die Bukowina vermochte das Zarenreich gegen Österreich-Ungarn zu behaupten. Wie auch im Westen Europas erstarrten die Fronten in einem Abnutzungskrieg. Ende 1915 waren 14 westliche Gouvernements Russlands feindlich besetzt. In ihnen befanden sich 35 Millionen Menschen, was einem Drittel der Bevölkerung des europäischen Russlands entsprach.[30]

Größere Erfolge konnte das Zarenreich in seiner Auseinandersetzung mit dem Osmanischen Reich verbuchen. Enver Paşa hatte den kühnen Plan gefasst, an der Kaukasusfront in den späten Dezembertagen 1914 bei Sarikamiş zu einem entscheidenden Schlag gegen Russland auszuholen. Die Operation endete in einer Tragödie, von der das Osmanische Reich sich im Krieg gegen Russland nicht mehr erholen sollte. Die osmanischen Verluste beliefen sich auf 60 000 Soldaten. Desgleichen brachte Russland in den Januartagen 1915 eine Offensive des Osmanischen Reiches gegen den russisch kontrollierten Teil Irans zum Erliegen. Nachdem auch eine Offensive zum Suezkanal gescheitert war, blieb das Osmanische Reich gegenüber Russland, Frankreich und Großbritannien bis 1917 in defensiven Positionen gefangen.[31] In den ersten Monaten des Jahres 1916 ging das Zarenreich zu einer entschiedenen Offensive gegen die Osmanen über. Zunächst fiel Erzurum, der Zugang zur anatolischen Hochebene, dann folgten weitere russische Eroberungen. Vor allem der Schwarzmeerhafen Trabzon war ein entscheidender Gewinn, der die Logistik Russlands erleichterte.

So verlustreich die Auseinandersetzung mit dem deutschen Kaiserreich für Russland war, so perspektivenreich waren seine Gewinne gegenüber dem Osmanischen Reich.[32]

Der Krieg verdichtete und beschleunigte Prozesse, die bereits in den Jahrzehnten zuvor in Russland abgelaufen waren. Die Herausforderungen durch Modernisierung, Vielfalt und Nationalitätenfragen erreichten in den Kriegsjahren eine neue Dimension. Wie in den Jahrzehnten zuvor war der Umgang damit nicht eindeutig. Adaptionsleistungen an die Herausforderungen des Krieges schufen zugleich neue Probleme und ließen alte in umso grellerem Licht erscheinen. Auf dem Feld der Identitätspolitik erreichte das widersprüchliche Neben- und Gegeneinander von imperialer Inklusion und nationaler Konkurrenz ein neues Niveau. In allen Randregionen ihres Reiches wie auch in Expansionsgebieten sah sich die Petrograder Reichszentrale – die Hauptstadt hatte ihren deutsch klingenden Namen Petersburg zugunsten des russischen Petrograd abgelegt – mit Nationalitätenfragen konfrontiert. Wie schon in den vorangegangenen Jahrzehnten verfolgte das Imperium keinen zielstrebigen Masterplan. Imperiale Herrschaft bedeutete auch im Krieg die situative Erprobung verschiedener Konzepte.[33] Die entschiedenste Nationalisierungspolitik verfolgte das Zarenreich in Galizien, wo aus Sicht Petrograds das Schicksal der großen russischen Nation auf dem Spiel stand und gegen die ruthenisch-ukrainische Nationsbildung behauptet sein wollte.[34]

Die Herausforderungen des Krieges lagen auch auf anderen Feldern als der Nationalitätenpolitik. Die Ressourcen der Armee – Personal, Waffen, Munition und Nahrungsmittel – stellten eine permanente Sorge von Militär und Politik dar. Der Wechsel von Stellungskrieg und mobilem Angriffskrieg forderte große Opfer unter der erfahrenen ersten Offiziersriege und den geschulten Mannschaftsteilen. Ein Großteil der Armee, die 1914 in den Krieg zog, sollte sein Ende nicht erleben. Es operierten somit unterschiedliche Armeen Russlands in einem Krieg.[35]

Die Versorgung der Armee mit Getreide hätte angesichts von Russlands Status als großer Getreideexporteur auf dem Weltmarkt kein sonderlich großes Problem darstellen sollen. Mit der Schließung der Meerengen war die wichtigste Exportroute über das Schwarze Meer in das Mittelmeer und von dort weiter auf die Zielmärkte blockiert. Dem Ausfall der Exporteinnahmen stand eine riesige Menge Getreide gegenüber, das nun zur Versorgung der Armee zur Verfügung stand. Der Agrarminister Krivošein bot an, dass sein Ministerium in Kooperation mit den Lokalverwaltungen (zemstva) die Organisation der Getreideversorgung übernehmen könne.[36] Er sah in der Getreidespekulation die größte Gefahr. So ermächtigte der Ministerrat im August 1914 Krivošein, Kommissare für den Getreideeinkauf der Armee einzusetzen. Die meisten dieser Kommissare kamen nicht aus der Wirtschaft, sondern aus der Verwaltung.[37] Das Agrarministerium sah sich alsbald mit Petitionen von Genossenschaften konfrontiert, die sich als direkte Handelspartner des Ministeriums anstelle von Zwischenhändlern anboten. Der Krieg führte dazu, dass in der Agrarwirtschaft das Verhältnis zwischen staatlichen, genossenschaftlichen und privaten Akteuren neu ausgerichtet wurde. Je länger er dauerte, umso mehr kamen die staatlichen Akteure zu der Überzeugung, die Regie vollends in eigene Hände nehmen zu müssen. Auf zunehmende Versorgungsengpässe reagierte das Ministerium im Herbst 1916 mit Plänen, den Bauern verbindliche Getreidequoten zur Abgabe vorzuschreiben und die Eintreibung des Getreides sicherzustellen. Nicht lange nach der Februarrevolution 1917 sollte die Provisorische Regierung diese Pläne in die Tat umsetzen. Die Idee, Getreide von den Bauern zu requirieren, war keine sowjetische Erfindung.[38]

Neben der Sorge um die Getreidezufuhr zur Armee und in die Städte gehörte die Furcht vor Loyalitätsverlusten, unzuverlässigen Personen und Gruppen, inneren Feinden und Verrätern zum mentalen Arsenal des Zarenreiches im Ersten Weltkrieg. Auch hier ist eine Kontinuitätslinie in die sowjetische Geschichte erkennbar. Im Unterschied zur jungen Sowjetunion bildete im Zarenreich jedoch die russische Nation den Kern des Imperiums. Diese Fokussierung auf die russische Nation hatte eine dynamische und radikalisierende sowie letztlich auch revolutionierende Wirkung.[39] Der russische Nationalismus mobilisierte Russen gegen andere Gruppen im Imperium. Die Regierung ließ diese Mobilisierung allein im Krieg zu. In Friedenszeiten schien sie ihr zu gewagt, ein zu großer Widerspruch gegen lange etablierte Herrschaftstechniken im Vielvölkerreich.[40] Auch wandte sich die russische Mobilisierung im Krieg gegen sogenannte feindliche Ausländer, vor allem Deutsche und Juden, die bedeutende Funktionen in der Ökonomie des Imperiums innehatten. 1914 verfügten Ausländer über mehr als 40% des Kapitals in Russlands Unternehmen. Zu Beginn des 20. Jahrhunderts waren ein Drittel aller Facharbeiter und ein Zehntel des Verwaltungspersonals in der Wirtschaft Ausländer. Die Anzahl der deutschen Untertanen des Zaren, die Unternehmen gründeten und ihnen vorstanden, lag um ein Vierzehnfaches höher als ihr Anteil an der Bevölkerung des Zarenreiches.[41]

Vor dem Krieg waren Stimmen von Vereinigungen Moskauer Unternehmer und Kaufleute, die ein größeres Gewicht von Russen in der Wirtschaft forderten, bei der Regierung in St. Petersburg nicht durchgedrungen. Zu groß war der Einfluss der Petersburger Vereinigungen von Industrie und Handel auf die Regierung, die eine rasche ökonomische Modernisierung einer Privilegierung russischer Unternehmer vorzog.[42] Der Krieg schuf neue ökonomische Rahmenbedingungen. Ökonomische Autarkie und staatlich gesteuerte Produktion gewannen Oberhand über die Partizipation an einer globalisierten Wirtschaft und ihren Strömen von Menschen, Kapital und Waren. Die Kriegs-Industriekomitees, in denen Unternehmer die Kriegswirtschaft unterstützten, standen im Zeichen russischen Wirtschaftsnationalismus. Die Partei der Oktobristen unter der Führung von Aleksandr Gučkov und die Spitzen des Progressiven Blocks aus der Duma, Aleksandr Konovalov und Pavel Rabušinskij, redeten einem russischen Nationalismus in der Wirtschaft das Wort.[43]

Die Moskauer Kaufmannsvereinigung, die Gesellschaft von 1914 und ein Duma-Komitee für den Kampf gegen die Dominanz der Deutschen verpflichteten sich der Agitation für eine russische Wirtschaft. Sie fanden publizistische Unterstützung in den beinahe täglichen Artikeln der *Novoe Vremja* (Neue Zeit) und der *Moskovskie Vedomosti* (Moskauer Nachrichten), die eine Kampagne gegen die Dominanz der Deutschen in der Ökonomie des Reiches befeuerten. Die Gesellschaft von 1914 verfügte 1916 über 6000 aktive Mitglieder, die sich auf 19 regionale Abteilungen im Reich verteilten. Sie alle folgten dem Vorsatz der Gesellschaft von 1914, «die selbständige Entwicklung der produktiven und kreativen Kräfte Russlands, sein Wissen und seine Aufklärung sowie die Befreiung des geistigen und sozialen Lebens wie auch von Industrie und Handel voranzutreiben».[44]

Im Krieg unterstützten die Oktobristen, liberale Progressisten und auch Kadetten diese Form des russischen Nationalismus. Sie trugen damit dazu bei, einen russischen Wirtschaftsnationalismus, der vor dem Krieg Grenzländern des Zarenreiches gegolten hatte, in die Metropolen Moskau und Petrograd zu tragen. Hier lud sich der Wirtschaftsnationalismus nun mit einem Ton der radikalen Mobilisierung in Kriegszeiten auf. Der Kampf gegen die Dominanz von Deutschen, Ausländern und Juden stieg zum meistgebräuchlichen Slogan auf und fand auch unter Arbeitern Resonanz. Im Mai 1915 richteten sich drei Tage lang Arbeiterunruhen und Streiks in Moskau gegen deutsche und ausländische Geschäfte.[45] War der Spuk des Mobs in Moskau nach einigen Tagen vorüber, so hatte die Logik des russischen Nationalismus und des Umgangs mit sogenannten feindlichen Ausländern in den Grenzregionen und frontnahen Gebieten des Reiches tiefgreifendere Auswirkungen – auch auf das Imperium als Ganzes.[46]

Nach Kriegsausbruch stellte ein Militärstatut große Teile des Imperiums unter Kriegsrecht: Polen, die Ostseeprovinzen, Finnland, Petrograd, den Kaukasus, weite Teile Sibiriens und Zentralasien. Rund eine Million Zivilisten in Frontnähe klassifizierte die Armee als feindliche Ausländer und deportierte sie in andere Reichsteile. Darunter befanden sich eine Viertelmillion deutsche Untertanen des Zaren und eine halbe Million Juden. Pogrome und Plünderungen ließ die Armeeführung dabei geschehen.[47]

Die Regierung und die zivile Administration kritisierten dieses

Vorgehen der Armee anfangs scharf, machten es sich jedoch im Lauf des Krieges zu eigen. Bis zum Vorabend der Februarrevolution hatte die Regierung ein Programm ausgearbeitet, 6,5 Millionen Hektar Land von ca. einer halben Million Grundbesitzern, vor allem russländische Untertanen deutscher Herkunft, zu enteignen. Dies war mehr Land, als im Zuge der Stolypin'schen Agrarreformen vor dem Ersten Weltkrieg privatisiert worden war. Die Februarrevolution vereitelte die Umsetzung des Plans, er dokumentiert jedoch einen konzeptionellen Wandel der Politik vom Schutz privaten Eigentums hin zu umfangreichen Verstaatlichungs- und Nationalisierungskampagnen.[48] Blieben die Pläne zur Enteignung von Land Theorie, schritt die Konfiszierung von Unternehmen und Betrieben weit voran: 33 große Unternehmen, die unter deutschem oder österreichischem Recht gegründet worden waren, beinahe 2000 Handelsbetriebe und 59 große industrielle Betriebe wurden entweder liquidiert oder neuen Eigentümern oder dem Staat zugeschlagen. Daran hielt nach der Februarrevolution auch die Provisorische Regierung fest.[49]

Die Führung Russlands griff nicht nur in die Eigentumsverhältnisse, sondern auch sonst stark in das Leben ihrer Untertanen ein. Viele von ihnen erlebten den Krieg als Flüchtlinge: «Flüchtlingsströme waren Brutstätten der Nation. Bauern, Handwerker, Priester und Adlige mussten ihre Heimat verlassen, zurück kamen sie als Letten, Polen oder Armenier.»[50] Die Sorge um die Loyalität ihrer Untertanen trieb die Führungen der Imperien im Krieg so um, dass ihnen unabhängig von individuellem Verhalten ganze Gruppen als unzuverlässig erschienen – seien es Deutsche im Zarenreich oder Armenier im Osmanischen Reich.[51]

Im Sommer 1915 hatten die Behörden des Zarenreiches innerhalb Russlands bereits drei Millionen Zivilisten deportiert. Ihre Zahl stieg bis 1917 auf ca. sechs bis sieben Millionen. Somit befanden sich 5% der Bevölkerung auf der Flucht. Das waren mehr Menschen, als zu jener Zeit in den Fabriken Russlands arbeiteten.[52] Ein Teil der Flüchtlinge verließ den Heimatort angesichts naher Frontlinien und der Furcht vor Misshandlungen durch den Kriegsgegner.[53] Zugleich nahmen jedoch Generalstab und Armee umfassende Deportationen an der Front und im rückwärtigen Heeresgebiet vor. Klagen von Flüchtlingen wie diese waren keine Seltenheit: «Wir wollten nicht weg, wir wurden weggejagt [...] wir wurden gezwungen, unsere Häuser und unsere Ernte zu verbrennen, wir durften unser Vieh nicht mitnehmen.»[54] Das Lettische Hilfskomitee für Kriegsopfer beklagte am 16. August 1915 den allumfassenden Zugriff des russländischen Militärs bei Deportationen aus Kurland: «Alte Männer, Heranwachsende unter 15, Frauen mit kleinen Kindern – keine dieser Gruppen dient irgendeinem militärischen Zweck oder kann dem Feind irgendwie Hilfe leisten.»[55]

Während Kriegsgefangene in Lagern in entfernteren Landstrichen des Zarenreiches interniert wurden, zogen die Flüchtlingsströme in die Städte. In vielen Städten Russlands machten Flüchtlinge 1916 rund 10% der Bevölkerung aus. In Samara waren es gar fast 30%, in Ekaterinoslav und Pskov ca. ein Viertel und in Nižnij Novgorod 15%.[56] Jüdische Flüchtlinge durften in Städten außerhalb des Ansiedlungsrayons Zuflucht suchen – jedoch nicht auf dem Land und auch nicht in Moskau und Petrograd.[57] Herrschte vielerorts anfangs noch Zuversicht, dass die Flüchtlinge rasch wieder in ihre Heimat zurückkehren könnten, lehrte der Kriegsverlauf bald etwas anderes. Im Sommer 1915 hielt die Zeitschrift der Zemstvo-Verbände fest: «Wir dürfen die Tatsache nicht aus den Augen verlieren, dass die Flüchtlinge unsere Gäste sind, und nicht nur für kurze Zeit. Einige von ihnen werden dauerhaft bleiben wollen.»[58]

Die Flüchtlinge fanden unterschiedliche Aufnahme in den Städten. Ablehnung seitens der Bevölkerung und Plänen der lokalen Behörden, sie in andere Regionen weiterzuleiten, standen Erfahrungen gegenüber, wie sie ein aus Riga stammender Fabrikarbeiter aus Nižnij Novgorod berichtet: «Die gewöhnlichen Menschen sehen uns als Leidtragende, die vor den Schrecken des Krieges geflohen sind. Sie bringen uns Geschenke und kümmern sich um die, die am dringendsten Hilfe brauchen. Die russischen Arbeiter betrachten uns anders, als Schicksalsgenossen, die ein bisschen Sonne in ihre dunklen

Baracken bringen können. Sie sind sehr neugierig und fragen uns nach unseren vorherigen Lebensverhältnissen, nach der Bezahlung, der Ordnung, der Sauberkeit und so weiter.»[59]

Hilfsbereitschaft wie etwa der Moskauer Arbeiter, die Sammlungen für Flüchtlinge vornahmen, konnten dem Gefühl vieler Flüchtlinge, ihrer Humanität beraubt zu sein, nicht vollends Abhilfe schaffen. Viele Publikationen und Initiativen im Zarenreich appellierten an Empathie und Mitgefühl mit den Flüchtlingen. Die Neujahrsausgabe 1916 der Zeitschrift Heimat (Rodina) machte mit zwei in eins gesetzten Abbildungen auf: einer aktuellen Flüchtlingsfamilie und Maria, Joseph und Jesus auf der Flucht nach Ägypten. Das Tatjana-Komitee, dessen Name sich von der zweiten Tochter Nikolaus' II. herleitete, plante Ende des Jahres 1916 eine Ausstellung, die über das Schicksal der Flüchtlinge informieren und das Vorurteil, die Flüchtlinge seien Bettler und Schmarotzer, entkräften sollte.[60]

Schließlich wurde die Flüchtlingshilfe angesichts des Ressourcenmangels im Zarenreich zu einem partiellen Nationsbildner. Die Führung des Reiches band nationale Komitees in die lettische, litauische, armenische, polnische und jüdische Flüchtlingshilfe ein. Lediglich für Russen und Ukrainer sah sie keine eigenen Komitees vor. Die Flüchtlingskomitees wurden von nationalen Bildungseliten in die Pflicht der Nationsbildung genommen. So half die Flüchtlingshilfe, aus Bauern und Arbeitern Letten, Polen und Armenier zu machen. Jänis Goldmanis, ein Aktivist der lettischen Nationalbewegung, hoffte daher, dass nach dem Krieg Menschen zurückkehrten, «die lettisch denken und handeln».[61]

Auch in den zentralen Regionen Russlands brachte der Krieg den Menschen tiefe Einschnitte in ihr gewohntes Leben. Gelernte Arbeiter wurden an die Front abgezogen und oftmals durch Frauen ersetzt. Die Produktion vor allem der Waffenindustrie stand unter einem hohen Erwartungsdruck. Die Inflation stieg, die Löhne hinkten hinterher. Für Produktionsrückstände und Nahrungsmangel machten sowohl Arbeiter als auch manchmal Bauern Fabrikeigentümer mit deutschen Namen und ankommende jüdische Flüchtlinge verantwortlich. In den Städten etablierte sich eine Klasse Neureicher aus windigen Waffenhändlern, Prostituierten und vermeintlichen Spionen, die in den Cafés ein mondänes Leben führte, das in einem krassen Gegensatz zur Not der breiten Bevölkerungsmasse stand.[62]

Auf ihre Not reagierten die Menschen mit Protest. Symptomatisch ist ein Streik, der in den ersten Junitagen 1915 in der Textil- und Flachsindustrie Kostromas stattfand. Mädchen und Frauen hatten nicht hinreichend Nahrung, um ihrer Fabrikarbeit nachzukommen. Bitten um Verbesserung schlug die Fabrikleitung in den Wind. Einen Streik beantwortete die Polizei mit Gewalt, die zehn Todesopfer forderte, unter ihnen ein zehnjähriges Mädchen und drei im Alter unter 17 Jahren.[63] In ihrer Not wussten die Arbeiterinnen sich nicht anders zu helfen, als sich an die Soldaten Russlands um Schutz vor der Polizei zu wenden.[64] Die Verhaftung von 30 der Kollaboration mit Deutschland beschuldigter Bol'ševiki-Arbeiter entzündete im September 1915 den großen Streik in den Petrograder Putilov-Werken, wo 150 000 Arbeiter in den Ausstand gingen.[65] Die Obrigkeit reagierte generell auf Streiks mit einer Mischung aus geringen Zugeständnissen und harscher Repression. Die Streiks radikalisierten sich und weiteten ihre Forderungen aus: von höherem Lohn über die Programmatik von 1905 – Acht-Stunden-Tag und Austeilung des adligen Landes an die Bauern – bis hin zu Forderungen nach einer konstituierenden Versammlung und der Republik.[66]

Die Politik gegenüber sogenannten feindlichen Ausländern und die Deportationen und Fluchten trugen gewiss zu einer Destabilisierung des Imperiums im Krieg bei. Ein viel entscheidenderer Faktor auf dem Weg in die Revolution sollte jedoch sein, wie Zar, Hof, Ministerien, Zivilverwaltung, Generalstab, Militärs und die Parteien in der Duma auf den Krieg reagierten und untereinander Konflikte austrugen. In einem Ministertreffen brach sich am 30. Juli 1915 das Entsetzen der Regierung über die militärische Führung und ihren Umgang mit Zivilisten Bahn. Die Regierung war stark umgetrieben von der sich rapide verschlechternden Situation und appellierte ein um das andere Mal an das Hauptquartier, die zivilen Behörden mit einzubeziehen und die Taktik von Rückzug und verbrannter Erde aufzugeben.[67] Am 6. August 1914 diskutierten die Minister die jüdische Frage. Antisemitische Äußerungen Einzelner wurden aufgewogen durch humanitäre Bedenken anderer ob des Zivilisationsbruchs, den die Deportationen auch und gerade der Juden im Westen des Zarenreiches darstellten. Hinzu kamen sehr pragmatische Überlegungen: Wie sollte Russland angesichts solcher Pogrome Kredite in New York, London und Paris aufnehmen können? Im Angesicht dieser bangen Frage entschloss sich die Regierung, eine über einhundert Jahre alte Einrichtung aufzuheben – den sogenannten Ansiedlungsrayon, der die Mobilität der Juden bis auf wenige Ausnahmen auf den Südwesten des Reiches eingeschränkt hatte. Nun wurde Juden der Umzug in alle Gouvernementsstädte des Reiches gestattet.[68]

Auch innerhalb des Militärs regte sich Kritik an der Kriegsführung. Niemand erkannte die Unzulänglichkeiten der Logistik des Zarenreiches im Krieg treffender als General Aleksej Brusilov, der in seinen Memoiren resümierte: «Im Hinterland waren noch keine Institutionen geschaffen worden, es gab nur wenige Automobile, auch nur wenige Telegraphenmasten; und was die Krankenversorgung anging, so befand sie sich noch in embryonalen Zustand, und wie sich später herausstellte, war die Lage der Verwundeten nach den ersten Schlachten sehr kompliziert. Im Allgemeinen war das Hinterland unserer Truppen zu Beginn der Offensiven wirklich in chaotischem Zustand und war mehr für die Verteidigung als für energische Offensiven geeignet, die man uns zur Pflicht gemacht hatte.»[69]

Das größte Problem Russlands bei der Kriegsführung war ein strukturelles: das Eisenbahnsystem. Sowohl die Produktion von Nahrungsmitteln für die Bevölkerung und die Armee als auch die von Munition und Waffen für die Streitkräfte war ausreichend. Das Problem lag in ihrer Verteilung. Das Eisenbahnsystem war vor allem darauf ausgerichtet, die agrarische Produktion des Südens und der Ukraine zu den Schwarzmeerhäfen zu befördern. Für die Versorgung einer riesigen Armee im Westen des Reiches und der industriellen

Zentren im Norden des Landes war es hingegen nicht hinreichend ausgestattet. Das galt sowohl für das Streckennetz als auch für den Lokomotiven- und Wagenpark.[70]

Nikolaus II. wusste zwar um die Bedeutung von Qualifikation, orientierte sich jedoch stärker an Tradition und Loyalität in seinen Personalentscheidungen. Kriegsminister Suchomlinov, der Chef des Generalstabs Januškevič und Oberbefehlshaber Großfürst Nikolaj Nikolaevič repräsentierten die alte höfische Elite, nicht die geschulte Profession des Militärs. Für sie stand General Aleksej Brusilov, der in Galizien Siege erzielt hatte und den der Zar im März 1915 zu seinem Generaladjutanten erhob – nicht etwa aufgrund der militärischen Verdienste Brusilovs, sondern zu dessen Verdruss allein aufgrund der Tatsache, dass der Zar bei einem Frontbesuch geruht hatte, gemeinsam mit Brusilov das Mittagessen einzunehmen.[71]

Besonders große Aufregung unter Militärs wie auch in der Regierung rief im Sommer 1915 die Entscheidung Nikolaus' II. hervor, den Großfürsten Nikolaj Nikolaevič vom Oberkommando zu entbinden, um es selber zu übernehmen. Nicht nur, dass damit kein Kompetenzgewinn an der Spitze der Armee verbunden war, schlimmer noch musste das Oberkommando in den Händen des Zaren dazu führen, dass jede weitere Niederlage direkt an dessen Image kratzte. Innenminister Fürst Ščerbatov konfrontierte Nikolaus II. mit Einsichten der Militärzensur aus Briefen, die Unzufriedenheit mit der Regierung ob des militärischen Niedergangs zum Ausdruck brachten, den Zaren dafür verantwortlich erachteten und allein Großfürst Nikolaj noch in populärem Licht erscheinen lassen.[72]

Mitte 1915 herrschte somit bereits eine Stimmung, die die Legitimität des Zaren in Zweifel zog. Bereits im Februar 1915 hatte im 437. Černigover Infanterieregiment an der Südwestfront eine vereinigte Gruppe sozialdemokratischer und sozialrevolutionärer Soldaten ein Flugblatt zirkulieren lassen. Darin beklagten sie die Wiedereinführung von Körperstrafen in der Armee des Zarenreiches und den menschenverachtenden Einsatz des einfachen Volkes als Kanonenfutter gegen die überlegenen Gegner der Mittelmächte. Das Flugblatt endet mit einem Aufruf zur Beendigung des Krieges im Namen aller Völker und der Freiheit Russlands.[73]

Von der Beendigung des Krieges sprach in der Reichszentrale niemand. Wie und mit welchem Führungspersonal jedoch der Krieg gewonnen werden sollte, war Gegenstand heftiger Auseinandersetzungen. Die Minister gewannen den Eindruck, dass ihnen gleich von drei Seiten Misstrauen und Argwohn entgegenschlug: vom Zaren, dem Militär und der Duma. In ihren Ohren klingelten die Alarmglocken, als die Militärs im August 1915 den Wunsch formulierten, den rückwärtigen Frontraum unter Militäradministration fast bis nach Moskau auszuweiten.[74] Innenminister Fürst Ščerbatov kommentierte das Ansinnen mit den Worten: «Wir haben hinreichend traurige Erfahrungen gesammelt, um sagen zu können, dass die Aufhebung der herkömmlichen Autorität dem Zweck der Revolution dient.»[75] Keine drei Tage später wurde den Ministern berichtet, das Militär plane die Evakuierung Kievs. Angesichts des russischen Prestigeverlusts bei der Räumung Warschaus, wo das russische Militär noch in den letzten 24 Stunden Polen und Juden verhaften ließ, war das ein Albtraum. Auf einer Sitzung des Ministerrats am 21. August 1915 fielen Formulierungen, die bereits gespaltene Loyalitäten ausdrückten: für Russland, aber gegen den Zaren. In letzter Minute ließen die Minister Nikolaus II. einen Brief zukommen, der ihre Zweifel an seiner Übernahme des Oberkommandos formulierte. Der Zar sah darin einen Akt der Illoyalität und schritt zu einer Kabinettsumbildung, die der zivilen Regierung im Zarenreich das Genick brach.[76]

Das Kabinett war nicht die einzige Gruppe, die das Misstrauen Nikolaus' II. zu spüren bekam. Dieser verstand es nicht, Eliten in die Kriegsanstrengung einzubinden, die sich patriotisch mit den Kriegszielen Russlands identifizierten. Die Bemühungen der Lokal- und Stadtverwaltungen, der Kriegs-Industriekomitees und von Freiwilligenassoziationen, einen Beitrag zur Organisation und Mobilisierung der Gesellschaft im Krieg zu leisten, fanden in der Reichsspitze keine Anerkennung.[77] Zu sehr war die Führung des Reiches nun mit sich selber beschäftigt. In seinen letzten 18 Monaten erlebte das zarische

Russland ein ministeriales Bockspringen seinesgleichen: Drei Vorsitzende des Ministerrats, drei Innenminister, drei Justizminister und drei Außenminister gaben sich die Klinke in die Hand. Die Gerüchte über eine Verschwörung der Deutschen mit der Kaiserin Alexandra an der Spitze und über den ungebührlichen Einfluss des Wanderpredigers Rasputin am Zarenhof wuchsen exponentiell. De facto regierte das Militär Russland.[78] Unterdessen entzweiten sich Regierung und Parlament. Die Minister warfen der Duma vor, eine Art Nebenregierung oder gar analog zur Französischen Revolution einen Konvent etablieren zu wollen. Die Spaltung der Elite war offenkundig. Die Minister stempelten konservative Landbesitzer und Fabrikunternehmer als Revolutionäre ab. In dieser Situation fand sich in der Duma der sogenannte Progressive Block zusammen, dem sich auch einige Angehörige des Reichsrats anschlossen.

Sein am 25. August 1915 verkündetes Programm verlangte eine Regierung, die das Vertrauen des Volkes besitzen solle.[79] Damit war keine repräsentative Demokratie gemeint, sondern eine Beteiligung der Mitte-rechts-Duma an der Regierung. Die Regierung wiederum solle so gestärkt werden, dass Russland den Krieg gewinnen könne. In moderater Form, ohne die direkte Konfrontation mit Zar und Regierung zu suchen, forderte das Programm: ein Ende politischer Haft, Gleichheit aller Religionen, Autonomie für Polen, ein Ende der Judendiskriminierung, Pressefreiheit, Gewerkschaften und die Umsetzung eines Gesetzespaketes, das Duma und Regierung vereinbart glaubten. Der Zar antwortete mit einer Suspendierung der Duma. Die Diskrepanz zwischen Staat und Elite war wieder einmal deutlich geworden als ein Zeichen, das auf Revolution verwies. Jedoch waren die linken Revolutionäre 1915 inhaftiert, in Sibirien verbannt oder im europäischen und nordamerikanischen Exil. Dazu brachte General Winter Ende 1915 eine Atempause. Die Revolution fiel einstweilen noch aus.[80]

In dieser Situation fehlte Russland ein Politiker von Format mit dem Vertrauen des Zaren. In der Hauptstadt war weit und breit niemand in Sicht, der die nötigen Qualitäten für die schwere Zeit des

Krieges besaß. Seit der Ermordung Stolypins 1911 hatte sich kein umsichtiger und charismatischer Politiker hervorgetan, der in die Fußstapfen des einstigen Premiers hätte treten können. So wurde die Regierung in Petrograd Gegenstand zahlreicher Gerüchte und Verschwörungstheorien, die samt und sonders an der Lage der Dinge vorbeigingen. Weder hatte Rasputin sich die Regierung in Person der Zarin unterworfen, noch war die Zarin Teil einer deutschen Verschwörung. Als Enkelin von Queen Victoria und Prinzessin aus dem Hause Hessen-Darmstadt stand sie den in Berlin herrschenden Hohenzollern ohnehin nicht sonderlich nahe. Ihre Personalentscheidungen beruhten auf Uninformiertheit und folgten dem Wunsch, ihrem Mann im Hauptquartier den Rücken freihalten zu wollen. In dieser verfahrenen Situation sollte die Duma 1916 alles darauf setzen, mitten im Krieg ihren alten Verfassungsdisput mit der Regierung und dem Zaren zuzuspitzen.[81]

1916–1917: Aufstand und Revolutionen

1. Prolog der Revolution

Militärisch brachte das Jahr 1916 kein Entrinnen aus dem Patt an den Fronten im Westen des Zarenreiches. Mit Blick auf die Revolution sollte 1916/17 entscheidend werden, dass Eliten in Militär und Parlament die Vorstellung entwickelten, sie könnten den Krieg besser ohne als mit dem Zaren führen. Dies war der auslösende Faktor, der den revolutionären Prozess unwiderruflich mit einer eigenen Dynamik in Gang setzte. Die Brusilov-Offensive in den Karpaten gegen Österreich-Ungarn erzielte Geländegewinne, die sich jedoch nicht halten ließen. 1916 wiederholten sich somit bekannte Bilder: Flüchtlinge, traumatisierte Frontdeserteure und zersplitterte Reste auseinandergerissener Einheiten überfüllten die Straßen im Frontgebiet.[1] Auch jetzt lagen die Ursachen nicht in einem Ressourcenmangel an Waffen, Munition und Nahrung, sondern in der Inkompetenz der Armeeführung. Fähige Generäle wie Brusilov und Kornilov wurden von ihren Kollegen misstrauisch beäugt. Im Militär versuchte die Aristokratie zum Schaden Russlands ihre Oberhand über Meritokratie und Technokratie zu behalten.[2]

Destabilisierend wirkte sich in Wirtschaft und Gesellschaft die Kriegsfinanzierung aus. Das Zarenreich hatte die Druckerpresse angeworfen und das Land seit 1915 in eine Inflation gestürzt, die bis 1921 dauerte. Die Preise stiegen umso mehr, als das ressourcenverschlingende Militär Bedarfsgüter für die Bevölkerung immer unerreichbarer machte. Die Bauern warteten auf noch höhere Preise und hielten ihre Erzeugnisse zurück. Aus dieser Verteilungskrise entwickelte sich langsam eine Versorgungskrise. Vor allem im Norden Russlands mit seinen kargen Böden brach als erstes Lebensmittelknappheit aus. Die ungeordneten Verhältnisse im Eisenbahnverkehr verschlimmern diese Situation weiter. Polizeiberichte aus dem Jahr 1916 zeigen, dass der Obrigkeit die Gefahr von Hungerrevolten in den Städten durchaus bewusst war.[3]

Die Geheimpolizei Ochrana erkannte bereits im Februar 1916 sowohl unter den Konstitutionellen Demokraten als auch bei gewöhnlichen Menschen auf der Straße eine antidynastische Stimmung. Gerüchte über deutsche Sympathien des Hofes und Machenschaften Rasputins sowie schmutziger Tratsch über die Zarin waren weit verbreitet. Im Oktober 1916 wähnten die Berichte einen kritischeren Zustand als in der Revolution von 1905 erreicht. Die Städte, nicht die Dörfer, befänden sich in einer Gärung, die eine Kriegsniederlage im Inneren heraufbeschwören könne.[4] Auch in promonarchischen Medien wie der Petrograder Zeitung *Novoe Vremja* (Neue Zeit) war im Herbst 1916 zu lesen, dass die Löhne mit dem Preisanstieg für Nahrungsmittel nicht Schritt hielten und die tägliche Ernährung mit Grundnahrungsmitteln wie Kohl und Kartoffeln kaum noch zu gewährleisten sei.[5]

Vor diesem Hintergrund war im Verlauf des Jahres 1916 nicht zu übersehen, dass die Stabilität des Reiches an entscheidenden Stellen empfindliche Risse erhalten hatte. Ein Aufstand in Zentralasien 1916 offenbarte eine Erosion imperialer Herrschaft, ja eine Krise des imperialen Projektes an sich. Die zu Beginn des Krieges kooperative Duma wandte sich im Herbst 1916 entscheidend von der Regierung ab, und die Ermordung Rasputins offenbarte, dass der Adel, der die Monarchie jahrhundertelang getragen hatte, auch keine verlässliche Stütze des Monarchen mehr war.

Der Prolog zur Revolution fand im Sommer 1916 in einer dem Zentrum Petrograd fernen Region des Reiches statt.[6] In Zentralasien, im Generalgouvernement Turkestan erschütterte ein Aufstand der Kasachen, Kirgisen und Turkmenen, der Muslime und Nomaden die dortige Kolonialherrschaft Russlands. Er fügt sich ein in eine Reihe von Aufständen, Revolten, Gewalt und Gegengewalt an der Peripherie verschiedener kriegführender Imperien im Ersten Weltkrieg. Bereits 1915 fanden sich die Armenier im Osmanischen Reich als Opfer eines Massenverbrechens wieder, das heute als Genozid gilt. Großbritannien erlebte den irischen Osteraufstand 1916. Wiederum im Osmanischen Reich scharte Lawrence von Arabien Stämme und Nomaden um sich, um die Herrschaft des Sultans zu erschüttern. Auslöser des Aufstandes in Zentralasien war die Einberufung der bis dahin vom Militärdienst befreiten Autochthonen in die Etappe hinter den russischen Frontlinien. Mit dem Einberufungsbefehl wich Nikolaus II. im Juni 1916 von einer Zusage ab, die die Einwohner Turkestans seit dem Vordringen Russlands in Zentralasien 1864 wiederholt erhalten hatten. Seit Kriegsausbruch hatten die Menschen in Turkestan zusätzliche Abgaben gezahlt und damit ihren Beitrag zu den Kriegsanstrengungen Russlands geleistet. Die Order, alle Männer im Alter von 19 bis 43 sollten sich auf Straßen- und Schanzarbeiten im Hinterland der Frontlinien einstellen, war ein Funke, der lange angestauten Konfliktstoff im Verhältnis der Muslime, Nomaden und Völkerschaften Zentralasiens zu den Russen entflammte. Russische Baumwollplantagen hatten ein koloniales Ausbeutungssystem geschaffen. Die russischen Neusiedler hatten ihr Ackerland rücksichtslos auf den Weideflächen der Nomaden errichtet. Die russische Expansion hatte empfindlich in ein regionales Wirtschaftssystem eingegriffen und damit viel Unmut geschaffen. Der seit den Stolypin'schen Agrarreformen von 1907 anschwellende Siedlerstrom aus den ostslavischen Regionen des Reiches verschärfte im Jahrzehnt vor dem Aufstand die Problematik noch einmal merklich. Nun platzte der Einberufungsbefehl in die muslimische Fastenzeit.

In ihrem Aufstand wandten sich Kasachen, Kirgisen und Turkmenen, Nomaden wie auch Oasen- und Stadtbewohner gegen die zarische Obrigkeit und die russischen Siedler. Russland antwortete mit dem Einsatz regulären Militärs. Militärische Standgerichte, Infanterie und Artillerie setzten dem Aufstand ein Ende. Die Erhebung hat ca. 10 000 Russen und Ukrainern das Leben gekostet, während sich nach unterschiedlichen Schätzungen die Zahl der Todesopfer unter den Aufständischen zwischen 100 000 und 200 000 bewegt. Rund eine Viertelmillion Nomaden floh in die Nachbarländer Afghanistan und China. Der neue Generalgouverneur Turkestans, Aleksej N. Kuropatkin, verfolgte einen doppelt unnachgiebigen Kurs, indem er die Einheimischen vertreiben ließ und die zarische Administration im Generalgouvernement neu ordnete.

Der Aufstand in Zentralasien blieb kein regional beschränktes Ereignis. Sowohl die zentrale Administration des Reiches in Petrograd als auch die Duma wurden hellhörig. Formal unterstand das Generalgouvernement Turkestan als koloniales Gebiet dem Kriegsministerium. Dieses entsandte im Sommer 1916 den altgedienten General Aleksej Kuropatkin, um in Zentralasien Ruhe und Ordnung herzustellen. Kuropatkin handelte in dem Bewusstsein, dass der Aufstand eine tiefe Krise imperialer Herrschaft darstellte und die Reaktion Petrograds sich nicht in der militärischen Niederschlagung der Erhebung erschöpfen könne. Reformen taten Not. Von allen lokalen Gewalten im Generalgouvernement Turkestan forderte Kuropatkin Berichte an, die ihm Auskunft über Ursachen des Aufstandes liefern sollten. Die Eingaben lieferten ein gemischtes Bild. Zum einen Teil bestätigten sie eingeschliffene russische Überlegenheitsvorstellungen, die dem Bild der zivilisatorischen Mission Russlands in Asien zugrunde lagen. Andere Berichte rechneten demgegenüber schonungslos offen mit der russischen Kolonialherrschaft in Zentralasien ab. Aus ihnen sprach ein Krisenbewusstsein unter den Vertretern der imperialen Elite.[7] Sergej Nikolaevič Kastal'skij, der Militärkommandant des Bezirkes Aulie-Ata, forderte, die lokale Bevölkerung endlich an der Herrschaft zu beteiligen, und verwies dabei sogar auf China als Vorbild, das seit dem Ende des Kaisertums 1911 von politischer Dynamik geprägt sei: «Wenn die Bevölkerung ständig am Gängelband geführt wird, darf man kaum erwarten, dass sie sich bald aus einem Kind in einen erwachsenen Menschen verwandelt. Wenn das erstarrte, versteinerte China angefangen hat, sich zu regen und sich in jeder Hinsicht reformiert, dann ist es auch für uns an der Zeit, uns auf die Füße zu stellen, uns daran zu gewöhnen, unsere Angelegenheiten selbständig zu regeln, ohne überflüssige Fürsorge der Regierung.»[8]

Im Herbst folgte eine eigene Untersuchung des Aufstandes durch die Duma. An der Spitze einer Duma-Delegation nach Turkestan stand der Trudovik Aleksandr F. Kerenskij, dem die Region aus Jugendzeiten vertraut war. Sein Vater war einst als Lehrer von Saratov in das Generalgouvernement Turkestan versetzt worden. Die Einsichten der Delegation der Duma trug Kerenskij dem Parlament vor. In einer Sitzung am 13. Dezember 1916 bezeichnete er die brutale Niederschlagung des Aufstandes und die hohen Opferzahlen unter den Einheimischen als Schande Russlands. Er erinnerte seine Zuhörerschaft an die ethischen und rechtlichen Standards, die Russland in der alliierten Note vom Mai 1915 an das Osmanische Reich mitformuliert hatte. Dort heißt es, dass das osmanische Vorgehen gegen die Armenier «crimes against humanity» seien, für die die osmanische Obrigkeit sich nach dem Krieg gerichtlich zu verantworten habe.[9] Vor diesem Hintergrund fuhr Kerenskij fort: «Sehr schwierig wird es für uns jetzt sein, über die Gräueltaten in Armenien zu sprechen, sehr schwierig wird es für uns sein, über die Gräueltaten der Deutschen in Belgien zu sprechen, da die Welt das, was in den Bergen Semireč'es passiert ist, möglicherweise bisher noch nicht kennt.»[10] Der Aufstand in Zentralasien erschien so als Verlust von Stabilität und Glaubwürdigkeit des Zarenreiches.

Eine andere Rede in der Duma fügt sich in den Prolog der Revolution 1916. Für den 1. November 1916 war eine Sitzung anberaumt, von der es bereits im Vorfeld hieß, der Regierung werde Verrat vorgeworfen. So hatte es tags zuvor der Vorsitzende des Ministerrates und Außenminister Boris Stürmer Nikolaus II. mitgeteilt. Vor Miljukovs Auftritt verließ Stürmer wohlweislich das Taurische Palais – unter Rufen der Linken: «Dort ist er. Hinfort mit dem Verräter Stürmer.»[11] Miljukov rief seinen Zuhörern in Erinnerung, wie die Regierung im ersten Kriegsjahr Einwände der Duma aufgegriffen hatte.[12] Der Kriegsminister Suchomlinov war entlassen worden und musste sich einer Untersuchungskommission stellen. Gestärkt seien Armee und

Land danach in das zweite Kriegsjahr gegangen. Wie vollkommen anders – so Miljukov – stelle sich nun jedoch im 27. Kriegsmonat die Situation dar. Die Armeeführung beharre unbeirrt darauf, die Versorgung der Front und des rückwärtigen Heeresgebietes allein in den Händen zu halten. Alle Vorschläge, die Kriegsanstrengungen von Staat und Gesellschaft gemeinsam mit der Duma zu leiten, habe die Regierung in den Wind geschlagen. Mit Boris Stürmer habe der Zar auf Einflüsterungen des Hofes einen Minister ernannt, der das Geschäft des Gegners betreibe. Gestützt auf einen Artikel der deutschen Zeitung *Neue Freie Presse* sah Miljukov darin einen Sieg der Hofpartei in Petrograd und zugleich Verrat der Regierung an Russland. Wörtlich zitierte er auf Deutsch: «Das ist der Sieg der Hofpartei, die sich um die junge Zarin gruppiert.»[13] Schritt für Schritt ging Miljukov einzelne Angehörige und Entscheidungen der Regierung durch, um jeweils die rhetorische Frage zu stellen, ob es sich um Dummheit oder Verrat handele. Zurufe vor allem von der Linken und den Kadetten plädierten, es für Verrat zu halten. Miljukov endete mit einer fulminanten Misstrauenserklärung des Parlamentes an die Regierung. Der Krieg könne nicht mehr mit der Regierung gemeinsam gewonnen werden. Allein eine Regierung, die über das Vertrauen der Duma verfüge, könne nun noch im Interesse Russlands handeln und den Krieg erfolgreich fortführen.

Miljukov hatte Gerüchte um die Zarin und Rasputin, über Verrat am Hof und in der Regierung nicht erfunden. Die Obrigkeit selber hatte von Anbeginn des Krieges Fragen von Loyalität, Unzuverlässigkeit und Verrat aufgeworfen. Diese Themen köchelten in der Gerüchteküche im weiteren Verlauf des Krieges und hatten mit Miljukovs Rede den Siedepunkt erreicht. Große Teile des Parlamentes machten sie sich zu eigen und wendeten sie gegen die Regierung und den Hof. Im Glauben, das Ruder mitten im Krieg herumreißen zu können, hatte Miljukov eine Dramatik in Gang gesetzt, die sich im folgenden Jahr 1917 als unbeherrschbar erweisen sollte.[14] In jüngster Zeit diskutieren Historiker verstärkt, ob es sich bei Miljukovs Rede über Dummheit und Verrat um einen Fall von mangelnder Klugheit

(Christopher Read) oder Unverantwortlichkeit (Dominic Lieven) handele.[15]

Wenige Tage später enthob Nikolaus II. Boris Stürmer seines Amtes als Regierungschef und ernannte an seiner Stelle Aleksandr Trepov. Obwohl die Regierung die Verbreitung der Rede Miljukovs untersagt hatte, zirkulierte sie in Abschriften durch das Reich und belegte für jedermann sichtbar den endgültigen Bruch zwischen Nikolaus II. und der Duma. Die Nachfrage nach der Rede erreichte ein solches Ausmaß, dass mancher gar 25 Rubel für ein Exemplar hinblätterte und andere sich zehn Rubel bezahlen ließen, sie vorzulesen.[16]

Der Vorwurf, die Regierung habe das Land verraten, gehörte zum allgemeinen Repertoire, lässt sich aber nicht belegen. Mit welcher Nonchalance, Unbedachtheit und Kurzsichtigkeit jedoch Nikolaus II. das Land regierte, erhellte sich im Nachhinein aus seinem Briefwechsel mit seiner Gattin Alexandra. Im September 1916 war es Alexandra gelungen, ihrem Mann auf Einflüsterungen Rasputins hin Protopopov als neuen Innenminister anzudienen. Nachdem Nikolaus II. zunächst zögerlich auf den Vorschlag reagiert hatte, nahm er ihn doch an, um wenige Tage darauf einen neuerlichen Brief seiner Frau in den Händen zu halten, in dem sie ihm die Freude Rasputins über den vollzogenen Ministerwechsel im Innenressort mitteilt.[17]

Neben der Einschätzung der Duma und imperialer Eliten, in Turkestan offenbare sich das Scheitern des Imperiums, und dem Bruch der Duma mit der Regierung zeigte die Ermordung Rasputins im Dezember 1916, wie weit in Teilen des Adels die Entfremdung von der Zarenfamilie und ihrer Entourage vorangeschritten war. Dass der einzige Grund für Rasputins Nähe zum Kaiserpaar seine offenbar beruhigende Wirkung auf die Wunden des an der Bluterkrankheit leidenden Thronfolgers Aleksej Nikolaevič war, gehörte zu einem der am besten gehüteten Staatsgeheimnisse. Der Adel und die Öffentlichkeit nahmen den Wanderprediger aus dem fernen Sibirien allein als obskuren, aber einflussreichen Intriganten am Zarenhof und Hauptperson zahlreicher Erzählungen von sexuellen Ausschweifungen wahr. Jahrhundertelang hatte der Adel sein Selbstverständnis im loyalen

Dienst für die Zarendynastie gefunden. Palastrevolutionen hatten das 18. Jahrhundert geprägt, dem 19. und frühen 20. Jahrhundert waren sie gänzlich unbekannt. Angesichts des angenommenen grenzenlosen Einflusses Rasputins auf das kaiserliche Paar schritt Fürst Felix Jusupov zum Äußersten. Zu seinen Mitverschwörern gehörten Großfürst Dmitrij Pavlovič, ein Cousin des Zaren, Vladimir M. Puriškevič, ein Duma-Abgeordneter des reaktionären und militanten Erzengel Michael-Bundes, und Stanislas de Lazovert, der dem Sanitätsdienst der kaiserlichen Armee vorstand. Für den Abend des 16. Dezember 1916 hatte Jusupov Rasputin zu sich in sein Palais an der Mojka, einem der prächtigsten Paläste im Herzen der Hauptstadt, geladen. Rund einen Kilometer vom Senatsplatz mit dem Reiterstandbild Peters des Großen, dem Ehernen Reiter, und zwei Kilometer vom Schlossplatz entfernt, sollte Rasputin an diesem Abend seine letzten Stunden verleben. Unter fachkundiger medizinischer Hilfe Lazoverts glaubten die Verschwörer, nichts dem Zufall überlassen zu haben. Wein und Kuchen waren mit ausreichend Giftstoffen angereichert. Jusupov empfing Rasputin allein und wurde nervös angesichts der anfänglichen Bescheidenheit des Wanderpredigers, der Anstalten machte, den Abend ohne Speis und Trank zu verbringen. Jusupovs Nervosität steigerte sich, als Rasputin dann doch Wein und Kuchen zusprach, die jedoch neue Lebenskräfte in ihm zu wecken schienen. Mit einem kurz entschlossenen Schuss in die Herzgegend Rasputins bereitete Jusupov seiner Nervosität ein Ende. Um dem Leben Rasputins ein Ende zu setzen, bedurfte es noch weiterer Schüsse des herbeigeeilten Puriškevič. In der Überzeugung, dem Zaren, den Romanovs und Russland einen großen Dienst erwiesen zu haben, verfrachteten die Verschwörer die Leiche in einen Wagen, der die Petrovskij-Insel ansteuerte, um Rasputins Leichnam dort im Wasser zu versenken.[18]

Als das Jahr 1916 sich seinem Ende zuneigte, wollte Nikolaus II. von Instabilität nichts wissen. Am 30. Dezember 1916 empfing er den britischen Botschafter George Buchanan, der es sich herausnahm, vom Protokoll abzuweichen. Buchanan nahm die Frage auf, die auch die Duma Nikolaus II. gestellt hatte: ob es nicht an der Zeit sei, an die Spitze der Regierung eine Person zu stellen, die das Vertrauen der Bevölkerung genieße. Nikolaus II. entgegnete, ob die Frage nicht vielmehr lauten müsse, wie die Bevölkerung sein Vertrauen zurückgewinnen könne. Buchanan wurde daraufhin schonungslos direkt und eröffnete dem Zaren, er stünde an einer Weggabelung: Weltkriegssieg oder Revolution.[19]

2. Die Februarrevolution

In der Tat spitzte sich in Petrograd die Stimmung weiter zu. Die Petrograder Men'ševiki appellierten in den ersten Januartagen 1917 an die Arbeiter der Stadt, sich angesichts der miserablen Versorgungslage und der Opfer des andauernden Krieges an die heroischen Tage des Januar 1905 und die Massen zu erinnern, die am 9. Januar demonstriert hatten. Nun sei es an der Zeit, erneut den Staffelstab der Revolution aufzunehmen, den Krieg zu beenden und eine Republik zu gründen.[20] Im Parlament beobachteten führende Köpfe die Aktivität der Arbeiterschaft, insbesondere in den Petrograder Putilov-Werken, mit zunehmender Besorgnis und Nervosität. Bereits zu Anfang des Jahres 1917 reflektierten Aleksandr Gučkov, einer der führenden Köpfe in den Kriegs-Industriekomitees, und Michail Rodzjanko, ehemaliger Garde-Offizier und nun Vorsitzender der Duma, konspirative Wendungen.[21] Ihren Anfang nahm die Revolution schließlich am internationalen Frauentag, dem 23. Februar 1917. In Petrograd war es ein sonniger und windstiller Tag mit leichten Minusgraden, den Frauen nutzten, um gegen die Lebensmittelknappheit zu demonstrieren.[22] Die Macht der Straße war zudem gestärkt, da die Putilov-Werke 20 000 Arbeiter ausgesperrt hatten, die ein tiefes Gefühl der Ungerechtigkeit empfanden, das sich gegen Arbeitgeber, die Polizei und den Staat richtete. Die Intelligencija reaktivierte die Einrichtung eines Arbeiterrates, der in einem Flügel des Taurischen Palais ein Unterkommen fand.[23]

Die Polizei bewacht eine Brotschlange, März 1917.

Ilja Mitrofanovič Gordienko, ein Arbeiter und Bol'ševik auf der Vyborger Seite Petrograds, erinnert sich in seinen Memoiren, wie er sich mit anderen Arbeitern am 23. Februar 1917 den demonstrierenden Frauen anschloss. Die Demonstrantinnen bahnten sich ihren Weg in das Zentrum Petrograds auf den Nevskij Prospekt. Noch beschränkten sich ihre Forderungen auf Nahrungsmittel und ein Ende des Krieges. Am folgenden Tag waren schon Stimmen vernehmbar, die das Ende der Autokratie verlangten. Sie erhoben sich scheinbar umso leichter, als am 24. Februar 1917 zu sehen war, dass Kosaken und berittene Einheiten die Frauen und Arbeiter gewähren ließen.[24] Wiederum einen Tag später, dem 25. Februar, schlug sich eine Einheit des Pavlovskij-Garderegiments auf die Seite der Demonstranten. In der Nähe der Erlöser-Kirche-auf-dem-Blut schoss die Einheit zunächst auf einen Polizeitrupp, um dann ihren Oberst Eksten mit einem Schuss zu verwunden.[25] Am 26. Februar 1917 liefen das Volynskij-Leibgarderegiment und die Pavlovskij-Garde zum Arbeiterrat über, der sich damit in einen Sowjet der Arbeiter und Soldaten wandelte. Das Regime war nun damit konfrontiert, die Kontrolle über das zentrale Machtelement, die Armee, im Angesicht einer drohenden Meuterei aufrechtzuerhalten. Die finale Krise hatte begonnen.[26]

Am 26. und 27. Februar 1917 sandte Rodzjanko drei Telegramme an Nikolaus II., in denen der Dumavorsitzende die Wiedereinsetzung des Parlaments und eine Regierung des Vertrauens forderte – andernfalls sei es zu spät, und Aufruhr und Revolution stünden Russland bevor. Nikolaus II., der sich im Nordwesten in der Nähe der Front befand, erhielt von Rodzjanko Informationen, die ihm die Geheimpolizei und die Unterredung mit Buchanan längst geliefert hatten. Was dem Zaren fehlte, war das Bewusstsein für Handlungsdruck. Noch am 27. Februar schlug er die Nachrichten des «fetten Rodzjanko, der mir jede Menge Unsinn schreibt», in den Wind. 24 Stunden später erklärte er sich allerdings zu Reformen bereit und ging auf die Forderungen ein. Die Duma und der Progressive Block ließen über Rodzjanko ausrichten, es sei zu spät.[27] Es ist erstaunlich, wie nach beinahe drei Jahren Krieg eine verstrichene Frist von 24 Stunden als nicht mehr auszugleichender Zeitverlust eingestuft wurde. An dieser Stelle wird deutlich, wie die Führung des Parlamentes auf die Karte einer Revolution setzte, die sie glaubte beherrschen zu können. Ohne Nikolaus II. – so die Annahme – müsse sich der Krieg leichter als mit ihm gewinnen lassen. In dieser Einschätzung war das Parlament allerdings nicht allein.

Der Chef des Generalstabs, General Michail Alekseev, hatte sich mit Rodzjanko abgestimmt und sechs von sieben Kommandeuren der Frontabschnitte dafür gewonnen, in Telegrammen Nikolaus II. den Abtritt nahezulegen. Alekseev sah das Zarenreich genau wie 1905 in einer schweren inneren Krise inmitten eines Krieges. Anders als damals, so seine Auffassung, werde sich dieses Mal die Monarchie nicht retten lassen. So glaubte er, mit der Demission des Zaren die Armee im Krieg halten zu können. Der Zar willigte schließlich ein, setzte in seinem Zarenzug eine Erklärung auf und schloss in den Verzicht auf den Thron auch seinen blutkranken Sohn Aleksej ein, von dem er sich nicht trennen wollte:

«In den Tagen des großen Kampfes gegen den äußeren Feind, der sich seit drei Jahren bemüht, unser Vaterland zu unterjochen, hat Gott Rußland eine neue schwere Prüfung gesandt. Innere Schwierigkeiten drohen eine verhängnisvolle Rückwirkung auf den endgültigen Ausgang des erbarmungslosen Krieges auszuüben. Das Schicksal Rußlands, die Ehre unserer heldenmütigen Armee, das Wohl des Volkes und die ganze Zukunft unseres teuren Vaterlandes fordern, daß der Krieg um jeden Preis bis zum siegreichen Ende weitergeführt wird. […] In diesen für das Leben Rußlands entscheidenden Tagen hielten Wir es für Unsere Gewissenspflicht, Unserem Volk den engsten Zusammenschluß und die Organisierung aller seiner Kräfte erleichtern zu sollen, damit ein schneller Sieg verwirklicht werden kann. Deshalb haben Wir im Einvernehmen mit der Reichsduma für gut befunden, der Krone des Russischen Reiches zu entsagen und die oberste Gewalt niederzulegen. Da Wir uns nicht von unserem geliebten Sohne trennen wollen, übertragen Wir die Erbfolge auf unseren Bruder, den Großfürsten Michail Alexandrowitsch, dem Wir bei der Besteigung des Thrones des Russischen Reiches unseren Segen erteilen.»[28]

Auf dem Weg in die Hauptstadt unterbanden Eisenbahnarbeiter die Weiterfahrt des Zarenzuges. Aleksandr Gučkov und Vasilij Šugin, die im Auftrag der Duma seinen Thronverzicht einfordern sollten, fanden ihn am 3. März 1917 auf einem Abstellgleis bei Pskov. Seinen Rücktritt hatte der Zar längst unterschrieben. In den folgenden Tagen sah Michail Aleksandrovič davon ab, die ihm von Nikolaus angedachte Nachfolge anzutreten. So endeten 300 Jahre Herrschaft der Romanovs in der Eisenbahn auf einem Abstellgleis bei Pskov. Der Zar konnte weder Reich noch Zug kommandieren.[29]

Zwangsläufig war dieses Ende der Monarchie nicht. Gewiss hatten sich seit dem Jahr 1916 Stabilitäts- und Legitimitätsverluste der Zarenherrschaft und des Imperiums beobachten lassen. Andererseits hatte die Zentrale jedoch Unmutsbekundungen durchaus in den Griff bekommen können. Die Petrograder Situation im Februar 1917 war vor dem Hintergrund der Kriegserfahrungen nicht vollkommen außergewöhnlich. Große Unruhen in der Petrograder Renault-Fabrik im September 1916 hatte die Obrigkeit gewalttätig niedergeschlagen. Vom Ausnahmezustand des Herbstes 1905 war der Februar 1917 rückblickend betrachtet weit entfernt.[30] Eine nicht zu unterschätzende Rolle spielte jetzt, dass führende Politiker der Duma und die Führung der Armee sich zu der Ansicht durchgerungen hatten, sie könnten den Krieg besser ohne als mit Nikolaus II. führen. Dass diese Annahme falsch war, zeigte sich, als es nicht gelang, den Bruder des Zaren zur Übernahme des Throns zu bewegen. Michail war im Vorhinein nicht eingeweiht, wollte den Thron nur in Übereinstimmung mit den Massen besteigen und verspürte auch keine Lust, in Kürze an einem Petrograder Laternenpfahl zu baumeln. Die zum Sturz des Monarchen bereiten Eliten hofften nichtsdestoweniger, dass das Opfer Nikolaus' II. die revolutionäre Flut eindämmen werde und der Krieg nun mit neuen Kräften für Russland entschieden werden könne. Das Gegenteil sollte sich erweisen.[31]

Die Februarrevolution erschien dem Land wie eine vollkommen unvorhergesehene Überraschung. 1905 hatte das Zarentum dem Aufruhr und Generalstreik des gesamten Reiches getrotzt. Nun genügte eine Woche Demonstrationen in der Hauptstadt, um die Zarenherrschaft zu beenden. Menschen in Russland und selbsternannte Berufsrevolutionäre im ausländischen Exil waren gleichermaßen überrascht und fanden sich in einer freudigen Stimmung voller Erwartungen wieder. Nadežda Krupskaja schreibt in ihren *Erinnerungen an Lenin*, wie die Nachricht in ihrem Zürcher Exil eintraf: «Eines Tages, als Lenin nach dem Mittagessen gerade in die Bibliothek gehen wollte und ich eben das Geschirr weggeräumt hatte, kam Bronski mit den Worten angelaufen: ‹Haben Sie gehört?! In Rußland ist die Revolution ausgebrochen!› und erzählte uns, was er in den Extrablättern gelesen hatte. Als Bronski gegangen war, eilten wir zum See, dort wurden an einer bestimmten Stelle sämtliche Zeitungen sofort nach ihrem Erscheinen ausgehängt. Wir lasen die Telegramme mehrere Male. In Rußland war tatsächlich die Revolution ausgebrochen.»[32]

Trockij befand sich zu dieser Zeit in den USA: «Mein einziger Beruf in New York war der Beruf eines revolutionären Sozialisten.»[33] In dieser Funktion war Trockij der Redaktion der Zeitung Novyj Mir (Neue Welt) beigetreten. «Als ich meiner Frau aus der Redaktion telephonierte, in Petrograd sei Revolution, lag der jüngere Knabe in Diphterie krank. Er war neun Jahre alt. Er wußte aber schon genau, daß Revolution Amnestie bedeutet, Rückkehr nach Rußland und tausend andere Segen. Er sprang hoch und hopste im Bett herum zu Ehren der Revolution. So offenbarte sich seine Genesung. Wir beeilten uns, mit dem ersten Dampfer abzufahren.»[34] Beim Aufbruch in eine neue Zeit, von der niemand wissen konnte, was sie bringen werde, wollte der Revolutionär Trockij ebensowenig auf seine Familie verzichten wie der Monarch im Ruhestand Nikolaj Aleksandrovič.

Nicht minder euphorisch wurde die Februarrevolution in Petrograd begrüßt. Die Straßen waren durchzogen von einer Stimmung der Freude und Solidarität. Die Grenzen von Ständen und Schichten verflüchtigten sich im kollektiven Erlebnis der Februartage. Die Menschen sangen die Marseillaise und schmückten sich mit roten Bändern. Rote Flaggen zierten die Gebäude. Man half sich gegenseitig, wo man nur konnte. Die Anrede als Bürger und Bürgerin im Sinne von citoyen (graždanin, m.; graždanka, f.) war allgegenwärtig. Cafés luden anlässlich der großen Tage der Freiheit ein, nach Herzenslust zu trinken und zu speisen. Die Symbole der alten Macht verschwanden: Zarendenkmäler, Zarenporträts und der doppelköpfige Adler gehörten der Vergangenheit an. Die Gebildeten nutzten Begriffe, Personen und Ereignisse der Französischen Revolution, um das Geschehen in Petrograd und Russland zu begreifen. Die Mannschaften der Marine benannten ihre Schiffe um. Schiffe, die Carevič, Paul I., Alexander II., Alexander III., Kaiserin Katharina, Nikolaus II. und Großfürst Nikolaus geheißen hatten, erhielten neue Namen, die den symbolischen Wandel der Revolution benannten: Bürger, Republik, Morgendämmerung der Freiheit, Freiheit, Freies Russland, Veče (die altrussische Versammlung der freien Stadtleute) und Wiedergeburt.[35]

Aber auch Uneindeutigkeit gehörte zu den Empfindungen von Menschen im späten Februar und frühen März 1917. Simon Dubnow, den es mit seiner Familie mittlerweile nach Petrograd geführt hatte, verbrachte die Tage des Umbruchs von der Influenza heimgesucht in seiner Wohnung. Als er Jahre später im Berliner Exil seine Memoiren schrieb, schienen ihm die Ereignisse des Februars und des März 1917 immer noch so lebendig, dass er sie nicht zu einem Text vereinheitlichen vermochte. Er zitiert in seinen Memoiren direkt aus seinem Tagebuch von 1917:

«4. März (abends) Und doch ist er grandios, dieser Sturz der Romanow-Dynastie … vierzehn Jahre habe ich Alexander III. verflucht, dreiundzwanzig Jahre Nikolaus II., und nun endlich erlebe ich den Sturz der Dynastie. Noch liegt meine *Geschichte der Juden unter der Regierung Nikolaus'* II., die ich nach Amerika schicken wollte, in den Verließen der Zensur, doch jetzt ist es sogar möglich, sie in Rußland zu veröffentlichen …

[…]

8. März (morgens) Etwas Seltsames ist an dieser Revolution wie am derzeitigen Wetter. Frühlingssonne und strenge Winterkälte. Es ist hell, aber nicht warm. Ob davon, daß sich an der Front Schreckliches anbahnt, oder davon, daß sich in der Masse der Armee und unter den Bauern bald Revolution und Konterrevolution in ein blutiges Knäuel verflechten können – jedenfalls ist man innerlich unruhig. Alles, so sollte man meinen, ist gut: Die Gleichberechtigung ist uns einfach so hereingeschneit; das, wofür wir Dutzende von Jahren gekämpft haben, scheint erreicht und der niederträchtige Polizeistaat gestürzt. […] Und dennoch spürt man im Inneren keinen Frühling. […] Der Alptraum des Krieges lastet auf der Revolution.»[36]

Der Adel der Hauptstadt erlebte die Februarrevolution mit gemischten Gefühlen. Einigen erschien das Ende der Monarchie angesichts der jahrhundertealten Privilegierung des Adels gegenüber anderen Gruppen, vor allem den Bauern, als vollauf gerechtfertigt in der modernen Welt des 20. Jahrhunderts. Andere schauten mit Furcht und Sorge auf eine ungewisse Zukunft. Paul Grabbe, ein geborener Graf, schildert, wie in den ersten Tagen der Revolution seine Mutter voller Aufregung heimkehrte: «‹Stell dir vor!›, sagte sie zu mir. ‹Ich bin gerade Gräfin Scheremetjewa begegnet. Und wie hat sie mich wohl begrüßt? Sie fragte: Ist es nicht wunderbar? Und ich erwiderte: Was ist wunderbar? Und sie sagte: Na ja, die Revolution natürlich! Und ich rief: Wirklich, Gräfin, Sie haben doch keinen Grund zu jubeln. Es sind nämlich Menschen wie wir, die alles zu verlieren haben.›»[37] Der Begeisterung der Gräfin Šeremeteva ähnlich hatte sich an einem der frühen Revolutionstage Katherina zu Sayn-Wittgenstein, deren Familie seit dem 18. Jahrhundert den Zaren gedient hatte, mit einer Freundin und zwei Lyzeumsschülern unter das Volk auf die Straße gemischt. «Es war ein Gefühl der Liebe zu dieser gesichtslosen Menge, der Wunsch, mit ihr zu verschmelzen, von ihr als dazugehörig anerkannt zu werden.» Doch bemerkten die vier alsbald, dass sie den Soldaten und Arbeitern nicht willkommen waren: «Ich verstand, daß wir für diese Menge fremd und überflüssig waren.»[38]

Allen gemeinsam war jedoch bewusst, dass mit der Abdankung Nikolaus' II. eine Ära zu Ende gegangen war und etwas völlig Neues begann, eine neue Zeit der Freiheit und ungeahnter Möglichkeiten. Die Wucht der Februarrevolution ist beeindruckend in einem frühen Interviewprojekt überliefert. Der Petersburger Historiker Michail Aleksandrovič Polievktov hatte unmittelbar nach dem Ende der Romanovs die Gesellschaft zum Studium der Revolution gegründet und mit bekannten Politikern des revolutionären Russland Interviews abgehalten. Sie alle dokumentieren den als epochal empfundenen Zäsurcharakter der Februarrevolution.[39] Rasch entwickelte diese Revolution nun ihre eigene Dynamik und entzog sich dem Eindämmungsszenario, das den Eliten aus Armeeführung und Duma im Februar 1917 vorgeschwebt hatte.[40]

Nur wenige Tage, nachdem die Nachricht vom Ende der Zarenherrschaft sich über das Land verbreitet hatte, gingen die Bauern daran, in den Dörfern und Bezirken Komitees zu bilden. Sie rissen das Land nicht sofort an sich, sondern erprobten Schritt für Schritt die Grenzen der neuen Machtkonstellation. Auf dem Land hing viel von jeweils lokalen und persönlichen Faktoren ab. Die Erinnerung der Bauern an die Jahre 1906–1909, als Gutsherren ihre Bauern für die Revolution von 1905 in unterschiedlichen Graden bestraft hatten, war

1917 handlungsleitend. Die Bauern unterschieden zwischen «guten» und «schlechten» Gutsbesitzern. Das gleiche gilt für den Umgang mit der Geistlichkeit und der zemstvo-Intelligenz. Dabei folgten die Bauern einem moralischen Kompass und ließen sich von ihren Vorstellungen von Recht und Gerechtigkeit leiten. Zugleich zeigten sie eine ausgesprochene taktische Sensibilität. Sie gingen nicht frontal das Ziel einer großen Landumverteilung an, sondern wählten zunächst kleinere Ziele, wie etwas Holz auf den Ländereien der Gutsherren zu schlagen oder deren Ernte für sich selber einzubringen. Hierbei handelte es sich um Muster, die die Bauern bereits jahrhundertelang in Konfliktsituationen eingeübt hatten.[41]

Neue Muster traten jedoch hinzu. Dazu zählte die Einstellung von Rentenzahlungen an die Gutsherren. Auch begannen die Bauern, braches Land der Gutsherren für sich selber zu bestellen. In Zeiten akuten Nahrungsmangels in den Städten gab es auch Bauern, die es als eine moralische Verpflichtung ansahen, das Nahrungsmittelangebot zu erhöhen. Wenn die Bauern sich in den ersten Wochen und Monaten der Revolution direkt Land aneigneten, handelte es sich zunächst um Ländereien der Dynastie, des Staates oder der Kirche, nicht der Adligen. Hier rechneten sie nicht mit Widerstand.[42]

In den Fabriken bildeten sich revolutionäre Fabrikkomitees, die ihre Forderungen noch in die Rhetorik der Erfordernisse des Krieges kleideten. Der Wunsch nach Lohnerhöhungen in den Fabriken galt als Schritt zur Steigerung der Kriegsanstrengung.[43] Kritisch stellte sich jedoch die Situation in Armee und Flotte dar. Erst Soldaten und Matrosen hatten mit ihrer Fraternisierung mit Frauen und Demonstranten am Frauentag aus Unruhen eine Revolution gemacht. Die Eliten hatten sich diese Fraternisierung zu eigen gemacht, um Nikolaus II. loszuwerden. Die große Frage war nun, in welchem Verhältnis sich Eliten und Armee wiederfinden würden. Unter den Soldaten herrschte durchaus ein Ethos, Russland zu verteidigen. Für Expansionen und ruhmvolle Eroberungen wie die von Konstantinopel war jedoch niemand mehr bereits, ins Feld zu ziehen. Im Ersten Weltkrieg waren aus blind gehorsamen Bauernsoldaten Staatsbürger in Uniform geworden – bereit zur Verteidigung der Heimat, gesellschaftspolitisch sensibilisiert und kritisch gegenüber einem Krieg der Expansion.[44]

Am 1. März verhaftete ein Revolutionskomitee der Marine die Offiziere. Die meistgehassten wurden auf der Stelle ermordet. Die Moskauer Garnison befand sich am 1. März ebenfalls im offenen Aufruhr. Zwar forderte die Februarrevolution in Petrograd 1224 Todesopfer. Gewalt war im Militär jedoch auf die allerersten Tage des Umbruchs beschränkt. Charakteristischer war die Wahl von Komitees und neuen Offizieren, um die getöteten und verhafteten zu ersetzen. Auch die junge revolutionäre Armee hielt an der Funktion des Offiziers fest und zielte auf die Erhöhung der Kampf- und vor allem Verteidigungskraft.[45]

Die Revolutionäre beschlossen, keine militärischen Einheiten aus Petrograd abzuziehen, da sie um ihre Verwundbarkeit in dem Fall wussten, wenn loyale Truppen herbeigeführt werden sollten. Doch die Möglichkeit einer Konterrevolution wurde überschätzt, die konterrevolutionären Akteure waren zu keinem Zeitpunkt zu einer schlagkräftigen Koordination fähig.[46]

Den Befehl Nummer 1 des Petrograder Rates vom 1. März 1917 verfassten Angehörige der Intelligencija im Beisein von Soldaten und Matrosen. Der Befehl wandte sich an alle Soldaten der Garde, der Armee und der Flotte in Petrograd und rief sie auf, revolutionäre Komitees zu wählen und Delegierte in den Petrograder Rat zu entsenden. Befehle von der militärischen Kommission der Duma sollen die Truppenteile nur entgegennehmen, wenn sie nicht der Politik des Rates widersprachen. Gleichzeitig heißt es im Befehl aber auch: «Bei Ausübung ihres Dienstes müssen die Soldaten die strengste militärische Disziplin einhalten.» Auch wenn der Befehle explizit die Petrograder Garnison adressierte, wurde er zu einem Muster der Revolution in den Streitkräften im ganzen Land.[47]

General Alekseev, der aufgrund seiner Verdienste um die Abdankung Nikolaus' II. Chef des Generalstabs bleiben durfte, blickte mit großer Sorge auf diesen Befehl Nummer 1 und fürchtete, dass der Disziplinverlust in der Armee zur Niederlage Russlands führen werde.

Auch wenn der folgende Befehl Nummer 2 des Rates der Wahl von Offizieren in den Streitkräften ein Ende setzte, blieben die Lockerung der Disziplin außerhalb des Dienstes und die Abschaffung der Todesstrafe vor Militärgerichten in der Führung der Armee umstritten. Der neu ernannte Kommandeur des Petrograder Militärbezirks Lavr Kornilov (1870–1918) und der erste Kriegsminister der Provisorischen Regierung Gučkov vertraten hier eine sehr skeptische Position. Demgegenüber suchten Generalstabschef Alekseev und der zweite Kriegsminister Kerenskij nach einer ausgleichenden Position, die die revolutionären Militärkomitees in die Umsetzung der Regierungspolitik einzubinden versuchte.[48]

Der Petrograder Rat und die Duma bildeten aus Sorge um die Absicherung der Revolution am 1. März 1917 eine Provisorische Regierung. Sie erhoffte sich das Vertrauen der Bevölkerung und suchte darin Legitimation. Die provisorische Regierung bestand aus liberalen Kadetten und Oktobristen. Parteien zur Rechten fanden sich nicht zur Revolution bereit, wohingegen die Linke die Regierung boykottierte. Die einzige Ausnahme war Aleksandr Kerenskij von den Trudoviki, der den Posten des Justizministers bekleidete, um, wie er sich rechtfertigte, eine Flucht Nikolaus' zu verhindern, der einem Gerichtsprozess zugeführt werden sollte. Mit dem Fürsten Georgij L'vov stand der Provisorischen Regierung ein Träumer vom Format eines Tolstojs vor. Rasch sollte sich im Folgenden eine Demarkationslinie zwischen Rat und Regierung auftun.[49] Sie zu überwinden war am ehesten von Kerenskij zu erwarten, der zu diesem Zeitpunkt in der Duma, der Provisorischen Regierung und im Rat respektiert war. Als Jurist hatte er sich bereits vor dem Ersten Weltkrieg einen Namen als Anwalt der Unterdrückten gemacht – vor allem 1912, als er der Duma über das Massaker der Armee an streikenden Arbeitern der Goldfelder an der Lena berichtet hatte. Seine Fähigkeiten als Redner waren unbestritten. Wenn jemand in der Revolution das Format zu besitzen schien, die Erwartungen an eine neue Führungsfigur zu erfüllen, so war es Kerenskij.[50]

Das Regierungsprogramm der Provisorischen Regierung zielte auf eine weitreichende Demokratisierung. Eine Konstituierende Versammlung sollte nach allgemeinem, gleichem und direktem Wahlrecht gewählt werden und eine Verfassung ausarbeiten. Alle Restriktionen des Zarenregimes gegen Juden, Religionen und Nationalitäten wurden aufgehoben. Politische Gefangene wurden freigelassen. Die bürgerlichen Grundrechte galten. Lenin sollte Russland bei seiner Ankunft im April das freieste Land der Welt nennen. Die zarische Polizei wurde aufgelöst. Eine Miliz sollte auf lokaler Ebene zum Teil gewählt und den lokalen Behörden unterstellt werden. Nicht erwähnt wurden im Regierungsprogramm die Landfrage und die Außenpolitik, insbesondere der Krieg. Eine Wirtschaftspolitik war nicht erkennbar. Zwei Maßnahmen trugen dazu bei, die neue Ordnung zu untergraben. Die Auflösung der Polizei schuf staatsfreie Räume, und die Freilassung der politischen Gefangenen mündete in eine allgemeine Öffnung der Gefängnisse: Kriminelle agierten nun in Räumen, in denen es keine Polizei mehr gab. Daraus resultierte ein allgemeiner Eindruck von Unsicherheit und Ordnungsverlust. Dies stellte ein zentrales Ziel der Provisorischen Regierung in Frage, die beabsichtigte, soziale Probleme möglichst zu beruhigen, den Krieg zu gewinnen und dann eine Dividende für die alten Eliten in Adel und Bürgertum einzufahren.[51] Da der neuen Regierung bewusst war, dass sich soziale Zugeständnisse in einer Revolution nicht verhindern lassen würden, wurde der Rat der Arbeiter und Soldaten in Petrograd zu einem natürlichen Ansprechpartner. Die Räte in Petrograd und Moskau nutzten somit die Gunst der Stunde, um den Acht-Stunden-Tag und höhere Löhne, die angesichts steigender Preise dringend nötig waren, durchzusetzen.[52]

Die Provisorische Regierung verfügte von Anbeginn über eine dünne Legitimität und musste Gegner von links und rechts fürchten. In einem kräftezehrenden Krieg, im Angesicht einer zerfallenden Gesellschaft und einer unbeherrschbaren Ökonomie überraschte es eher, dass die Provisorische Regierung bis zum Herbst Bestand hatte, als dass sie schließlich fiel. Es wurde ihr zum Verhängnis, dass die Wahl zur Konstituante erst im November 1917 stattfinden konnte. Obwohl man meinen möchte, dass es keine geringe Leistung ist, inmitten eines Krieges innerhalb von neun Monaten solch eine Wahl anzuberaumen und abzuhalten. Große politische Entscheidungen versuchte die Provisorische Regierung zu vermeiden. Sie richtete Untersuchungskomitees für die Landfrage und für Versorgung ein und förderte den Eindruck, sie spiele allein auf Zeit, um ihre Macht zu bewahren. Die Linken fürchteten den Verrat der Revolution, die besitzenden Schichten den Verlust ihres Eigentums und ihres Status. Eine Entscheidung ließ sich jedoch nicht aufschieben – die über Krieg und Frieden.[53]

Die größte Unterstützung konnte die Provisorische Regierung für sich mobilisieren, indem sie den Krieg gegen Deutschland als Verteidigungskrieg fortsetzte. Für die Konservativen war die Verteidigung des Vaterlandes ein feststehender Wert. Die Mittelklasse fürchtete von einer Kriegsniederlage unberechenbare neue Verhältnisse. Men'ševiki und Sozialrevolutionäre teilten gleichsam die Auffassung, dass ein Sieg des deutschen Kaisers Russland nichts Gutes verheiße und das postrevolutionäre, demokratische Russland es verdient habe, verteidigt zu werden.[54] Um den Krieg weiter führen zu können, übernahm die Provisorische Regierung die Maßnahmen, die die Armeeführung des Zarenreiches in den vorangegangenen Jahren ersonnen hatte, um Ressourcen zu gewinnen. Bauern mussten nun mit der zwangsweisen Eintreibung vorgegebener Getreidequoten rechnen, damit die Versorgung der Armee sichergestellt werden konnte.[55] Die Kriegsanstrengungen zielten auch darauf, den Verbündeten des Zarenreiches die Bündnistreue des revolutionären Russland zusichern zu können.

Paris, London und Rom erkannten die Provisorische Regierung am 15./28. März 1917 an. Bereits am 8./21. März 1917 hatten die USA die neue Regierung anerkannt. Das Ende des Zarentums und die Aussicht auf ein demokratisches Russland haben dem amerikanischen Präsidenten den Entschluss zum Kriegseintritt auf der Seite der Entente wesentlich erleichtert. In einer geheimen Note versicherte Außenminister Miljukov am 18. April./1. Mai 1917 die Alliierten England und Frankreich, dass Russland zu den Konditionen seines Bündnisses mit den Alliierten und den ursprünglichen Kriegszielen stehe. Ein

Leck im revolutionären Petrograd ließ den Noteninhalt an den Petrograder Rat und die Presse gelangen. War die Vaterlandsverteidigung im revolutionären Russland Konsens, so rief das Bekenntnis zu den ursprünglichen Kriegszielen Entsetzen im Rat und unter den Soldaten hervor: Für die Eroberung Konstantinopels und die Beherrschung der Meerengen, für geopolitische imperiale Kriegsziele wollte 1917 niemand mehr sterben. Am 21./22. April 1917 erlebte Petrograd große Demonstrationen gegen die Kriegsziele. Ministerpräsident L'vov führte Gespräche, die zur Demission Miljukovs und einer Regierungsumbildung führten. Am 5. Mai 1917 nahm die neue Provisorische Regierung ihre Arbeit auf, in der Kerenskij nun Kriegsminister wurde, der Sozialrevolutionär Viktor Černov das Agrarministerium übernahm und der Men'ševik Iraklij Cereteli Minister für Post und Telegraphie wurde. Aleksandr Pešechonov, ein unabhängiger Sozialist, zeichnete für Ernährung und Versorgung verantwortlich. Insgesamt gehörten nun sieben Vertreter des Rates der Provisorischen Regierung an.[56]

Nicht nur in den Hauptstädten der Verbündeten hatte man seit dem Februar 1917 gespannt die Neuigkeiten der Revolution aus Petrograd verfolgt. Auch in den Regionen Russlands hatte sich die Nachricht vom Ende der Monarchie wie ein Lauffeuer verbreitet und die Revolution in das ganze Land getragen. Das kleine Städtchen Efremov, 200 Kilometer südlich von Moskau, erreichte die Nachricht von der Abdankung Nikolaus' II. per Telegraph. In Windeseile verbreitete sich die Nachricht durch den Ort: es gebe keinen Zaren mehr, nur noch Russland. Nachts um ein Uhr erwachte das Städtchen zu ungekanntem Leben. Die Kirchenglocken läuteten, die Menschen fielen sich Freudentränen vergießend in die Arme. Rasch war ein lokales Revolutionskomitee gebildet, das die Polizei entwaffnete und die Gefängnistüren öffnete.[57] Die Eisenbahn, der Telegraph und von der Front heimkehrende Soldaten verbreiteten die Nachricht von der Revolution im Reich.[58] Gerade Eisenbahner, ob Zugpersonal oder Streckenarbeiter, verbanden in ihren Biographien und Itineraren Stadt und Land. In Rechnung zu stellen ist jedoch, dass lokale Gesellschaften und das Land sich selber revolutionierten und nicht jene externe Anleitung benötigten, die etwa in Lenins Vorstellung eine so große Rolle spielte.[59]

Anders als Historiker lange annahmen, reproduzierte sich in den Regionen nicht die alsbald konfrontative Doppelherrschaft von Provisorischer Regierung und Rat, die in Petrograd zu beobachten war. In Archangel'sk, Kazan', Nižnij Novgorod, Saratov, Smolensk und anderen regionalen Zentren unterstellten sich die Stadtparlamente und Lokalverwaltungen der Provisorischen Regierung in Petrograd und suchten gleichzeitig die Zusammenarbeit mit den örtlichen Räten. Vielfach nahmen sie Deputierte der örtlichen Räte und auch Angehörige von Gewerkschaften und anderen Organisationen in ihre Reihen auf.[60]

Wie viel Einfluss lokale Parlamente, Verwaltungen und Räte auf den Gang der Revolution nehmen konnten, hing von vielen Faktoren ab: der Popularität lokaler Politiker und Aktivisten, dem Vermögen der Institutionen, sich einer breiten Beteiligung der Bevölkerung zu öffnen und populäre Forderungen der Revolution der einfachen Menschen zu übernehmen. Immer wieder kam es vor, dass solche Institutionen sich von lokalen Exekutivkomitees herausgefordert sahen, die sich alle möglichen Anliegen zu eigen machten. Häufig arbeiteten auf lokaler Ebene jedoch Unterabteilungen der Provisorischen Regierung, Räte und Exekutivkomitees zusammen, um Orte und Regionen durch die Unwägbarkeiten der beispiellosen ökonomischen und politischen Krise zu steuern. Im Verlauf des Jahres 1917 war dabei ein Linksruck zu beobachten, der sich in den Regionen jedoch zum ganz überwiegenden Teil innerhalb der Einrichtungen vollzog, die die Februarrevolution geschaffen hatte.[61]

In Odessa stand seit dem Jahresende 1917 dem Rat der Arbeiter ein Rat der Arbeitslosen gegenüber, der sich aus unbeschäftigten Arbeitern, Soldatenfrauen, den Prostituierten der Hafenstadt, demobilisierten Soldaten, Flüchtlingen und Kriminellen gebildet hatte. Der Rat der Arbeitslosen zog Steuern von der sogenannten örtlichen Bourgeoisie ein und unterhielt Kantinen für Arbeitslose. Beide Räte beanspruchten, für die wahre Räteherrschaft in der Revolution zu stehen, und bezichtigten den jeweils anderen, strikt antisowjetisch zu sein.[62]

An vielen Orten spielten die Garnisonen des Militärs eine entscheidende Rolle. Räteherrschaft bedeutete häufig die Herrschaft der Soldatenräte, in denen von der Front zurückgekehrte Soldaten Einfluss ausübten. In manchen Städten reichte die Zahl stationierter Soldaten an die Zahl der übrigen Einwohner heran. Vielfach war das ein wichtiger Faktor für das Erstarken der Bol'ševiki in den Räten im Lauf des Jahres 1917. Die Stadt Voronež ist dafür ein einschlägiges Beispiel.[63] In manchen Räten konnten die Bol'ševiki früh im Jahr 1917 zulegen, in anderen dominierten noch Pragmatismen und Kooperationen nicht selten. An der Jahresschwelle 1917/18 bedeutete Räteherrschaft in Russland ein Ensemble von Herrschaften, die ihren eigenen lokalen Bedürfnissen folgten. Die anhaltende Versorgungskrise und kontinuierliche Instabilität im politischen Zentrum Petrograd hatten lokale Autoritäten wie die Räte auf sich selbst zurückgeworfen.[64]

Alle Gesellschaftsgruppen nutzten die neue Freiheit nach dem Februar 1917, um sich zu organisieren. Landbesitzer, Finanziers, Banker, Kapitalisten, Unternehmer und Offiziere gründeten in einer Wagenburgmentalität Organisationen zum Schutz ihrer Interessen. Arbeiterinnen und Arbeiter, Bauern, Soldaten und Matrosen riefen ihre Vertretungen ins Leben. Die Gewerkschaften traten aus dem Schatten zarischer Regulierung. Die Gewerkschaften der Industrien Schwermetall und Textil sowie die Eisenbahnergewerkschaft Vikžel gehörten zu den mächtigsten. Ein Eisenbahnstreik hatte das Potential, Regionen und das ganze Imperium stillzulegen.[65]

In die Regionen hatte sich im Laufe des frühen Sommers 1917 auch ein guter Teil des Adels aufgemacht. Zahlreiche begütertere Adlige, vor allem Frauen und Kinder, suchten die Sommer- und Feriensitze etwa im Kaukasus und auf der Krim auf. Dabei handelte es sich zum einen um die Fortführung einer Gewohnheit. Das adlige Leben hatte sich jahrzehntelang in einem Rhythmus zwischen dem Adelsnest, dem Stammsitz einer Familie, den Palais in Petersburg und den Sommerferiensitzen in verschiedenen Regionen abgespielt – so auch im Sommer 1917. Die Feriensitze des Adels hatten wie auch der Tourismus des 19. Jahrhunderts manche Region wie die Wolga, die Krim und den Kaukaus in den Vorstellungen der Russen von einst fremden imperialen Expansionsgebieten in vertraute russische Gefilde verwandelt. Im Sommer 1917 dienten sie dem Adel nicht allein zur Erholung, sondern auch als ein Rückzugsort. Von dort aus sollte abgewartet werden, welche Wendung die Revolution 1917 nehmen würde und ob die angestammten Adelsnester in Zentralrussland und die Palais in Petrograd am Ende des Jahres sicher und guten Gewissens aufgesucht werden könnten. Bis dahin blieben die Ansichten des Adels zur Revolution geteilt. Einig hielten sie moralisch für gerechtfertigt, andere fürchteten um Leben, Status und Besitz. Mancher Adlige begann, Familienarchiv und Familienschätze in Sicherheit zu bringen.[66]

3. Revolutionen im Raum des Imperiums

Während die Adligen der Dinge harrten, die da kommen würden, zeigte sich, dass die Revolution nicht im Singular, sondern im Plural ablief. 1917 fanden nicht allein soziale, sondern auch nationale Revolutionen statt.[67] Im Rückblick auf das Jahr 1917 hielt Trockij fest: «Es wäre keine Übertreibung zu sagen, daß Petrograd die Februarrevolution vollbrachte. Das übrige Land schloß sich ihm an.»[68] Damit ist jedoch allein eine Chronologie beschrieben. Die Nachrichten aus Petrograd trafen in den Regionen auf eine Gemengelage nationaler und sozialer Faktoren, die einander verstärkend die Revolution im Reich ausbreiteten. Die Arbeiter zeigten eine enorme Mobilisierung in Petrograd, Moskau und weiteren russischen Regionen. Doch auch in Helsinki, Reval, Riga, Minsk, Kiev, Odessa, Ufa, Tiflis, Baku und Taškent bildeten sich rasch Arbeiterräte, in denen auch zugewanderte russische Arbeiter aktiv waren. Die Revolution der Bauern, die sich im Lauf des Jahres 1917 immer mehr Gutsland aneigneten, geriet auch in einigen Regionen in nationale Konflikte. Belarusische und ukrainische Bauern standen im Westen des Reiches in einem Konflikt mit polnischen und russischen Gutsherren. In den besetzten Ostseeprovinzen stießen estnische und lettische Bauern auf deutschbaltische Gutsherren. Im Osten Russlands wiederum gerieten russische Siedler in Konflikte mit den dortigen Nomaden. Im asiatischen Russland stand oft die koloniale russische Stadt gegen die kolonialisierte lokale Landbevölkerung. In den Städten des Westens und Südens sahen sich die jüdischen und armenischen Mittelschichten von einer sozialen und nationalen Revolution herausgefordert. Im Transkaukasus und in Finnland jedoch waren auch starke soziale Antagonismen innerhalb jeweils einer nationalen Gruppe zu beobachten. Im Westen des Reiches trugen auch von der Front abwandernde Soldaten rasch zur Verbreitung der Revolution bei. Ukrainer, Esten und Letten formierten eigene militärische Einheiten.[69]

Obwohl die Februarrevolution den Regionen Russlands eine nie gekannte Freiheit bescherte, gewann sie die nichtrussischen Gruppen nicht für die Politik der Provisorischen Regierung. Der Februar 1917 brachte gleichermaßen staatsbürgerliche Rechte und Freiheiten wie auch individuelle national-kulturelle Rechte. Sämtliche Diskriminierungen von Juden und sogenannten Fremdstämmigen (inorodcy) wurden aufgehoben. Territoriale Autonomie gestand die Provisorische Regierung jedoch allein Finnland und – den von den Mittelmächten besetzten – Teilungsgebieten Polens zu. Im Übrigen fühlte sie sich der Einheit des Territoriums des Russländischen Reiches verpflichtet. Die künftige territorial-administrative Organisation und nationale Binnengliederung Russlands sollte – so das liberale Credo der Provisorischen Regierung – die einzuberufende Konstituierende Versammlung diskutieren und festsetzen. Diese Position führte ganz wesentlich zu einer Verschärfung der revolutionären Stimmung in den zahlreichen Randgebieten des Reiches. Erst im September rang die Provisorische Regierung sich dazu durch, vorbehaltlich der Zustimmung durch die Konstituante, den Völkern des Reiches das Selbstbestimmungsrecht zuzugestehen.[70] Diese abwartende Haltung vor allem der Liberalen in der Provisorischen Regierung gegenüber Plänen zur politischen Konstituierung von Nationen auf dem Territorium des ehemaligen Zarenreiches erklärt sich daraus, dass sich die Liberalen vor dem Ersten Weltkrieg intensiv mit den Nationsbewegungen der Finnen, Polen und Ukrainer und mit verschiedenen Autonomie- und Föderationsmodellen befasst hatten. Nationale Selbstbestimmung und eine Föderation waren leichter gefordert als politisch und verfassungsrechtlich ausbuchstabiert.[71] Doch im September 1917 hatten Vertreter nationaler Bewegungen ihre Zukunftsvorstellungen längst deutlich gemacht. Bereits seit Februar 1917 war das Erstarken nationaler Bewegungen zu beobachten gewesen. Im späten Mai 1917 waren in Petrograd Angehörige der national ausgerichteten sozialistischen Parteien zusammengekommen. Im September 1917 wiederum hatte in Kiev ein Kongress der Völker Russlands stattgefunden, an dem einzig Polen und Finnen nicht teilgenommen hatten. Er hatte die Transformation Russlands zu einer demokratischen Föderation auf die Agenda gesetzt.[72]

Die ukrainischen Staatsgründungsversuche begannen in den Ruinen des Habsburgerreiches und des Zarenreiches. Obwohl es auch unter den Ukrainern im habsburgischen Kronland Galizien und Lodomerien eine nicht zu unterschätzende russophile Gruppierung gegeben hatte,[73] verfolgten ukrainische Akteure angesichts des habsburgischen Zusammenbruchs im Oktober 1918 einen eigenen Weg. Der Ukrainische Nationalrat rief am 13. November 1918 in Lemberg die Westukrainische Volksrepublik aus.[74] Weiter im Osten hatte sich am 4. März 1917 in Kiev ein ukrainischer Zentralrat, Rada genannt, etabliert. Als Vorsitzender zunächst der ganzen Rada, später ihres Exekutivkomitees, fungierte der renommierte Historiker Mychajlo Hruševs'kyj, der das Ziel ukrainischer Souveränität zwar grundsätzlich guthieß, unter den gegebenen Bedingungen aber dafür plädierte, innerhalb Russlands eine ukrainische Autonomie anzustreben.[75] Ein alsbald einberufener ukrainischer Nationalkongress bestätigte die Rada und versicherte zudem die Provisorische Regierung in Petrograd ukrainischer Loyalität. Die vor allem von der ukrainischen Intelligenz geprägte Rada sah sich im Frühsommer mit den Forderungen der sozialen Revolution konfrontiert. Die ukrainischen Bauern organisierten sich in einem Bauernverband und einem Rat der Bauern. Im Juni 1917 kamen 2000 Bauerndelegierte zu einem Kongress zusammen, der die Landfrage in der Ukraine thematisierte und politische Autonomie forderte.

Die nationale und soziale Politisierung breiter Bevölkerungsschichten in der Ukraine hatte einen enormen Einfluss auf Akteure und Agenden der Revolution in Petrograd und der Ukraine. Der Provisorischen Regierung in Petrograd gingen die ukrainischen Zukunftsvorstellungen zu weit, da sie das später so genannte Konzept der großen russischen Nation verfolgte, zu der Belarusen und Ukrainer unter Führung der Russen gehören sollten.[76] Ein Ausscheren der Ukrainer aus dem russländischen Staatswesen war in diesem Konzept nicht vorgesehen. Die Anliegen einer ukrainischen Delegation – Autonomie, Eigenständigkeit in Administration, Schule und Kirchenverfassung, eine ukrainische Armee und eine ukrainische Delegation als Teil der in Aussicht gestellten russländischen Konstituante – wurden im Petrograder Sommer 1917 abschlägig beschieden.[77]

Die Rada erließ daraufhin am 10. Juni 1917 ihr Erstes Universal, in dem sie ankündigte, für die autonome Ukraine eine Verfassung auszuarbeiten, diese jedoch der russländischen Konstituante zur Bestätigung vorzulegen. Auch die Erhebung ukrainischer Steuern wurde nun in Aussicht genommen.[78] Die Provisorische Regierung rief die Ukrainer auf, vom Projekt einer eigenen Verfassung Abstand zu nehmen. Damit werde eine Sezession betrieben, deren Nutznießer allein die Mittelmächte wären.[79] Erst auf Vermittlung Iraklij Ceretelis, Michail Tereščenkos und Aleksandr Kerenskijs hin kam es zu einer Übereinkunft zwischen der Provisorischen Regierung und der Kiever Rada. Derzufolge sollte die ukrainische Verfassung der russländischen Konstituante zur Bestätigung vorgelegt werden. Der ukrainischen Forderung nach Aufstellung einer eigenen Armee wurde nur eingeschränkt entsprochen. Die Ukrainisierung von Truppeneinheiten Russlands durfte nicht zu einer Minderung der Kampfstärke führen – stand die Fortsetzung des Krieges gegen die Mittelmächte doch ganz oben auf der außenpolitischen Agenda der Provisorischen Regierung.[80]

Der Preis, den die Provisorische Regierung für diese Übereinkunft entrichtete, war der Verlust ihres inneren Einverständnisses. Die Kadetten, also die Partei der konstitutionellen Demokraten, standen der ukrainischen Autonomie nach wie vor ablehnend gegenüber. Drei ihrer Minister reichten ihre Rücktrittserklärung ein. Pavel Miljukov griff, um das Abkommen über die ukrainische Autonomie zu beschreiben, zu der Metapher, es laufe darauf hinaus «Russland unter der Losung der Selbstbestimmung zu zerhacken».[81] Auch Fürst Georgij L'vov, der der Provisorischen Regierung vorstand, sah seine Hoffnungen auf eine Einheit schwinden. Er machte dafür jedoch die Parteien und die Arbeiter- und Soldatenräte verantwortlich, denen er vorwarf, das allgemeine Beste des russländischen Staates auf den Altären der Partikularinteressen zu opfern. Zugeständnisse an die Ukraine hielt er für voll und ganz vereinbar mit der Fortexistenz Russlands.[82]

Was den Konstitutionellen Demokraten voreilig erschien, war vielen Menschen in der Ukraine jedoch nicht mehr genug. Sie verlangten rasche Lösungen nicht zuletzt der sozialen Fragen und sahen in der Abmachung mit der Provisorischen Regierung einen faulen Kompromiss. Die Mobilisierung der sozialen Revolution in der Ukraine schritt voran, und das Parteienspektrum differenzierte sich aus. Zur stärksten Gruppe in der Ukraine stiegen nun die Ukrainischen Sozialrevolutionäre auf. Zwischen Intellektuellen und Bauern vertieften sich die Gräben. Die Russen in den ukrainischen Städten wiederum sahen sich von den ukrainischen Revolutionären nicht repräsentiert. Die Revolution in der Ukraine besaß eine Dynamik, die sich nicht mehr von einer Gruppe beherrschen ließ.[83]

Die ukrainische Autonomie schien zunächst abgesichert, fraglich blieb aber, welche Bindungskraft der ukrainische Staatsgründungsversuch im Inneren zu entwickeln vermochte. Hier galt es, die zahlreichen übrigen Ethnien für das Unternehmen eines ukrainischen Staates zu gewinnen. In der Kommission zur Ausarbeitung einer Verfassung, die über 100 Sitze verfügen sollte, waren darum mit Bedacht elf Plätze für Russen, acht für Juden, zwei für Polen sowie acht weitere für Ethnien wie Moldavier und Tataren vorgesehen.[84] Gleichzeitig bildeten die Provisorische Regierung und der Petrograder Sowjet der Arbeiter- und Soldatendeputierten eigene Komitees in der Ukraine. Russen und Juden begannen, eigene Parteien zu unterstützen. Bei den nach der Oktoberrevolution abgehaltenen Wahlen zur russländischen Konstituante erhielten die Bol'ševiki in der Ukraine insgesamt 10% der Stimmen, in den Städten sogar ein Viertel.[85]

In Belarus' verfügte die sozialistische Partei Hramada nicht über einen solchen Massenanhang wie die Parteien in der Ukraine. Zwar riefen Intellektuelle und Soldaten im Juli 1917 eine weißrussische Rada ins Leben. Ein stärkerer politischer Faktor blieben jedoch die von Russen und Juden dominierten Parteien in den Städten.[86] In den Teilen Livlands und Estlands, die nicht von Deutschland besetzt waren, bildeten sich nun auch neue Parteien, die kulturelle und politische Autonomie forderten. In Lettland und später auch in Estland fanden die Bol'ševiki unter Arbeitern, Landarbeitern und Soldaten Zulauf. Vor allem die lettischen Schützen entwickelten sich zu einem Faktor der Bol'ševiki. Finnland zeigte sich 1917 gespalten. Der sozialdemokratische Landtag hatte sich im Juli 1917 zur höchsten Gewalt erklärt und Petrograd die Politikfelder Außenpolitik und Militär überlassen, woraufhin die Provisorische Regierung in Petrograd den Landtag auflöste. Neuwahlen im Oktober brachten eine Mehrheit der Parteien, die sich für ein Arrangement mit Petrograd aussprachen. In Bessarabien bildete sich nach der Februarrevolution eine moldavische Nationalpartei, die gegenüber der Provisorischen Regierung Autonomie forderte. Die deutschen Kolonisten in Bessarabien wiederum sahen keinen Anlass zu eigenen Forderungen an die Provisorische Regierung, die die diskriminierenden Gesetze gegen deutsche Untertanen im Zarenreich im März 1917 aufgehoben hatte.[87]

Auch die Juden erlebten eine politische Renaissance nach der Februarrevolution, als sie diskriminierende Gesetze aufgehoben wurden. Die parteipolitische Differenzierung in Zionisten und den Bund stand der Gründung eines Kongresses aller Juden Russlands entgegen. Zu tief spaltete die Frage, ob die jüdische Zukunft in einem eigenen jüdischen Staat in Palästina oder in einer Republik Russland mit voll ausgeprägten und gleichen staatsbürgerlichen Pflichten und Rechten für alle Menschen liegen solle. Eine allgemeine jüdische Forderung hob 1917 jedoch auf eine Kulturautonomie der Juden in Russland ab, die nicht an ein bestimmtes Territorium gebunden sein sollte. Judenpogrome waren kein Phänomen des revolutionären Frühjahrs und Sommers 1917, erst zum Jahresende 1917 setzte erste kollektive Gewalt in der Ukraine ein.[88]

Im Transkaukasus, in der Nähe zur Front mit dem Osmanischen Reich, bildeten sich wie auch andernorts im ehemaligen Zarenreich einerseits eine Repräsentanz der Provisorischen Regierung und andererseits lokale Räte der sozialen Revolution. Im Sonderkomitee der Provisorischen Regierung für Transkaukasien hatten Georgier und Russen das Sagen. Arbeiterräte etablierten sich in Tiflis und in Baku. Im Rat von Tiflis gaben die internationalistisch orientierten Men'ševiki den Ton an, während im Rat von Baku Men'ševiki, Bol'ševiki, Sozialrevolutionäre, armenische Dašnaken und die azerbajdžanische Musavat-Partei zusammenfanden.[89] Die Men'ševiki Georgiens nahmen eine loyale Haltung zur Provisorischen Regierung ein. Aus ihren Reihen gingen sowohl Minister der Provisorischen Regierung als auch in den Personen von N. Čchejdze und I. Cereteli Führungspersonen des Petrograder Rates hervor. Der Krieg gegen das Osmanische Reich ließ auch die armenischen Dašnaken der Provisorischen Regierung die Treue halten. Die Musavat-Partei trat entschieden für eine Zukunft Russlands als Föderation ein. Die Bol'ševiki waren im Transkaukasus zunächst allerorten in der Minderheit, allerdings gelang es ihnen, im Rat der Ölmetropole Baku stetig mehr Zulauf zu erhalten.[90]

In der Revolution schritt die Ausdifferenzierung politischer Positionen unter den Muslimen Russlands voran. Die pansislamische Union der Muslime (Ittifak) verstand sich liberal. Der Klerus und auch alte Eliten beharrten auf ihrer konservativ-religiösen Auffassung. Unter muslimischen Intellektuellen wiederum verstärkten sich linke

Orientierungen zu den Sozialrevolutionären. Im Mai 1917 kamen tausend muslimische Delegierte, rund 800 Männer und 200 Frauen, zu einem allrussländischen Kongress in Moskau zusammen, der eine Gleichberechtigung der Geschlechter und eine föderale Ordnung für das neue Russland forderte. Auf einem weiteren Kongress im Juli in Kazan' rückten unter Meinungsführerschaft der Wolgatataren soziale Fragen auf der Agenda nach oben. Auch Forderungen nach einer muslimischen Nationalversammlung erhielten Gewicht.[91]

In Turkestan hatten die reformorientierten Džadidisten die Oberhand im Muslimischen Zentralrat, während die koloniale russische Bevölkerung Taškents den dortigen Rat dominierte. In aller Heftigkeit entbrannten ferner alte Konflikte zwischen den Nomaden der Region und kolonialen Neusiedlern. Die Partei Alaš-Orda, die die Kasachen im April 1917 gegründet hatten, rief nach Autonomie, Dekolonisation und der Ausweisung aller kolonialen Siedler. Kirgisen und Kasachen, die 1916 während des Aufstandes in Zentralasien nach China geflohen waren, kehrten zurück und forderten vehement ihr altes angestammtes Weideland. Im Konflikt mit russischen und tatarischen Siedlern erhoben gleichfalls die Baškiren Forderungen nach Autonomie.[92]

Auch bei den kleinen Völkern Russlands schritt die Mobilisierung und Politisierung 1917 voran. Auf der Krim grenzten sich die Krimtataren von Russen und Ukrainern ab und forderten Autonomie. Nordkaukasische Bergvölker suchten den Schulterschluss mit konservativen Kosaken in Abgrenzung von den russischen Kolonisten. Auch hier erscholl der Ruf nach Autonomie. Im Mai 1917 kam an der Wolga ein Kongress der kleinen Völker zusammen. Čuvašen, Čeremissen, Votjaken, Mordvinen, Syrjänen, Kalmücken und getaufte Tataren schickten 500 Delegierte. Der Kongress erklärte sich mit der Provisorischen Regierung in Petrograd solidarisch und reihte sich in die lange Liste all jener ein, denen es 1917 um eine Erweiterung kultureller Autonomie ging. In Sibirien forderten Burjäten und Jakuten die Einführung ihrer Muttersprache in Behörden und im Bildungswesen. Den russischen Regionalisten in Sibirien gelang es nicht, die sibirischen Ethnien für eine Koalition gegen das russische Zentrum zu gewinnen.[93]

Die politische Mobilisierung des Jahres 1917 ging über die liberalen Forderungen der Gebildeten hinaus und ließ die nationalen Bewegungen zunehmend soziale Forderungen erheben. Das nationale Pendel schwang somit 1917 von den liberalen Kadetten im Frühjahr zu den Sozialrevolutionären im Herbst 1917, denen die meisten Menschen zutrauten, nationale und soziale Programmatiken miteinander zu verbinden. Die Bol'ševiki – obschon sie seit 1903 das Selbstbestimmungsrecht der Völker in ihrem Programm führten – profitierten 1917 kaum von den sozialen Dynamiken der nationalen Bewegungen. Lediglich unter Finnen, Esten und Letten war 1917 größerer Zuspruch zu den Bol'ševiki zu beobachten.[94]

4. Die Revolution im Sommer 1917

Als Lenin im April 1917 nach Russland zurückkehrte, war nicht abzusehen, dass die Bol'ševiki im Herbst 1917 ein bedeutender politischer Akteur in der Revolution sein würden. Lenin selber zweifelte anfänglich, ob ihm überhaupt die Rückkehr aus seinem Schweizer Exil gelingen könnte. Auf die Hilfe von Russlands Alliierten England und Frankreich würde er nicht zählen können. Nadežda Krupskaja schildert die Zugfahrt von Zürich über Berlin und Stockholm nach Petrograd, die das Deutsche Reich ermöglichte, als eine Reise ins Ungewisse. Auf der letzten Etappe durch Finnland rief die revolutionäre Reisegesellschaft auf den Bahnstationen den Umstehenden zu: «Es lebe die Weltrevolution!»[95] Doch noch in Beloostrov, der Grenzstation zwischen Finnland und Russland, äußerte Lenin die Befürchtung, bei der Ankunft verhaftet zu werden.[96] Stattdessen wartete in Petrograd jedoch ein Empfangskomitee am Finnländischen Bahnhof, das ihm im wahrsten Sinne des Wortes einen großen Bahnhof bereitete und ihn zum Palais der Kžesinskaja, dem Hauptquartier der

Bol'ševiki in Petrograd, eskortierte: «Wer keine Revolution erlebt hat, kann sich keinen Begriff machen von ihrer majestätischen feierlichen Schönheit. Rote Fahnen, eine Ehrenkompanie Kronstädter Matrosen, die Scheinwerfer der Peter-Pauls-Festung, die den Weg vom Finnländischen Bahnhof bis zum Palais der Kschessinskaja beleuchteten, Panzerautos, lange Ketten von Arbeitern und Arbeiterinnen längs des Weges.»[97]

Lenin traf unter seinen Bol'ševiki auf eine Partei, die sich uneins war, welchen marxistischen Reim sie sich auf die Februarrevolution und die Provisorische Regierung machen sollte. Handelte es sich um eine bürgerliche Revolution, die im geschichtsnotwendigen Übergang vom Feudalismus zum Kapitalismus marxistische Unterstützung verdient hatte? Oder hieß das Gebot der Stunde zu überlegen, welche Perspektiven sich Arbeiterinnen und Arbeitern und sozialistischen Zukunftsentwürfen in dieser Situation boten? Lenin bezog dazu in seinen Aprilthesen eindeutig Position und verbrachte den Rest des Jahres 1917 damit, zunächst in seiner Partei und dann im Land diese Position durchzudrücken.

Am 4. April 1917 trug er seine Thesen der sozialdemokratischen Gruppe einer Konferenz des Rates der Arbeiter- und Soldatendeputierten vor. Der Provisorischen Regierung sprach Lenin jegliche Unterstützung ab. Die Fortführung des Krieges als Verteidigungskrieg deklarierte er zur schlecht getarnten Fortführung eines imperialistischen Eroberungskrieges. Seine Zukunftsvision bestand in einer Ausweitung der Revolution, die alle Macht in den Händen der Räte der Arbeiter, Bauern und Soldaten konzentrieren sollte. Dabei schwebte Lenin insbesondere ein Bündnis der Arbeiter und der ärmeren Bauern vor. Der Frieden nach dem Krieg könne nur ein Frieden ohne Annexionen und Kontributionen sein. Solange die Bol'ševiki in den Räten in der Minderheit seien, laute das Gebot der Stunde schonungslose Kritik der Provisorischen Regierung und bolschewistische Propaganda in den Räten und unter den Fronttruppen.[98]

In der Tat war die Entwicklung der Räte zunächst vollkommen losgelöst von den Bol'ševiki. Im Juni 1917 gab es 400, im Oktober bereits

900 Räte, aus denen eine neue politische Klasse hervorging. Die revolutionären Komitees der ehemaligen administrativ-territorialen Einheiten blieben mehr den lokalen Alltagsangelegenheiten der Menschen verbunden. Zwar existierte eine Gliederung von lokalen über Stadt- zu regionalen Räten, einen Rat, der Gesamtrussland vertrat, gab es jedoch nicht. Der Petrograder Rat füllte diese Rolle informell aus. Ein Allrussländischer Kongress der Räte tagte erstmals vom 3. bis zum 24. Juni 1917 und traf sich wieder am 26. Oktober 1917. Die Räte, die zunächst spontane Massenversammlungen gewesen waren, wählten zu einer Verstetigung ihrer Arbeit Exekutivkomitees. Sie entsandten Delegierte zur nächsthöheren Einheit, die wiederum Exekutivkomitees wählten. Hier trennten sich alsbald Berufspolitiker von den Massen. Der demokratischste Rat war mit Sicherheit der der Kronstädter Matrosen, in dem mitreden durfte, wer vorbeikam. Die Sozialrevolutionäre und Men'ševiki waren vor allem in Allrussländischen Kongress der Räte stark vertreten, mussten ihren Anspruch auf Führung jedoch immer wieder aufs Neue gegen starke Räte wie in Kronstadt oder Petrograd oder auch in Städten wie Moskau, Kiev und Odessa behaupten. In der Dynamik des Jahres 1917 entsprach die aus Wahlen hervorgegangene Vertretung der Parteien in den regionalen und übergeordneten Räten jedoch bald nicht mehr der Stimmung breiter Bevölkerungskreise.[99]

Zu einer ersten massiven Differenz zwischen den allgemeinen Revolutionshoffnungen der Menschen und der Provisorischen Regierung kam es im April 1917, als die Regierung ihre Außenpolitik gegenüber der eigenen Bevölkerung und den Alliierten unterschiedlich kommunizierte. Auf Drängen des Rates hatte sie sich in einer Erklärung an das russische Volk zu einem Verteidigungskrieg gegen Deutschland und zu einem Frieden ohne Annexionen und Kontributionen bekannt. Parallel hatte Außenminister Miljukov jedoch in Noten an die alliierten Verbündeten zugesichert, dass die Provisorische Regierung sich voll und ganz zu den Absprachen bekenne, die das Zarenreich mit seinen Verbündeten getroffen hatte. Das Ziel blieb damit ein Sieg. Die Note wurde in Petrograd durchgestochen, woraufhin die Straßen sich mit Demonstrationen gegen die Regierung füllten und eine neuerliche Richtigstellung der Außenpolitik erzwangen. Die Konsequenz war am Ende eine Neubildung der Regierung, bei der Miljukov ausschied und die im Petrograder Rat vertretenen Men'ševiki und Sozialrevolutionäre in die Regierung eintraten.[100]

Umstritten blieb, welche Gestalt Russlands militärisches Engagement annehmen sollte. Die Alliierten wünschten eine Offensive Russlands gegen das deutsche Kaiserreich. Manche Militärs sahen in ihr auch ein Mittel, um die Disziplin in den Streitkräften wiederherzustellen, während Generalstabschef Alekseev die Möglichkeiten zurückhaltend beurteilte. Es setzte sich schließlich die Position Kornilovs durch, der für eine Offensive eingestellt war und zunehmend an Autorität gewann.[101] Die Sommeroffensive Russlands an seiner Westfront eröffnete einem der zahlreichen Emanzipationsprojekte in der Revolution neue Möglichkeiten: dem Dienst von Frauen mit der Waffe in der Hand an der Front. Die allgemeine Wehrpflicht, die das Zarenreich 1874 eingeführt hatte, galt allein für männliche Untertanen. Frauen mit Schulabschluss konnten einen Beitrag im Militär als Rotkreuz-Schwestern der Barmherzigkeit (sestry miloserdija) leisten. Während Männer sich tapfer in das Gefecht stürzen sollten, war Frauen allenfalls die Rolle zugedacht, Verwundete mariengleich zu versorgen. Nicht alle Frauen wollten sich in diese Rollenteilung fügen und begriffen den Ersten Weltkrieg als Chance, sie in Frage zu stellen – mit bedingtem Erfolg, wie sich herausstellen sollte.

Die aus Sibirien stammende Maria Bočkareva hatte mit Ausbruch des Ersten Weltkriegs nichts unversucht gelassen, um an der Front kämpfen zu dürfen. Einem entsprechenden von den Militärbehörden abgelehnten Gesuch ließ sie eine Petition direkt an den Zaren folgen. Nikolaus II. stimmte zu, woraufhin Marias Mutter ihn für vollkommen verrückt erklärte und sein Porträt von der Wand riss. Maria ging unterdessen zur Armee und durchlief dort die gesamte an einem Männlichkeitsbild ausgerichtete militärische Ausbildung. Im Sommer 1917 wähnte sie ihre Stunde gekommen, als sie sich mit dem Vorschlag an die Provisorische Regierung wandte, ein Frauenbataillon für die Sommeroffensive aufzustellen. Nach einigem Hin und Her willigte die Regierung ein. Hinter diesem Emanzipationserfolg verbarg sich jedoch keine wahre Gleichstellung von Frauen und Männern in der revolutionären Armee. Das Projekt lief vielmehr darauf hinaus, dass Frauen sich die etablierten Männlichkeitsvorstellungen zu eigen machten. Maria Bočkareva führte ihr Frauenbataillon ins Feld, um den Männern eine Lektion in wahrer militärischer Männlichkeit zu erteilen. Unter den Fronttruppen machte die Vermutung die Runde, das ganze Unternehmen sei an der Heimatfront ersonnen worden, um die Männer in den Schützengräben zu beleidigen.[102]

Auf den militärischen Ausgang der Offensive, die am 18. Juni 1917 startete, sollte dies freilich wenig Einfluss haben. Erste Geländegewinne, vor allem gegen Österreich-Ungarn in Galizien, ließen sich nicht lange halten. Mit der zunehmenden Zahl von Verlusten ließ die Bereitschaft der Soldaten zu kämpfen nach. Am 5. Juli 1917 zwang eine Gegenoffensive der Mittelmächte die Truppen Russlands zum Rückzug. Fünf Tage später lag die Armee 240 Kilometer hinter ihren Linien bei Beginn der Offensive, die Verluste beliefen sich auf ca. 60 000 Soldaten. Viele Einheiten verweigerten die Befehle. Die Position, nur noch zu verteidigen, aber nicht mehr anzugreifen, wurde noch populärer.[103]

Die große Offensive war nicht allein ein militärischer Fehlschlag, sondern brachte die Provisorische Regierung auch in Petrograd in neuerliche Turbulenzen. Der Generalstab versuchte die Gelegenheit zu nutzen, um entgegen der Abmachung mit dem Petrograder Rat Truppen aus der Stadt abzuziehen. Die Frontkommandeure waren darüber alles andere als beglückt, hatten sie doch kein Interesse, revolutionäre Truppenteile in ihre Kampftruppen zu integrieren. Entscheidend sollte jedoch werden, dass am 3. Juli 1917 das Maschinengewehrregiment Nr. 1 sich dem Befehl, an die Front zu ziehen, widersetzte und bewaffnet auf die Straßen der Hauptstadt begab. Schnell stießen ca. 500 000 streikende Arbeiter hinzu sowie am 4. Juli ca. 10 000 Matrosen aus Kronstadt. Soldaten, Matrosen und Arbeiter forderten ein Ende der Provisorischen Regierung, fanden jedoch niemanden im Rat und unter den Bol'ševiki, der sich diese Forderung zu eigen machte und bereit war, sich an die Spitze einer neuerlichen Revolution zu stellen. Ein Arbeiter schrie Černov, den Führer der Sozialrevolutionäre, an: «Übernimm die Macht, du Hurensohn, wenn man sie dir gibt!»[104] Trockij musste seinem politischen Opponenten beispringen, um ihn vor dem Mob der Straße zu retten. Die enttäuschte Menge zog auf der Suche nach einer Richtung ihrer Aktionen weiter zu den Bol'ševiki im Palais der Kseżinskaja. Lenin ließ vom Balkon aus die Initiative loben und rief die Menge zur Wachsamkeit auf, vermied aber Instruktionen zur Machtübernahme. Die anarchisch scheinenden Matrosen und die spontan entstandene Situation fügten sich nicht in Lenins Vorstellungswelt einer von Berufsrevolutionären geplanten und diszipliniert gelenkten Revolution. Die Führer der Militär-Organisation der Partei hingegen beklagten, dass ein revolutionärer Moment verpasst worden sei.[105]

Die Initiative lag nun wieder bei der Provisorischen Regierung und den Rechten. Kerenskij hielt die Stunde für einen genialen Streich gekommen und veröffentlichte Dokumente des einstigen Bol'ševik Grigorij Aleksinskij, die die Bol'ševiki als Handlanger des deutschen Kaiserreiches denunzieren sollten. Sie dokumentierten Zahlungen des Reiches an die Bol'ševiki. Von einer Instrumentalisierung der Bol'ševiki geschweige denn der Juli-Demonstranten konnte jedoch keine Rede sein. Nichtsdestoweniger schmiedete Kerenskij das Narrativ von den Juli-Aufrührern als deutschen Handlangern, die angetreten seien, die Militäroffensive im Inneren zu Fall zu bringen. Die Provisorische Regierung erließ ein Verbot der Bol'ševiki. Lenin floh in das autonome, aber noch nicht unabhängige Finnland, wo die russische Polizei keinen Zugriff auf ihn besaß. Trockij trat nun den Bol'ševiki bei und stellte sich auf einer Petrograder Polizeiwache, war aber nach zwei Monaten Haft wieder auf freiem Fuß. Der Juli beendete den honeymoon der Revolution zwischen Provisorischer Regierung und Rat. Die Scheidung war unausweichlich. Offen war, wer die Kontrolle über die Revolution und den weiteren Gang der Ereignisse behalten würde.[106]

Regierungstruppen schießen auf Demonstranten in Petrograd am 4. Juli 1917.

Im Sommer 1917 hatte Russland bereits eine tiefgreifende Transformation durchlaufen. Die Monarchie war Vergangenheit, in Städten, Dörfern und Haushalten begannen die Menschen, sich selber zu regieren. Finnland, die Ostseeprovinzen und Polen strebten der Unabhängigkeit entgegen. Der Staatszerfall schritt voran. Die Regierung war kaum noch in der Lage, die Armee zu kontrollieren. Der Umzug der Provisorischen Regierung in das Winterpalais vermittelte den Eindruck gediegener Grandeur, die über den Ernst der Lage hinwegtäuschte. Die Soldaten waren zur Verteidigung des Landes bereit, nicht jedoch zu neuen Angriffen. Bauern verteilten das Land noch nicht im großen Stil unter sich, gestalteten aber neue Regeln im Umgang mit dem Gutsadel. Arbeiter zielten darauf, ihre Arbeitsplätze und Löhne zu sichern. Noch waren alle Gruppen keine radikalen Schritte gegangen. Die Regierung hatte zwar Kommissionen für Kriegsproduktion, Landfragen, Versorgung und für eine Konstituierende Versammlung eingerichtet. Seit der Aufhebung von Restriktionen unmittelbar nach der Abdankung des Zaren hatte sie jedoch keine weiteren im Alltag spürbaren Schritte unternommen. Die Parteien rechts der Kadetten spürten, dass mit dem Bann der Bol'ševiki nach der Julikrise ihre Stunde gekommen schien. Wenn die Revolution sich nicht radikalisieren sollte, so ihr Credo, war es jetzt die Stunde der Konterrevolution.[107]

Die Julikrise 1917 ermöglichte dem Kriegsminister Kerenskij, als Ministerpräsident in die unbesetzte Rolle einer neuen Führungsfigur zu schlüpfen.[108] In den Augen der Bol'ševiki gehörte er zusammen mit Miljukov und General Kornilov zu den wenigen Figuren, die die bourgeoise Phase der Revolution personifizierten – im Rückblick nachgerade ein Kompliment. Für die Gemeinde der Emigranten wiederum musste Kerenskij nach 1917 als Sündenbock für die Erklärung des bolschewistischen Oktobers herhalten. Dies brachte die Emigranten in die bequeme Lage, sich nicht damit auseinandersetzen zu müssen, wer welchen Beitrag zur Verhinderung der Oktoberrevolution hätte leisten können. In ihren Augen war Kerenskij schuld.[109]

Der Kerenskij des Jahres 1917 war jung – erst 37 Jahre alt und damit zehn Jahre jünger als Lenin und Trockij –, befand sich nach der operativen Entfernung einer Niere in einem schwierigen Gesundheitszustand. Die Medikamente, die er nach der Operation erhielt, und postoperative Schwächephasen nährten wilde Geschichten von einem drogenkonsumierenden, hysterischen Mann. Kerenskij gehörte im politischen Spektrum zur Linken und hatte sich 1912 einen Namen gemacht, als er die Opfer des Massakers an den Arbeitern auf den Goldfeldern an der Lena verteidigt hatte. Seine rhetorischen Fähigkeiten brachten ihn auch 1917 in eine herausgehobene Position. Er stand im Ruf, Auditorien für sich einnehmen zu können. Obwohl in Russland im Februar 1917 die Monarchie abgeschafft worden war, spielten Persönlichkeitskulte und hochgeschraubte Erwartungen an Führungsfiguren im weiteren Verlauf des Jahres eine wichtige Rolle. Der Führerkult in Russland war keine Erfindung der Bol'ševiki nach Lenins Tod. Bereits Nikolaus II. hatte im Ersten Weltkrieg an seiner medialen Inszenierung als Führungsfigur arbeiten lassen, und der junge Kerenskij war im Frühjahr und Sommer 1917 die wandelnde Projektionsfläche für Führungserwartungen schlechthin.[110]

Kerenskijs vorrangiges Ziel war es, die Einheit Russlands so lange als möglich zu bewahren. Nichts fürchtete er mehr als einen inneren Zusammenbruch des Landes, der eine Niederlage im Krieg und eine Okkupation durch Deutschland, Österreich-Ungarn und die Osmanen heraufbeschwören würde.[111] Dabei stand er einer äußerst heterogenen und brüchigen Koalition von Men'ševiki, Sozialrevolutionären, Kadetten und Oktobristen sowie monarchischen Generälen und Gutsbesitzern vor. Unter äußerem Druck ließ sich eine solche Koalition für eine gewisse Zeit einen, jedoch nicht für eine längere Dauer. Die Herausforderung lag darin, den Zeitpunkt des Auseinanderfallens zu antizipieren und rechtzeitig die richtigen Maßnahmen zu ergreifen. Daran sollte Kerenskij letztendlich scheitern. Zunächst jedoch schmiedete er ein breites Bündnis und eine Regierung der Einheit mit acht Ministern von sozialistischen Parteien und sieben von nichtsozialistischen Parteien, darunter vier Kadetten.[112]

Auf der Rechten hielten sich Optimismus und Furcht die Waage. Einerseits beflügelte der Misserfolg der Bol'ševiki vom Juli die Rechte, andererseits teilte sie einige Befürchtungen mit der Regierung. Streiks und damit verbundener industrieller Produktionsausfall sowie spontane Landumverteilungen großen Stils könnten zur Desintegration Russlands führen. Die Rechte begrüßte das Vorhaben der Regierung, die Ordnung im Land nach Möglichkeit aufrechtzuerhalten. Dies bedeutete, sowohl die Wahl zur Konstituierenden Versammlung als auch Reformmaßnahmen und eine Umverteilung des Landes erst nach der Beendigung des Krieges auf die Agenda zu setzen. Unter den Men'ševiki und den Sozialrevolutionären herrschte Zuversicht, aus den Wahlen zur Konstituante als dominierende Parteien hervorzugehen.[113]

Die neue Elite der Intelligencija und die Mittelklasse sahen in der Verabschiedung einer neuen Verfassung die oberste Priorität, anders als Bauern, Arbeiter, Soldaten und Matrosen. Für Soldaten und Matrosen stand das Ende des Krieges an erster Stelle ihrer Zukunftser-

Ministerpräsident der Provisorischen Regierung Aleksandr F. Kerenskij in seinem Arbeitszimmer im Winterpalast.

wartungen. Bauern und Arbeiter waren von Fragen des täglichen Überlebens geleitet.[114] Das Dilemma der neuen Elite lag darin, einerseits eine Demokratie begründen zu wollen, andererseits aber Furcht vor der unberechenbaren Kraft der Masse zu haben. Als Resultat verzögerten sich die Wahlen zur Konstituante – was jedoch auch in den Umständen begründet war. Im Krieg, der Soldaten an der Front band und Flüchtlinge über das Imperium verteilte, war es ein schwieriges Unterfangen, ein Wählerverzeichnis zu erstellen. 15 bis 20 Prozent der Bevölkerung befanden sich nicht an ihrem angestammten Wohnsitz.[115]

Als erste Maßnahme hatte die Regierung eine Kommission einberufen, die sich einen Überblick über die Lage des Landes verschaffen sollte. Die Ergebnisse bestätigten die Befürchtungen und bekräftigten zugleich das Bild ländlicher Rückständigkeit in den Köpfen der Eliten. So beschrieb ein Bauer die politischen Vorgänge des Jahres 1917 als einen Konflikt zwischen dem Zaren und den Studenten. Unter diesen Umständen schien den moderaten Linken, also den rechten Men'ševiki und den Sozialrevolutionären, eine Wahl während des Krieges doch ein großes Wagnis. Die übrige Linke sah darin jedoch nichts anderes als eine Strategie der Regierung, ihren Machtverlust bei einer Wahl hinauszuschieben.[116] Die Voraussetzungen für eine Wahl waren 1917 im vierten Kriegsjahr nicht günstig. Politische Unerfahrenheit und Leidenschaft mochten eine spezifische Verbindung eingehen. Die Duma-Wahlen von 1906, 1907 und 1912 hatten jedoch auch der Bauernschaft eine gewisse Wahlerfahrung gebracht. Sie hatte dabei nachvollziehbar und rational im Sinn ihrer Werte und Interessen abgestimmt.[117]

Als Mitte-links-Politiker war Kerenskij vollkommen klar, dass ein Aufschub der Konstituierenden Versammlung ein ebenso großes Risiko wie ihre Wahl darstellte. Sein erster Schritt bestand zunächst darin, nach dem Ende der zarischen Duma Russland überhaupt wieder eine erste Versammlung zu geben. Ihre Mitglieder rekrutierten sich zum Teil aus dem Staatsapparat, den Räten und Gewerkschaften und wurden zum anderen Teil gewählt. Die Versammlung verfügte über keine Kompetenzen, sondern trat als ein ausschließlich konsultatives Gremium zusammen – unter dem Namen Staatskonferenz in Moskau vom 12. bis zum 25. August 1917. Sie zählte ungefähr 2500 Mitglieder, darunter 488 Abgeordnete der ehemaligen vier Dumen (Parlamente), 129 Abgeordnete von Bauernräten, 100 Abgeordnete von Arbeiter- und Soldatenräten, 147 von Stadtdumen, 117 von Heer und Flotte, 313 von Kooperativen und anderen Organisationen, 150 aus Wirtschaft, Handel und Banken, 176 von den Gewerkschaften, 118 von Lokalverwaltungen (zemstva), 83 der Intelligencija, 58 von nationalen Vereinigungen und 24 vom Klerus. Obwohl sie von äußerstem Misstrauen der Linken und mehreren Boykotten und Streiks in Moskau, u. a. der Mitarbeiter im Nahverkehr, begleitet war, ließ die Konferenz sich in ihren Verhandlungen nicht aufhalten und darf als Bühne eines der größten Triumphe Kerenskijs gelten.[118]

Die Konferenz offenbarte rasch einen Graben zwischen links und rechts. Die Militärs sprachen sich nötigenfalls für die Ausrufung des

Notstands und die Einführung des Kriegsrechts aus, um Ordnung gewaltsam zu sichern. Die Person General Kornilovs diente als Projektionsfläche entsprechender Erwartungen. Kerenskij demonstrierte seine Macht, indem er den Aktionsradius Kornilovs auf der Staatskonferenz einschränkte. So fiel die Rolle, das Programm des Generalstabs auf der Konferenz an das Licht der Öffentlichkeit zu bringen, einem anderen Akteur zu: der Kosakenataman Kaledin übernahm die Rolle des Fürsprechers der Armee. Sie solle über allen übrigen Institutionen und Versammlungen stehen, und ihr solle wieder Disziplin oberstes Gebot sein. Die Linke der Staatskonferenz, zu der die Bol'ševiki nicht zählten, verwarf dieses Ansinnen rundum und sprach sich für einen beschleunigten Übergang zur Demokratie und für die Umverteilung von Land aus.[119] Die Moskauer Staatskonferenz zeigte auch das Dilemma der rechten Sozialrevolutionäre und der Men'ševiki, die in der Regierung vertreten waren. Sie gerieten in einen zunehmenden Widerspruch zu den Wünschen der gewöhnlichen Menschen, der Revolution der Masse, und ermöglichten damit linken Sozialrevolutionäre, internationalistischen Men'ševiki, Anarchisten und Bol'ševiki, sich als Hüter der Errungenschaften der Revolution in Szene zu setzen.[120]

Das Mantra der Provisorischen Regierung und zugleich Kerenskijs zentraler Punkt war es, die Einheit des Landes um jeden Preis zu erhalten. Ein Desaster und eine erniedrigende Niederlage seien die einzige Alternative. Entsprechende Ausführungen Kerenskijs ernteten Beifallsstürme. Als Redner im Konferenzsaal war er in seinem Element. Es war jedoch eine andere Sache, das Land, und nicht nur einen Konferenzsaal hinter sich zu versammeln. Außerhalb der Konferenzräumlichkeiten schritt die Polarisierung in Russland voran – nicht zuletzt, weil die Rechte und General Kornilov nun ihre Stunde für gekommen hielten. Ähnlich wie die Akteure des Februars sollten Kornilov und die Rechte eine Entwicklung in Gang setzen, die im vollkommenen Widerspruch zu ihren Zielen stand.[121]

Auf der Moskauer Staatskonferenz wähnte Kornilov sich als der Mann der Stunde und der Retter Russlands – auch wenn er keine klare Vorstellung davon hatte, wie er Russland retten könne und vor allem um welches Russland es sich dabei handeln sollte. Kornilov bat die Provisorische Regierung, weitere Truppen nach Petrograd zu verlegen, um Ruhe und Ordnung in der Stadt zu gewährleisten – dem stimmte die Regierung am 23. August 1917 zu – und den Petrograder Rat aufzulösen. Nun entschied jedoch Kerenskij, sich Kornilovs zu entledigen. Unter Vorspiegelung falscher Tatsachen, insinuierte Kerenskij, es drohe ein Putsch seitens Kornilovs.

Kerenskij glaubte, einen Putschversuch Kornilovs in letzter Minute vereiteln zu können, und entließ diesen auf der Stelle. Kornilov jedoch gab am 27. August 1917 die Order, die sogenannte Wilde Division – die Kaukasische Bergdivision, die aus Tschetschenen, Inguschen und muslimischen Bergbewohnern bestand – Richtung Petrograd in Bewegung zu setzen. Im Gegensatz zur vorangegangenen Anschuldigung Kerenskijs, stellte dieser Schritt Kornilovs in der Tat einen Putsch dar. Von der Wilden Division erhoffte Kornilov sich Loyalität, da sie indifferent gegenüber allen russischen Konflikten in Petrograd war.[122] Abgesandte des Petrograder Rates – darunter Tschetschenen – gingen der Wilden Division entgegen und konnten sie davon überzeugen, von ihrem Befehl abzulassen und sich gegen ihre Offiziere zu wenden. Desgleichen blockierten Eisenbahnarbeiter Militärzüge in die Hauptstadt. Kornilov wurde unter Arrest gestellt und zurück in das Hauptquartier gesandt. Der Kreuzzug zur Rettung Russlands war vorüber, bevor er richtig begonnen hatte.[123]

Kornilovs Marschorder für die Wilde Division ähnelt anderen militärischen Ausflügen in das Reich der Politik in Russland von 1917 bis 1921. Ebenso wie die Militärs im Februar 1917 oder die Weißen im Bürgerkrieg ließ Kornilov im August 1917 das Gespür für politische Komplexität missen. Kornilov und die Rechte waren die Verlierer des August – so wie die Linke es im Juli 1917 gewesen war. Das Militär und die Rechte waren nach dem Kornilov-Putsch diskreditiert. Obwohl Kerenskij nun noch mehr sozialistische Minister in seine Regierung aufnahm, gehörte auch er zu den Verlierern, da er Kornilov zum Oberkommandierenden ernannt hatte. Die Demontage Kornilovs fiel letztlich auch auf Kerenskij zurück. Die Linke wiederum erhielt von den Augustereignissen neue Legitimität. Es war nun offensichtlich, dass die Ziele des Februars 1917 – Demokratie, Selbstbestimmungsrecht der Völker, eine ehrenhaftes Ende des Krieges – von der Rechten und dem Militär gefährdet waren. Das Gebot der Stunde konnte nur lauten, die Revolution zu verteidigen.[124]

Von Finnland aus erkannte Lenin als einer der Ersten, dass der August einer Radikalisierung der Revolution neue Energie zugeführt hatte. Die Provisorische Regierung fiel in Agonie. Es herrschte ein politisches Vakuum, das es fragwürdig erscheinen lässt, von einem Staatsstreich der Bol'ševiki im Oktober zu sprechen: Es gab so gut wie keinen Staat mehr. Ebenso gut könnte man über eine alternative Periodisierung der Russischen Revolution nachdenken und den Kornilov-Putsch als Beginn des Bürgerkriegs interpretieren, da Russen gegen Russen zu den Waffen gegriffen hatten. Kornilov hatte den Zusammenhalt zwischen den unterschiedlichen Flügeln endgültig gesprengt. Sein Putschversuch ließ den offenen Konflikt um das Erbe der Februarrevolution zu Tage treten.[125] Die Strategie Lenins und Trockijs lief nun darauf hinaus, den Petrograder Rat zum wesentlichen Akteur zu machen und ihn gleichzeitig in die Verfügung der Bol'ševiki zu bringen. Die Oktoberrevolution sollte weniger ein Staatsstreich gegenüber der Provisorischen Regierung sein als vielmehr die gezielte Lenkung des Geschehens durch die Bol'ševiki im Namen des Petrograder Rates.[126]

Der Februar 1917 hatte Wellen der Selbstorganisation der Gesellschaft ausgelöst. Bauern setzten sich mit Gutsherren auseinander, Arbeiten fochten für die Verbesserung ihrer Arbeitsbedingungen. Dabei herrschte jedoch eine allgemeine Zurückhaltung vor vollkommen radikalen Zielen, etwa einer kompletten Neuverteilung des Bodens auf dem Land. Der Juli und der August 1917 hatten gezeigt, dass alte Eliten offenbar Vorbehalte gegen die großen Ziele von Frieden, Demokratie und Landumverteilung hatten. Eine Konterrevolution schien nicht ausgeschlossen. Die Revolution zu verteidigen, stand nun auf der Agenda. Die Regierungsstatistiken des Jahres 1917 sprechen hier eine deutliche Sprache. Sie zeigen, dass die Menschen offenbar den Juli und August als eine Infragestellung der Revolution erlebten. Vor dem Juli hatte es elf militärische Interventionen auf dem Land gegeben. Im Juli und August allein waren es 39, im September und Oktober 105. Zumeist eröffneten dabei Soldaten das Feuer auf Bauern.[127]

Ein zunehmendes Engagement der Arbeiter, Management-Aufgaben in Betrieben zu übernehmen, ging nicht – wie es Lenins Lesart wäre – auf ein gestiegenes Klassenbewusstsein und daraus resultierendes revolutionäres politisches Verhalten zurück. Es speiste sich aus dem pragmatischen Wunsch, den Arbeitsplatz zu erhalten und das Überleben der Familie sicherzustellen. Die meisten Streiks des Jahres 1917 zielten auf betriebswirtschaftliche Kennziffern, Lohnerhöhungen und Verbesserungen der Arbeitsbedingungen, nicht auf die Verfassung der Wirtschaft. Paradoxerweise glaubten nun Unternehmer, ihre Fabriken durch Aussperrungen und abgesenkte Produktion vor der Arbeiterschaft schützen zu müssen, die dadurch immer mehr in eine Auseinandersetzung mit der Unternehmerschaft hineingezogen wurde.[128]

Die Arbeiterschaft lässt sich mit dem Lenin'schen Schema von etablierten und gebildeten, und damit fortschrittlichen, gegenüber einfachen Arbeitern kaum begreifen. Andere Eigenschaften waren für sie typisch. So war die Arbeiterschaft immer noch stark von der Migration vom Land in die Stadt geprägt. Die Arbeiter unterhielten nach wie vor Verbindungen ins Dorf. 1918 besaßen noch rund 20 Prozent der Petrograder Arbeiter Grund und Boden auf dem Land. Das Dorf war eine Art Rückversicherung. Die Arbeiter schlossen sich in Landsmannschaften zusammen, zemljačestva, die Bildung und Freizeitaktivitäten organisierten. Sonntags gingen sie eher im Sonntagsanzug flanieren, als sich für Politik zu interessieren – selbst in Zeiten des Krieges.[129]

Das Verhalten der Bauern in der Revolution wurzelte in einer jahrhundertealten Kultur. Was Außenstehenden – Regierungen, Bürokraten, der Intelligencija und Städtern – als hoffnungslos konservativ, gar rückständig erscheinen mochte, hatte sich aus Sicht der Bauern als

Überlebensstrategie bewährt. Ihr primäres Ziel bestand darin, das Überleben von Familie und Dorf sicherzustellen. Wenn die Bauern sich ihrer sozialen Machtlosigkeit bewusst waren, stellte sich ihnen Unterwürfigkeit als naheliegende Strategie dar. Geriet das soziale Gefüge jedoch in Bewegung wie 1905 und 1917, verfolgten die Bauern ihre eigenen Ziele mit großer Entschlossenheit.[130]

Die Bauern gingen nach der Februarrevolution nicht zu einem Frontalangriff auf das gutsherrliche Land über, sondern überschritten in einer Taktik der Nadelstiche allmählich ihre einstigen Grenzen. Die Gutsherren versuchten, rechtzeitig vor der befürchteten großen Umverteilung so viel als möglich ihres Eigentums zu retten: Möbel und Kunstgegenstände wurden in Sicherheit gebracht und Holz verkauft. Die Bauern bewiesen großes Geschick darin, neue Institutionen der Provisorischen Regierung für ihre Zwecke zu nutzen. Die Provisorische Regierung hatte ein Landkomitee eingerichtet, das ein Register des Bodenbesitzes in Russland erstellen sollte. Es verfügte über regionale und lokale Abteilungen. In Letzteren engagierten sich die Bauern, um sicherzustellen, dass das Land der Gutsherren vollumfänglich im Register erfasst werde. Dabei gingen die Bauern stillschweigend davon aus, dass sie die künftigen Herren des registrierten Landes sein würden. Ebenso engagierten sie sich im Versorgungskomitee der Provisorischen Regierung. Dieses Komitee diente dem Ziel, die kriegswichtige Nahrungsmittelproduktion zu erhöhen. Wenn Bauern eigenmächtig Land der Gutsherren bestellten, taten sie dies unter dem Deckmantel, der Kriegswirtschaft und dem Versorgungskomitee zu dienen. Als die Fälle bewaffneter Intervention des Militärs im späten Sommer und frühen Herbst 1917 zunahmen, nahmen die Bauern sie als Gespenst einer Konterrevolution wahr. Die Chance auf eine Landumverteilung gab es jetzt oder gar nicht. Direktere Aktionen schienen den Bauern nun notwendig.[131] Zunächst verhielten die Bauern sich abwartend und gehorchten den Geboten ihrer Landwirtschaft. Erst als die Ernte eingefahren war und der Oktober 1917 eine neue Konstellation schuf, legten sie ihre Zurückhaltung ab. Im Oktober eigneten sie sich 3% der Landgüter an, im November 20%

und im Dezember und Januar 1918 jeweils 30%. Die Gutsherren und ihr Landbesitz gehörten der Vergangenheit an.[132]

Auf der lokalen Ebene waren die Revolutionen komplex und speisten sich aus sich selbst heraus. Die Antriebskräfte der Menschen, sich revolutionär zu verhalten, lagen in ihrem unmittelbaren lokalen Lebensumfeld, den Bedingungen ihres Alltags. Lokal zeigten die Revolutionen auch einen hohen Grad an Selbstorganisation. Lokale Bewegungen suchten sich ihre eigenen Führungsfiguren. Die Gefolgschaft von Kadetten und linken Parteien war fluide. Dabei zeigte sich einmal mehr der tiefe Graben zwischen den Eliten Russlands und der breiten Bevölkerung – ein Erbe der Leibeigenschaft. Die bemerkenswerte transregionale Solidarität der breiten Massen untereinander schlug sich auch in der Sprache der Revolution nieder. Die Masse bezeichnete sich selbst als «das Volk» (narod), wohingegen die Eliten – abweichend von marxistischer Terminologie strenger Observanz – samt und sonders als Bürgerliche (buržuj) beschimpft wurden.[133] Nicht allein die sprachliche Differenzierung von narod und buržuj zeigte 1917, dass die marxistische Klassenterminologie nicht half, um die Gesellschaft Russlands in der Revolution zu analysieren. Die vermeintlichen Klassen waren in sich sehr stark differenziert. Das galt für die Bauern, aber ebenso für die Arbeiter. Qualifikation, Einkommen, urbane Erfahrungen, Lokalität, Gewerbe, Alter und Geschlecht schufen eine sehr differenzierte Arbeiterschaft.[134]

5. Die Oktoberrevolution

Im Herbst 1917 hatten die Bol'ševiki keinen Überblick über die Komplexität sozialer Gruppen und das Agieren der Menschen in der Revolution, noch waren sie sich untereinander einig, wie sie selber in dieser Situation handeln sollten. Lenin war 1917 den meisten Menschen in Russland vollkommen unbekannt. Die revolutionäre Massenbewegung entwickelte sich unabhängig von ihnen. Die Oktoberrevolution fand unter Umständen statt, die die Revolution der Massen geschaffen hatten. Von einer Führung der Massen zur Revolution durch die Bol'ševiki konnte keine Rede sein.[135]

Das hatte auch mit der jungen Parteiengeschichte Russlands zu tun. Parteien waren in Russland erst seit der Revolution von 1905–07 legal und verfügten 1917 noch über keinen gefestigten Stamm von Beitrag zahlenden Mitgliedern. Gewiss besaßen die Parteien etabliertes Führungspersonal. Darunter fehlte es jedoch an organisierten Strukturen. Mitgliedschaft in einer Partei bedeutete in jener Zeit in Russland in der Praxis, die Parteizeitung vor Ort auszutragen. Die antisemitischen, nationalistischen und antidemokratischen Schwarzhundertschaften, die von der Elite des Zarenreiches bis hinauf zu Nikolaus II. Deckung und Unterstützung erhielten, spielten in der russischen Politik nach 1900 eine größere Rolle als vergleichbare Gruppen in irgendeinem anderen Land Europas oder den USA. Die Konservativen waren in Russland dementsprechend dem Zentrum näher und die Liberalen wiederum den Linken. Die Liberalen waren eine durchaus revolutionäre Partei. Die Sozialrevolutionäre wiederum verstanden sich in erster Linie als Verteidiger der Interessen des Volkes, d. h. der Bauern und Arbeiter.[136]

Der politische Betrieb Russlands, die politische Selbstorganisation der Gesellschaft befanden sich 1917 noch in ihrer Formationsphase. Die Menschen und Massen unterstützten nicht primär Parteien, sondern ihre eigenen Interessen. Kontinuität lag nicht in der milieuverhafteten Bindung an eine Partei, sondern in der Unterstützung eines Programms: Land, Wohlfahrt, Frieden. Wer heute die Men'ševiki unterstützte, konnte morgen ein Anhänger der Bol'ševiki sein und umgekehrt. Was für die Parteien gilt, lässt sich ebenso über die Räte im Allgemeinen und den Petrograder Rat im Besonderen sagen: Bekannte Führungsfiguren hatten es mit parteipolitisch nicht festgelegten Massen zu tun.[137] Im späten Sommer, frühen Herbst 1917 einte die Masse der Soldaten, Arbeiter und Bauern die Furcht vor Kornilov: Er stand für die Stärkung der Position der Offiziere in der Armee, die Rückkehr der Gutsbesitzer und die Infragestellung der Landumverteilung sowie die Einführung des Kriegsrechts zum vermeintlichen Schutz von Fabriken. Nationen fürchteten die Wiederherstellung des Imperiums. Die große Frage lautet, warum ausgerechnet Lenin und niemand anderes im revolutionären Lager auf der Welle dieser Befürchtungen an die Macht gelangte.

Es ist schwer einzuschätzen, wie hoch der Bekanntheitsgrad der Bol'ševiki und Lenins 1917 tatsächlich war. Von seinen Gegnern sind Äußerungen überliefert, dass sie in ihm jene Figur sahen, die sich die Revolution aneignen könnte. Lenin selber trug zur Verbreitung dieses Bildes bei. Zum Ersten Allrussländischen Kongress der Räte entsandten die Bol'ševiki nur 105 von 777 Delegierten, die eine Parteizugehörigkeit angaben. Dem standen 285 Sozialrevolutionäre und 248 Men'ševiki gegenüber. Die Eliten und politisch Eingeweihten mochten die Bol'ševiki und Lenin kennen, der großen Masse waren sie unbekannt. Beim Juliaufstand 1917 hatten sich die Bol'ševiki außerstande gesehen, die Massen zu lenken. Danach hielt Lenin sich bis in den frühen Oktober in Finnland auf. Trockij saß einige Zeit im Gefängnis. Die Bol'ševiki agierten im Untergrund. Nichtsdestoweniger gab es Anzeichen, dass sie zunehmend mehr Zustimmung und Unterstützung erhielten.[138]

Wie kein anderer verfügte Lenin über politischen Instinkt und erfasste schnell eine neue Konstellation. Seit der Kornilov-Affäre im späten August drängte er in Briefen und Artikeln auf eine Erhebung. Am 30. August 1917 forderte Lenin in einem Brief an das Zentralkomitee seiner Partei, Kerenskij zu unterstützen, auf dass er Miljukov und Rodzjanko verhafte, das Volk bewaffne und die Arbeiterkontrolle fördere. In dem Maß, in dem die Unterstützung der Bol'ševiki in den Räten stieg, begann Lenin jedoch, andere Alternativen zu erwägen. Mit den Petrograder und Moskauer Räten als Stützen fasste er nun die ganze Macht für die Bol'ševiki ins Auge. Seine Genossen in der Führung waren jedoch zögerlich, so dass Lenin eine einmalige revolutionäre Gelegenheit dahinschwinden sah.[139] In mehreren Briefen an das Zentralkomitee der Bol'ševiki predigte Lenin im späten September und frühen Oktober 1917, dass es ein Verbrechen an der

Revolution sei, wenn die Bol'ševiki jetzt nicht die ganze Macht anstrebten.[140]

Lenin verließ seinen zurückgezogenen Posten in Finnland, um in Petrograd direkt ins Geschehen einzugreifen. In der Nacht vom 10. auf den 11. Oktober 1917 nahm er in einer Petrograder Privatwohnung erstmals seit dem Juli 1917 wieder an einer Sitzung des Zentralkomitees seiner Partei teil, bei der zwölf der 21 Mitglieder anwesend waren. Lenin erzwang eine Kampfabstimmung über den Beschluss, einen Aufstand vorzubereiten. Dafür stimmten zehn Genossen, Lev B. Kamen'ev und Grigorij E. Zinov'ev, beide Bol'ševiki der ersten Stunde und langjährige Weggefährten Lenins, stimmten dagegen. Sie vermochten jedoch durchzusetzen, dass der Punkt am 16. Oktober auf einer weiteren Sitzung erneut verhandelt werden würde. Die Partei sollte Zeit zum Nachdenken erhalten. Am 16. Oktober ließ sich keine Einstimmigkeit erreichen, Lenin erhielt jedoch eine Mehrheit für seinen Standpunkt. Neun Tage vor dem großen Umsturz präsentierte sich die Partei mithin vollkommen uneinig. Eine Umfrage unter den Parteigliederungen hatte zudem ergeben, dass manche auf einen Umsturz vorbereitet waren, andere hingegen überhaupt nicht. Kamen'ev und Zinov'ev machten nun ihren Dissens gegenüber Lenin in Gorkijs Zeitschrift *Novaja Žizn'* öffentlich.[141] Sie fürchteten, die Bol'ševiki könnten einem ähnlichen Debakel wie im Juli entgegengehen. Der Petrograder Rat schien den Bol'ševiki wohlgesonnen, und auch bei den Wahlen zur Konstituante, die in zwei oder drei Wochen auf den zweiten Rätekongress folgen sollten, konnten sie erwarten, mit ca. 25% zweitstärkste Kraft zu werden. Warum solle man diese Aussichten für die Ungewissheit einer bewaffneten Erhebung aufgeben? Lenin war außer sich.[142]

In der Tat lässt sich beobachten, wie sich die politische Landschaft im Herbst 1917 zugunsten der Bol'ševiki wandelte, ohne dass sie sie eindeutig dominierten. Der Kornilov-Putsch hatte den Kompromiss der revolutionären Kräfte seit Februar 1917 in Stücke gerissen. Die unterschwelligen Differenzen traten nun an das Tageslicht. Es gehörte zum Verhängnis der Linken, dass die Sozialrevolutionäre und

Men'ševiki anders als Lenin dies nicht erkannten und folglich auch keine Konsequenzen daraus zogen. Dies veränderte das Kräfteverhältnis unter den linken Parteien. Die Men'ševiki, die bis dato die Moskauer Stadtduma dominiert hatten, erreichten bei den Wahlen im August 1917 nur noch 4%, wohingegen die bis dahin marginal vertretenen Bol'ševiki nun 33% der Stimmen einfuhren. Alles in allem sammelten die Bol'ševiki im Laufe des Jahres die Stimmen vormaliger Men'ševiki-Wähler ein, wohingegen die Kadetten zu einem Sammelbecken der alten Eliten wurden. Stabil blieben zunächst die Sozialrevolutionäre, bis sich nach dem Oktober 1917 ein linker Flügel von ihnen abspaltete und sich den Bol'ševiki anschloss. Die Einbindung in die Regierungsverantwortung in der Provisorischen Regierung kostete Men'ševiki und Sozialrevolutionäre Zustimmung. Sozialrevolutionäre, die als Gouverneure auf dem Land dienten, forderten Truppen gegen Landumverteilungen an und entfremdeten damit die Bauern als Klientel. Men'ševiki, die die Belegschaft der Putilov-Werke von 30000 auf 20000 Arbeiter reduzieren wollten, ließen verständnislose Arbeiter zurück.[143]

In dieser Situation erwiesen sich Lenins Aprilthesen als eine treffliche Karte. Der Grundsatz, gegen die Provisorische Regierung in eine Fundamentalopposition zu gehen, ermöglichte die Aufnahme beliebiger Stimmungen. Dies erlaubte im Wesentlichen die Positionierung der Bol'ševiki als Vertreter der Interessen der Massenrevolution im Oktober 1917: Frieden, Brot, Land – als die Massen rasch herausfanden, dass die Ziele der Bol'ševiki eigentlich andere waren, entzogen sie ihnen ihre Zustimmung. Im Gegensatz zu ihren Vorgängern setzten die Bol'ševiki jedoch rücksichtlose Zwangsmittel ein, um sich an der Macht zu halten.[144]

Erst die Kornilov-Affäre hatte diesen kometenhaften Aufstieg der Bol'ševiki ermöglicht. Am 31. August 1917 – auf dem Höhepunkt der Affäre – rief Kamen'ev zu einem Bruch mit Landbesitzern und der Rechten auf. Der Petrograder Rat solle eine demokratische Republik ausrufen und das Land der Gutsherren Komitees der Bauern unterstellen. Sozialrevolutionäre und Men'ševiki verweigerten dieser Resolution ihre Zustimmung und gaben im September zu allem Überfluss auch ihre Stellung im Exekutivkomitee des Rates preis, die die Bol'ševiki nun dankbar einnahmen. Trockij avancierte an die Spitze des Rates. Die Men'ševiki und die Sozialrevolutionäre hatten eine zentrale Machtposition preisgegeben.[145]

Nachdem Kerenskij angeordnet hatte, Kornilov festzusetzen, ließ er das Petrograder Arsenal für den Rat öffnen, damit die Stadt verteidigt werden könne. Die Linke sah darin jedoch nicht ein eigenständiges und ehrliches Agieren, sondern wähnte Kerenskij gezwungen, unter den herrschenden Umständen seine vermeintliche Rechtsneigung zu überspielen. Zu diesem massiven Argwohn auf der Linken gesellte sich auf der Rechten eine Absetzbewegung von Kerenskij, die ihm die Inhaftierung Kornilovs und die Öffnung des Arsenals für den Rat verübelte. Kerenskij fand sich zwischen allen Lagern wieder. Seine Position war zusätzlich dadurch geschwächt, dass seine Adjutanten – im Groll über die Abfuhr ihres wahren Helden Kornilov – ihn bewusst falsch informierten. Sie ließen Kerenskij im Glauben, das Heer stehe, von Ausnahmen wie der Petrograder Garnison einmal abgesehen, unverbrüchlich und loyal zu ihm. Damit hatte Kerenskij keinen Anlass, sich von seiner auf die Verteidigung und damit die Fortführung des Kriegs gerichteten Politik abzuwenden. Wäre ihm die eigentliche Lage der Dinge bewusst gewesen, hätte er womöglich das Ruder entschiedener nach links herumwerfen und damit der Geschichte einen anderen Lauf geben können.[146]

So erwog Kerenskij, Teile der Petrograder Garnison an die Front gegen das deutsche Kaiserreich zu verlegen. Dies spielte den Bol'ševiki in die Karten. Eine Verlegung der Garnison konnte als Schritt gegen wichtige Träger der Revolution, als konterrevolutionäre Maßnahme ausgelegt werden. Zu allem Überfluss kamen zu diesem Zeitpunkt auch Gerüchte auf, Kerenskij wolle den Zweiten Allrussländischen Rätekongress daran hindern, sich wie geplant im Herbst 1917 in Petrograd zu versammeln. Das wäre ein verheerender Schlag gegen die Revolution, handelte es sich beim Zweiten Allrussländischen Rätekongress doch immerhin um eine Einrichtung, die von ca. 80 bis 90%

der Menschen in Russland gewählt war. Offen bleibt, worauf Kerenskij seine Zuversicht gründete, er könne den Kongress am Zusammentritt hindern. Anscheinend schenkte er den Einflüsterungen seiner Adjutanten Glauben, es stünden loyale Truppen bereit.[147]

Am 24. Oktober 1917 hielt Kerenskij die Zeit für gekommen. Er befahl Truppen, denen Loyalität zur Provisorischen Regierung unterstellt wurde, die Presse der Bol'ševiki sowie strategische Punkte in Petrograd wie Bahnhöfe, Telegraphenstationen und Brücken zu besetzen. Die Truppen waren jedoch nicht loyal. An ihrer Stelle ergriffen nun der Petrograder Rat und vor allem dessen militärisch-revolutionäres Komitee (MRK) die Initiative. Das MRK, das der Rat ursprünglich geschaffen hatte, um die Revolution gegen die Konterrevolution und Petrograd vor den Deutschen zu verteidigen, geriet jetzt zu einem Instrument der Bol'ševiki. Nach außen agierte das MRK im Auftrag des Rates, im Inneren folgte es Lenins Aufstandsplanung, auch wenn Trockij nur einen von mehreren Führungsposten im Komitee innehatte.[148]

Das MRK verlangte am 22. Oktober 1917 vom Kommandeur des Petrograder Militärdistrikts, dass alle Anweisungen an das Militär vom MRK gegengezeichnet werden müssten. Polkovnikov lehnte dies ab. Daraufhin teilte das MRK in Telegrammen an alle Militäreinheiten mit, dass Anordnungen ohne Unterschrift des MRK ungültig seien. Damit war der Krieg im Inneren erklärt, ohne dass es bereits zu Kampfhandlungen kam. Wohin auch immer die Provisorische Regierung nun Truppenteile entsandte, schickten der Rat und das MRK Abgeordnete hin, um ihnen entgegenzutreten. Zu Schusswechseln kam es dabei nicht. Es waren offenkundig keine allzu großen Anstrengungen nötig, um den Soldaten zu erklären, dass sie ihr Leben nicht für eine verlorene Sache aufs Spiel setzen sollten. Das MRK zielte nun darauf ab, die Stadt zu kontrollieren, um die Zusammenkunft des Zweiten Allrussländischen Rätekongresses zu ermöglichen.[149]

Am Morgen des 25. Oktober 1917 proklamierte das MRK – nicht die Bol'ševiki, nicht Lenin – die Absetzung der Provisorischen Regierung. Die Macht sei an die Deputierten des Petrograder Arbeiter- und

Soldatenrates und das MRK übergegangen. Der Tag verlief ruhig und bot Kerenskij Gelegenheit, die Stadt zu verlassen. Erst später am Abend kamen die Revolutionäre auf den Gedanken, die Provisorische Regierung im Winterpalast zu verhaften. In der Nacht vom 25. auf den 26. Oktober 1917 betraten Rote Garden und revolutionäre Soldaten den Winterpalast und führten die Minister in Gefangenschaft in die Peter-und-Paul-Festung. Sie wurden jedoch alsbald unter dem Versprechen, sich jeglicher politischer Aktivitäten fernzuhalten, freigelassen.[150] In Suchanovs Erinnerung erwachte Petrograd am 26. Oktober 1917, ohne zu bemerken, was sich des Nachts abgespielt hatte.[151] Am 27. Oktober näherte sich Kerenskij mit loyalen Kosakeneinheiten Petrograd. Bei Carskoe Selo konnten jedoch Rote Garden und das 1. Lettische Schützenregiment die Angreifer zurückdrängen. Die neuen Machthaber hatten sich in Petrograd behauptet.[152]

Der Zweite Allrussländische Rätekongress eröffnete in der Nacht vom 25. auf den 26. Oktober 1917 seine erste Sitzung. Erst in der Nacht zuvor war Lenin in das Smolnyj-Gebäude, in dem mittlerweile auch die Bol'ševiki ihr Hauptquartier hatten, gelangt. In der mit Kolonnaden gesäumten großen Halle des Smolnyj saßen in beinahe undurchdringlichem Zigarettenrauch 650 bis 700 Delegierte des Kongresses. Mehr als 300 von ihnen waren Bol'ševiki, ca. 100 zählten zu den linken Sozialrevolutionären. Unter den Delegierten formierte sich ein großer Block von rund 500 Personen, die das Vorpreschen der Bol'ševiki im MRK und die sich anbahnende Verhaftung der Provisorischen Regierung nicht gutheißen mochten. Julij Martov, der Führer der Men'ševiki – mit von Krankheit schwer gezeichneter Stimme – plädierte in einer Rede für eine friedliche Verständigung und die Bildung einer alldemokratischen Regierung. Als weitere Redner das Vorpreschen der Bol'ševiki als die Herbeiführung eines Bürgerkriegs hinter dem Rücken des Kongresses geißelten, verließen zahlreiche Abgeordnete der Men'ševiki und Sozialrevolutionäre zum Zeichen ihrer Missbilligung den Saal. Trockij rief ihnen hinterher, sie sollten sich auf den Müllhaufen der Geschichte scheren.[153] Auf der zweiten Sitzung des Kongresses erfüllten die Bol'ševiki die Wünsche der Massen.

Dekrete über einen sofortigen Frieden und über die Verteilung des Landes an die Bauern wurden vorgelegt, eine Räteregierung der Bol'ševiki gebildet. Die Bol'ševiki benutzten die Slogans der Masse – Frieden, Brot, Land, Räteherrschaft –, verbanden damit jedoch ganz andere Ziele als diese. Ihre eigentliche Agenda – Weltrevolution, Herrschaft der Bol'ševiki, Verstaatlichung von Grund und Boden, Abschaffung der Klassengesellschaft in einer großen Menschheitstransformation – behielten sie in ihrem engen Führungszirkel für sich. Die Massen waren nicht zu den Bol'ševiki übergelaufen, sie unterstützten sie, da die Bol'ševiki sich die Forderungen der Menge zu eigen gemacht hatten. In der Tat folgten die ersten Schritte der Bol'ševiki dem populären Programm: Eine Räteregierung wurde errichtet, Bauern fühlten sich zur Landaneignung ermutigt und die Arbeiter erhielten eine stärkere Kontrolle der Fabriken. Die Masse sah darin den Kern der Revolution, die Bol'ševiki allein die ersten Schritte. Die gesamte spätere Sowjetgeschichte lässt sich als Versuch der Bol'ševiki begreifen, der Masse mit Bildung, Propaganda und Gewalt ihre Visionen aufzuzwingen.[154]

Nach dem Oktober 1917 standen die Bol'ševiki vor einer ganzen Reihe von Fragen: Würden sie ihre Macht konsolidieren, über die Städte hinaus auf das Land ausdehnen, den Abwärtstrend der Wirtschaft stoppen, eine Hungerkrise 1918 verhindern sowie – als wenn diese Aufgaben nicht schon groß genug wären – die Weltrevolution und die Transformation der Menschheit vorantreiben können?[155] Die Landaneignungen der Bauern unterstützten die Bol'ševiki, aber auf anderen Feldern traten die Differenzen zwischen den Revolutionen des Volkes und den Bol'ševiki rasch zutage. Die Hoffnungen des Zweiten Allrussländischen Rätekongresses und der Massen auf eine Allparteienkoalition des Rates erfüllten sich nicht. Es regierte eine Koalition aus den Bol'ševiki und den linken Sozialrevolutionären. Im Frühjahr 1918 wurden die Kontrollrechte der Arbeiter in den Fabriken eingeschränkt, und ehemalige Betriebsdirektoren rückten in alte Positionen ein. Sie erhielten hohe Gehälter und disziplinarische Kompetenzen. Die Roten Garden wurden entweder aufgelöst oder in die

Rote Armee und die Tscheka, die Außerordentliche Kommission zum Kampf gegen die Konterrevolution und Sabotage, integriert. Die lebendigen Institutionen der demokratischen Revolution – Fabriken, Komitees der Armee und Flotte, Gewerkschaften, Räte und politische Parteien – wurden entweder geschlossen oder in willfährige Instrumente der Bol'ševiki verwandelt. Die Dörfer erreichte die volle Wucht des bolschewistischen Umgestaltungswillens jedoch erst zwölf Jahre nach dem Oktober 1917, als die zwangsweise Kollektivierung der Landwirtschaft begann.[156]

Dass die ersten Schritte der neuen Regierung kaum reiner bolschewistischer Lehre entsprachen, fiel im Herbst 1917 nicht weiter ins Gewicht. Lenin befürwortete zunächst sogar die Wahlen zur Konstituierenden Versammlung und leistete damit dem allgemeinen Eindruck auf der Linken Vorschub, die neue Räteregierung sei ein Provisorium bis zum Zusammentritt der Konstituante. Der neuen Regierung, dem Rat der Volkskommissare (Sovnarkom), und dem Exekutivkomitee des Rates stand jeweils Lenin vor. Im Sovnarkom bekleidete Trockij den Posten für Äußeres, Stalin war Kommissar für Nationalitätenfragen. Der Sovnarkom nannte sich Provisorische Arbeiter- und Bauernregierung und improvisierte in den ersten Wochen nach dem Oktoberumsturz unter Lenins Führung die Politik des neuen Sowjetrussland.[157]

Ihre Gegner, die alten Eliten, hatten den Bol'ševiki in Gestalt des Komitees zur Rettung Russlands, an dessen Spitze der Vater des Marxismus in Russland Georgij Plechanov stand, nichts entgegenzusetzen. Die von den Men'ševiki dominierte Eisenbahnergewerkschaft Vikžel war jedoch eine ernst zu nehmende Kraft. Die Antwort der Bol'ševiki war paradigmatisch. Sie erklärten Vikžel zu einer Kraft von gestern, die ihr Mandat verloren habe, und lösten die Führungsspitze der Gewerkschaft auf. An Stelle von Vikžel gründeten die Bol'ševiki Vikželdor, eine von ihnen kontrollierte Eisenbahnergewerkschaft.[158] Um den Vorwurf einer bolschewistischen Machtusurpation zur Verhinderung einer Mehrparteienregierung aus dem Rat heraus vordergründig zu entkräften, ließ Lenin sich des Effektes halber auf Koalitionsgespräche mit den übrigen Parteien im Rat ein. Mit Ärger reagierte er jedoch auf Parteigenossen im Zentralkomitee der Bol'ševiki, die darin mehr als ein taktisches Zugeständnis sahen und die Gespräche ernst nahmen. Seiner Wut ließ Lenin jedoch erst nach dem Abbruch der Gespräche freien Lauf, als er seine Genossen anklagte, die Revolution zu unterminieren und gemeinsame Sache mit der Konterrevolution zu machen.[159]

Hielt Lenin die Zügel der Macht in Petrograd fest in der Hand, so war es eine andere Frage, wie sich die Machtverhältnisse außerhalb der Hauptstadt darstellten. Vor dem 25./26. Oktober 1917 war die alleinige Rätemacht nur an wenigen Orten hergestellt – so etwa in der Marinebasis Kronstadt und in Taškent, wo der Rat sich bereits im September zum alleinigen Herrschaftsträger ernannt hatte.[160] Ansonsten ließ sich beobachten, dass die Übernahme der Macht durch den Rat in Petrograd einem Dominoeffekt im übrigen Land auslöste. An vielen Orten erklärten sich nun die lokalen Räte zu den neuen Machthabern, jedoch ohne dass damit ein direkter und koordinierter Durchgriff der Bol'ševiki auf die Verhältnisse verbunden war. Mancherorts wurde dies akzeptiert oder schlicht hingenommen, andernorts traf es auf Widerstand. In Moskau etwa, wo Armeeoffiziere sowie Politiker der Mitte und der Rechten konzentriert waren, entbrannte über sechs Tage ein erbitterter Kampf. Die Machtübernahme durch den Rat in Moskau forderte ca. 700 Tote. An anderen Orten wiederum, wo die Räte schwach waren oder womöglich gar nicht existierten, übernahmen lokale Vertretungen der Duma die Macht, oft unterstützt von militärischen Figuren. Dies gilt vor allem für die Randregionen des ehemaligen Zarenreiches.[161]

Die Oktoberrevolution führte innerhalb weniger Wochen zu einer vollkommenen Desintegration des Raumes, der einmal das Zarenreich gewesen war. Die Sowjetregierung erkannte rasch die Unabhängigkeit Finnlands an. Polen, Estland, Lettland, Litauen, die Ukraine, Georgien, Armenien, der Transkaukasus, Turkmenistan, Kazachstan, Tadžikistan, Usbekistan sowie zahlreiche Regionen in Sibirien und dem Fernen Osten – sie alle schüttelten entweder die zentrale Kontrolle aus Petrograd ab oder erklärten sich mindestens für autonom. Bis zur Gründung der Sowjetunion gab die politische Landkarte im Raum des ehemaligen Zarenreiches ein buntes und ungeordnetes Bild ab. 1919 erklärten sich allein 23 verschiedene Gruppen zu Regierungen entweder ganz Russlands oder von Teilen des ehemaligen Imperiums. Zum gleichen Zeitpunkt kontrollierte die Sowjetregierung lediglich noch 10% des Territoriums des alten Zarenreiches. Immerhin konzentrierten sich in Kernrussland, das die Bol'ševiki beherrschten, ca. 50% der Bevölkerung. Als sich am 31. Dezember 1922 die Sowjetunion gründete, waren Finnland, Polen und die baltischen Staaten in die Unabhängigkeit entlassen und andere Teile befanden sich unter fremder Besatzung, so z. B. Kars unter osmanischer. Der Bürgerkrieg bis 1921 war auch ein Krieg zwischen und in diesen verschiedenen Regionen des alten Zarenreiches.[162]

Die nationalen Bewegungen entfalteten sich in einem engen Zusammenhang mit sozialen Fragen der Revolution. Die meisten nationalen Bewegungen wandten sich im Lauf des Jahres 1917 von den Liberalen ab und nahmen sozialrevolutionäre Forderungen in ihr Programm auf. Die von Intellektuellen angeführten Nationalbewegungen mussten sich sozialen Fragen stellen, da sie ansonsten mit Blick auf das demographische Übergewicht von Bauern und Arbeitern die Entwicklung ihrer nationalen Projekte zu Massenbewegungen aufs Spiel zu setzen drohten. Die Ergebnisse der Wahlen zur Konstituante im November 1917 dokumentieren dies sehr deutlich.[163]

Ungeachtet ihrer Unvollständigkeit geben die Ergebnisse der Wahlen zur Konstituante im November 1917 einen Einblick in die politischen Kräfteverhältnisse nach der Oktoberrevolution. Finnland hatte an der Wahl nicht mehr teilgenommen. Aus Zentralasien, Jakutien und dem nördlichen Kaukasus liegen keine Ergebnisse vor. Teile Livlands waren von den Deutschen besetzt und damit von der Wahl ausgeschlossen. Parteien, die sich national verorteten, errangen den Löwenanteil der Stimmen. Jedoch wären diese Resultate kaum möglich gewesen, ohne die sozialen Forderungen der Menschen in die nationalen Programme aufzunehmen. Nationale und soziale Revolution gingen Hand in Hand. Im Einzelnen fuhren die russischen Sozialrevolutionäre mit über 40% der Stimmen das stärkste Ergebnis ein. Die Bol'ševiki kamen auf 23,8%. In Sibirien, an der Wolga und in den Schwarzerdegebieten lagen die russischen Sozialrevolutionäre vorne. Die Bol'ševiki erzielten den größten Zulauf in den russischen Zentren, Estland, Livland, Belarus', den Industriegebieten und unter Soldaten. In den nichtrussischen Regionen war der Stimmenanteil der Bol'ševiki ansonsten marginal. Die Men'ševiki, die Kadetten und die russische Rechte erzielten zusammengenommen gerade einmal 10% der Stimmen und waren damit vollkommen marginalisiert. Nationale Parteien, häufig sozialrevolutionär ausgerichtet, kamen auf einen Stimmenanteil von 22%. So erreichten in vier ukrainischen Gouvernements die ukrainischen Sozialrevolutionäre ca. 70%. Abgesehen von den Städten, in den Russen nichtukrainische Parteien wählten, dokumentieren die Wahlergebnisse aus der Ukraine die gewachsene Massenbasis der ukrainischen Nation. In großem Kontrast dazu Belarus', wo nationale Parteien zusammengenommen einen schmalen Prozentpunkt ergatterten. Deutsche, Polen und Juden wählten ihre nationalen Parteien. Die jüdische Wählerschaft gab dabei mehrheitlich den Zionisten den Zuschlag, wohingegen der Bund ins Hintertreffen geriet. Auch im Transkaukasus feierten nationale Parteien ihre Erfolge. Die Georgier hielten es mit den Men'ševiki, die Armenier wählten die Dašnaken und die Azerbajdžaner Musavat. Die Muslime Russlands wandten sich nun auch nationalen Parteien zu. An der Wolga und im Ural traten dabei Tataren und Baškiren mit getrennten Listen an. In Ufa erhielten diese beiden Listen zusammen über 55% der Stimmen. In Ural'sk wiederum gingen 75% an kasachische Parteien.[164]

Die Dekrete der Bol'ševiki über Land und Frieden sowie die Deklaration der Rechte der Völker Russlands auf Selbständigkeit erweckten den Eindruck, dass die Ziele der sozialen und der nationalen Revolution mit ihnen zu erreichen seien. Die Dekrete über Frieden und Land hatten die Bol'ševiki unmittelbar nach ihrer Machtergreifung vom Zweiten Kongress der Räte verabschieden lassen. Das Selbstbestimmungsrecht der Völker hatte Lenin bereits im Krieg als revolutionäres Instrument gegen imperiale Ordnungen in der Welt erkannt und propagiert. Die Zeitung *Pravda* veröffentlichte am 2. November 1917 den Beschluss des Rates der Volkskommissare, allen Völkern Russlands Freiheit, Souveränität und damit auch das Recht auf die Bildung eigener Staaten zuzugestehen.[165] Erhebliche Zweifel daran säte jedoch die Auflösung der Konstituante am 5./6. Januar 1918. Wie schon beim Vorgehen im Oktober waren die Bol'ševiki sich in diesem Punkt untereinander nicht einig. Lenin setzte abermals seine Position durch, die die Kooperation der Bol'ševiki mit anderen Institutionen und Parteien ausschloss und auf die ganze Macht zielte. Kurzerhand ließen die Bol'ševiki somit die Verfassungsgebende Versammlung nach ihrem Zusammentritt verhaften. Viele Nichtrussen sahen nunmehr in den Bol'ševiki die Advokaten der Städte, der Arbeiter und der Russen gegenüber dem Land, den Bauern und den Nichtrussen. Die Dekomposition Russlands erhielt damit neue Nahrung. Bis in den späten Februar 1918 riefen Finnland, Estland, Litauen, die Ukraine und Moldavien (das einstige Bessarabien) ihre Unabhängigkeit aus. Ihrem Beispiel folgten im März Belarus' und im April die Transkaukasische Föderation, der sich jedoch Baku nicht anschloss, wo die Bol'ševiki großen Zuspruch genossen. Mehrere Regionen verkündeten nun territoriale Autonomien: in Turkestan eine provisorische muslimische Regierung, in Kasachstan die Alaš-Orda, in Baškirien ein Zentralrat sowie im Nordkaukasus eine Koalition aus Bergvölkern und Kosaken.[166]

Im Sommer 1918 bot sich folgendes Bild in den Regionen: Polen, Litauen und die Ukraine existierten als nationale Projekte unter deutschem Protektorat. Estland, Lettland und weite Teile von Belarus' waren gleichfalls vom deutschen Kaiserreich besetzt. Finnland war unabhängig, Bessarabien ein Teil Rumäniens. Aus der Auflösung der Transkaukasischen Föderation gingen Georgien, Armenien und Azerbajdžan hervor. Im nördlichen Kaukasus, in Sibirien und in Zentralasien war das Kräftemessen zwischen nationalen Autonomiebewegungen, den Bol'ševiki und russischen Akteuren der Gegenrevolution unentschieden.[167]

Auch innerhalb des nominell sowjetisch kontrollierten Raumes stellte sich die Erklärung und Ausübung von Herrschaft fragmentiert dar. An vielen Orten lagen revolutionäre und gegenrevolutionäre Kräfte im Kampf miteinander. Direkt nach der Machtergreifung der Bol'ševiki hatten Minsk, Novgorod, Ivanovo-Voznesensk, Ufa, Kazan', Reval (Tallinn) und Ekaterinburg die Räteherrschaft erklärt. Moskau fiel erst im November 1917 unter Räteherrschaft. In Mogilev, wo sich das Hauptquartier der Armee befand, wurde Mitte November die Räteherrschaft ausgerufen. In Petrozavodsk etablierte sich die Räteherrschaft zu Beginn des Jahres 1918, die Bol'ševiki konnten dort jedoch erst im Juli 1918 das Ruder übernehmen. In Helsinki und Odessa erklärten sich im Januar 1918 Räteherrschaften. Zu den letzten Orten dieser ersten Welle von Räte- und bolschewistischer Herrschaft gehörten im Februar 1918 Kiev, Vologda, Archangel'sk und Novočerkassk. Die erste Welle erstreckte sich mithin über vier Monate. Sie verlief auch lokal sehr uneinheitlich. In Vjatka wurde die Räteherrschaft im Dezember 1917 ausgerufen, erfasste jedoch erst im Frühling den Raum des alten Gouvernements. Helsinki und Kiev wiederum gingen der Räteherrschaft rasch wieder verloren. In Irkutsk, Vladivostok, Erevan und Tiflis/Tbilisi etablierte sich auf Jahre hinaus im Bürgerkrieg keine sowjetische Herrschaft. Für die Zeitgenossen war das freilich nicht vorauszusehen. Als mit Novočerkassk am 25. Februar 1918 eine Festung der Weißen den Bol'ševiki in die Hände fiel, hatten die Menschen den Eindruck, ein halbes Jahr Bürgerkrieg seit den Tagen des Kornilov-Putsches sei an sein Ende geraten – im Rückblick handelte es sich allein um die Ouvertüre eines größeren Bürgerkriegs.[168]

Von Anbeginn ihrer Machtergreifung im Oktober 1917 war auch den Bol'ševiki unklar gewesen, wie lange ihre Herrschaft andauern könnte. Die Räte und die Bol'ševiki hatten nicht allein innere, sondern auch äußere Feinde: Deutschland, Österreich-Ungarn und das Osmanische Reich. Für die linken Revolutionäre bedeutete es einen signifikanten Markstein, dass sich ihre Herrschaft zu Ende des Jahres 1917 zwei Monate und damit länger als die Pariser Kommune gehalten hatte. Den Bol'ševiki stand das Beispiel der Kommune deutlich vor Augen, so dass die Räteherrschaft in Russland bisweilen auch die nördliche Kommune genannt wurde. Am 8. März 1918 benannten die Bol'ševiki ihre Partei in Kommunistische Partei um, um der Kommune und auch Marxens und Engels' Kommunistischem Manifest ihre Referenz zu erweisen.[169]

Lenin griff zu einem Arsenal verschiedener Maßnahmen, um das Überleben der sozialistischen Revolution in Russland sicherzustellen. Nach der Oktoberrevolution hatte er die Soldaten aufgefordert, ihre Waffen zu behalten und nach Hause zu gehen, damit die Revolution auf dem Land präsent war. Zugleich gab Lenin sich aber auch keinen Illusionen hin, angesichts des Kriegsgeschehens Russland womöglich bis zum Ural preiszugeben, um die Revolution in Russland zu schützen, bis sie hoffentlich in anderen kriegführenden Ländern an Reife gewinnen würde. Diesem Ansatz entsprang der Frieden von Brest-Litovsk im März 1918 mit dem Deutschen Reich. Russland verlor in diesem harten Friedensschluss 32% seines Ackerlandes, 26% seines Eisenbahnnetzes, 33% seiner Fabriken, 75% seiner Eisenerz- und Kohlminen sowie 62 Millionen Einwohner. Hinzu kamen Reparationszahlungen in Gold.[170]

Der Frieden zu Brest-Litovsk brachte die ambivalente Einstellung zu Krieg und Frieden im revolutionären Russland zum Vorschein. Zwar sehnten die Menschen nichts mehr als das Ende des Krieges herbei. Eine Niederlage und Erniedrigung wie in Brest-Litovsk wollte jedoch abgesehen von der revolutionär-taktisch eingestellten Führungsriege der Bol'ševiki auch niemand. Ausgerechnet die Arbeiter der Petrograder Metall- und Rüstungsindustrie, die bislang die Bol'ševiki unterstützt hatten, äußerten sich unmissverständlich kritisch und verärgert in einer Resolution: In den vergangenen vier Monaten seien ihre Hoffnungen enttäuscht worden. Das neue Regime nenne sich zwar Räteregierung, an Entscheidungen seien die Räte jedoch nicht beteiligt. Frieden sei versprochen worden, erhalten habe man eine schmachvolle Kapitulation vor den deutschen Imperialisten. Statt Brot habe man Hunger erhalten. Die versprochenen Freiheiten seien von Polizeistiefeln zertrampelt und mit Waffengewalt unterdrückt worden. Die Resolution gipfelte in der Forderung, den Sovnarkom aufzulösen und die Konstituierende Versammlung wieder einzusetzen.[171]

Zu Jahresanfang 1918 ließ sich gar von einem Comeback der Men'ševiki sprechen. Jedoch hatten die Bol'ševiki ihre eigenen Instrumente geschaffen, um mit der Situation umzugehen. Schon im Dezember 1917 hatten sie die Tscheka, die Außerordentliche Kommission zum Kampf gegen die Konterrevolution und Sabotage ins Leben gerufen. Die Tscheka griff gegen tatsächliche Feinde der Revolution durch, war zugleich aber auch eine Erzwingungstruppe, die ganz der Parteispitze der Bol'ševiki unterstand und von ihr nach Belieben eingesetzt werden konnte. Auch in der Kommunistischen Partei regte sich Kritik. Die sogenannten Linken Kommunisten sahen im Frieden von Brest-Litovsk eine Preisgabe des Imperativs, den Krieg zu einem revolutionären Krieg und damit die Revolution in Russland zu einer internationalen Revolution auszuweiten. Zudem – so die Linken Kommunisten weiter – baue Lenin nicht den Sozialismus auf, sondern schaffe lediglich einen Staatskapitalismus. Doch bereits in seinen Aprilthesen von 1917 hatte Lenin sich von allem Druck befreit, den Sozialismus sofort und auf einen Streich einzuführen. Dies blieb ein Fernziel. In *Staat und Revolution*, einer unvollendeten Schrift, die im Januar 1918 erschien, behandelte Lenin den organisierten Kapitalismus. Der Staat könne Märkte und Monopole beherrschen, den Kapitalismus zähmen und auch den bürokratischen Apparat des Kapitalismus für seine Zwecke nutzen und daraus in einer weiteren Perspektive den Sozialismus hervorgehen lassen. Eine moderne Ökonomie – so schien es Lenin nun – lasse sich mit der gleichen Routine administrieren wie ein deutsches Postamt.[172]

Die ersten Monate an der Regierung zeigten jedoch, dass die Praxis wieder einmal komplizierter als die Theorie war. In Unternehmen, Banken und Ministerien stellten sich die Leitungen gegen die neue Regierung. In den Ministerien und Banken musste Lenin sich dazu durchringen, den *specy*, den Spezialkräften bürgerlicher Herkunft, satte Löhne zu zahlen, um ihre Kompetenzen nicht zu verlieren. Der Abwärtstrend der Wirtschaft ließ sich dadurch jedoch keinesfalls stoppen. Russland trat in eine Phase der Hyperinflation und Tauschwirtschaft ein. Neben dem Finanzsektor implodierte am Jahresende 1917 auch das Eisenbahnsystem Russlands. Die Spanische Grippe hatte das Land im Griff. Anstelle einer maschinell organisierten Kriegswirtschaft stand Lenin einem Inferno vor.[173]

Wirtschaftliches und politisches Überleben wurden nun zu einem Synonym. Lenin ging die Wirtschaftspolitik mit institutionellen Entscheidungen und Zwangsmaßnahmen an. Bereits im Dezember 1917 wurde der Oberste Rat der Volkswirtschaft (VSNCh) gegründet. Im April ließ Lenin unter Federführung der Akademie der Wissenschaften eine Expertenkommission einrichten, die einen Überblick über die Ressourcen Russlands erstellen sollte. Die Nationalisierung der Banken erfolgte in einer Weise, die ihre Funktionstüchtigkeit in Frage stellte. Weisungen an Direktoren, Angestellte und Arbeiter waren in einem zunehmend schrillen Ton gehalten und gingen in Zwangsmaßnahmen über.[174]

In der Kirchen- und Religionspolitik gestatteten die Bol'ševiki die Wahl eines Patriarchen der Russisch-Orthodoxen Kirche – zum ersten Mal seit 1721. Der neue Patriarch Tichon sprach am 19. Januar 1918 das Anathema über die Bol'ševiki aus, die ungeachtet der Wahl des Patriarchen eine antiklerikale Politik guthießen und Immobilien der Kirche konfiszierten.[175] Die Reform der Ehegesetzgebung im Dezember 1917 führte die Zivilehe ohne kirchliche Trauung ein und ließ Scheidungen auf der Grundlage des Zerrüttungsprinzips zu. Letzteres sollte vor allem Frauen und Mütter schützen, erfüllte diese Hoffnungen aber nicht. Ein Schwung weiterer Gesetze, die Lenin allesamt Propaganda per Dekret nannte, demokratisierte die Armeeränge, führte gewählte Gerichte und Revolutionstribunale ein und schuf die Rang- und Ämterordnung des alten zarischen Russlands ab. Am 2. Januar 1918 erließen die Bol'ševiki eine Erklärung der arbeitenden und ausgebeuteten Menschen, die im Gestus die Deklaration der Menschen- und Bürgerrechte der Französischen Revolution zitierte.

Jedoch formulierten sie keine universal gültigen Rechte, sondern Rechte auf der Grundlage von Klassenprinzipien. So wurde eine Arbeitspflicht eingeführt. Wer nicht arbeitete, hatte keine Rechte.[176]

Die Bol'ševiki konnten sechs Monate nach dem Oktober 1917 positiv für sich verbuchen, dass sie noch an der Regierung waren. Ihre kurze Allianz mit den linken Sozialrevolutionären von Ende November bis zum Frieden von Brest-Litovsk hatte ihnen geholfen, politisch zu überleben. Im März und April 1918 standen sie jedoch alleine da. Immerhin war in der Schlacht von Ekaterinodar mit Kornilov der prominenteste Kopf ihrer konterrevolutionären Gegner gefallen. Der erhoffte graduelle Übergang der Massen in eine Gesellschaft des Sozialismus erwies sich jedoch als Kopfgeburt und unrealistisch. Im April und Mai 1918 begann Lenin, von eiserner proletarischer Disziplin zu sprechen. Eine andere, schwerere und noch dunklere Zeit kündigte sich an.[177]

1918–1921: Bürgerkrieg und Weltkrieg

1. Bellum omnium contra omnes 1918

Die Auflösung der Konstituante im Januar 1918 und der Frieden von Brest-Litovsk im März 1918 brachten den Bol'ševiki nicht die erhoffte Konsolidierung ihrer Herrschaft und Revolution – ganz im Gegenteil: Die gängigen Etiketten Bürgerkrieg und auswärtige Interventionen deuten nur ansatzweise an, in welche Verkettung von Gewaltsituationen und Extremerfahrungen Russland 1918 eintrat. Die politischen Frontverläufe waren im Bürgerkrieg unübersichtlich, das nackte Überleben fraglich, und wer den nächsten Tag und die nächste Nacht erlebte, verbrachte sie in Angst vor Gewalt, Hunger und Tod. Im Bürgerkrieg rangen nicht allein Weiße und Rote miteinander. Frontheimkehrer, Bauern, Kosaken, die Matrosen von Kronstadt, regionale und nationale Gruppen – sie alle fanden sich zu verschiedenen Zeitpunkten an unterschiedlichen Fronten im Bürgerkrieg wieder. Die Zugehörigkeiten und Fronten waren nicht fixiert, sie wechselten permanent. Von 1917 bis 1920 wechselte allein in Kiev vierzehnmal die Herrschaft.[1] Auswärtige Mächte waren durch unterschiedliche Logiken in den Bürgerkrieg verwickelt. Truppen der Entente versuchten, 1918 den Weltkrieg gegen die Mittelmächte von Russland aus fortzusetzen. Das deutsche Kaiserreich expandierte 1918 so weit wie nie zuvor in Richtung Osten. 1919 wurden die Truppen der Entente zu Akteuren im Bürgerkrieg. Die Tschechoslovakische Legion suchte 1918 den Weg zu den Schlachtfeldern Mitteleuropas. Die Truppen der jungen Zweiten Polnischen Republik drangen 1920 im Bund mit ukrainischen Verbänden bis nach Kiev vor. Juden sahen sich im Bürgerkrieg von allen Seiten massenhaften Pogromen ausgesetzt. Die Bol'ševiki erschossen im Sommer 1918 die Zarenfamilie in Ekaterinburg. Zehn Millionen Menschen starben im Bürgerkrieg – die wenigsten in militärischen Kampfhandlungen, viele durch Erschießungen und Gewalt gegen Zivilisten. Die meisten fielen jedoch den Hungersnöten und Krankheiten wie der Spanischen Grippe zum Opfer. Von Ort zu Ort und Region zu Region hatte der Bürgerkrieg ein anderes Antlitz, doch allerorten herrschten Angst und Unsicherheit. Die Euphorie, mit der im Frühjahr 1917 vielfach der Zeitenwechsel der Revolution begrüßt worden war, war nun dem Schrecken vor den täglichen Gefahren gewichen. In ihren anonym verfassten Tagebüchern der Jahre 1919/20 schildert eine Studentin aus Kiev, wie die Menschen jedes kleinste Geräusch – einen Telefonanruf am Tage, Schritte in der Nacht – als Vorboten drohenden Unheils und neuerlicher Gewalt wahrnahmen.[2]

Der Vormarsch der deutschen Truppen nach Osten bewog die Bol'ševiki, Petrograd die Hauptstadtfunktion zu entziehen. Seit dem 12. März 1918 war Moskau die Hauptstadt Russlands. Finnland, die baltischen Staaten und Polen waren verloren. Auch andere nichtslavische Randregionen des alten Reiches strebten nach Unabhängigkeit. Doch das Kernland schien der Herrschaft der Bol'ševiki gesichert. Durch den Vertrag von Brest-Litovsk begann allerdings ein dreijähriger Kampf um die Ukraine – ein Konflikt, der immer wieder mit der Revolution in Russland verknüpft war. Zunächst jedoch ergab sich in Russland eine vollkommen unvorhergesehene Herausforderung für die Herrschaft der Bol'ševiki in Gestalt der Tschechoslovakischen Legion.[3]

Nach dem Frieden von Brest-Litovsk im März 1918, der die Front zwischen Russland und den Mittelmächten aufhob, versuchte die Tschechoslovakische Legion, über Zentralasien oder die Transsibirische Eisenbahn an die Front im Westen Europas zu gelangen, um dort für die Gründung eines tschechoslovakischen Staates zu kämpfen. Auf dem Weg der Legion nach Osten kamen Gerüchte auf, sie könne die Sozialrevolutionäre unterstützen. Kriegskommissar Trockij nahm dies zum Anlass, ihre Entwaffnung anzuordnen, und provozierte damit, was er eigentlich verhindern wollte: Die Legion wurde zu einer Partei in der Auseinandersetzung in Russland. Da die Legion mittlerweile entlang der Transsibirischen Eisenbahn verteilt war, hatte Trockij die zentrale Verkehrsader Russlands in Sibirien verloren.[4] Die Tschechoslovakische Legion erhöhte 1918 die Unübersichtlichkeit der Akteure des Bürgerkrieges und ihrer Ziele.

Die Etiketten von «Roten» und «Weißen» spiegeln eine Einheitlichkeit von Gruppen vor, die es selten gegeben hat. Sowohl Rote als auch Weiße stellten breite und heterogene Koalitionen im Bürgerkrieg dar. Zu den Weißen zählten auf der Rechten Proto-Faschisten über Kadetten und liberale Sozialrevolutionäre in der Mitte bis hin zu einigen Sozialrevolutionären auf der Linken des Spektrums. Mehrheitlich handelte es sich bei den Weißen jedoch um zu russischen Nationalisten gewandelte Monarchisten. Sozial betrachtet rekrutierten sie sich vor allem aus höheren Offizieren der zarischen Armee. Notgedrungen hatten sich den Weißen auch Anhänger der Provisorischen Regierung angeschlossen, auch wenn ihnen die Koalition mit ehemals Zarentreuen schwerfiel.[5]

Das Hauptquartier der Weißen lag in Paris.[6] Von den dort tagenden Alliierten erhofften die Weißen sich Unterstützung. Ihr prominentester Lobbyist Miljukov warb in seinem Buch *Bolschewismus – eine internationale Gefahr* um alliierten Beistand. Auf offene Ohren stieß er beim britischen Kriegsminister Winston Churchill, der seiner Regierung nahelegte, 250 000 Truppen nach Russland zu entsenden, um den Bolschewismus im Keim zu ersticken. Premierminister Lloyd George lehnte diesen Plan unter Verweis auf Kriegsmüdigkeit und knappe Ressourcen ab. Stattdessen sandte Großbritannien kleinere Einheiten, anfänglich um Versorgungsdienste zu leisten, dann auch um die östliche Front aufrechtzuerhalten, und alles in allem symbolisch, um der Unterstützung durch die zarische Armee im Großen Krieg Tribut zu zollen.[7] Jedoch spielten auch imperiale Interessen eine Rolle. Britisch-Indische Truppen rückten von Süden auf das Kaspische Meer vor und hielten im August und September 1918 sogar Baku, die größte Ölstadt des einstigen Russländischen Imperiums, in der die Anglo-Persian Oil Company stark vertreten war. Desgleichen standen hinter der französischen Intervention in Odessa und der Schwarzmeer-Region imperiale Ambitionen. Diese Interventionen waren für die Weißen zu keinem Zeitpunkt militärisch entscheidend, ließen sich aber propagandistisch von den Bol'ševiki ausschlachten. Warum waren erklärte Nationalisten auf die Hilfe auswärtiger Mächte angewiesen?[8]

Diese Frage stellte sich umso dringlicher, als auch Russlands Nachbarstaaten in den Bürgerkrieg verwickelt waren. Finnland beanspruchte für seine Staatsgründung nicht allein das gesamte Territorium des Großfürstentums Finnland, sondern unterstützte auch karelische Unabhängigkeitskämpfer in der Grenzregion zu Russland. Den Zusammenbruch der russländischen Kaukasus-Armee nahm das Osmanische Reich zum Anlass für eine große Gegenoffensive. Armenien erklärte am 28. Mai 1918 seine Unabhängigkeit. 1918 setzte auch Japan zu Offensiven auf dem Festland an und nahm sich zudem die Inselgruppe Sachalin, die es bis 1925 behielt. Die USA besetzten zeitweise Archangel'sk und Vladivostok – Letzteres, um der weiteren Expansion Japans entgegenzutreten. Polen setzte 1920 zu einem großen Feldzug in die westliche Ukraine an.[9]

Ebenso wie die Weißen in sich heterogen waren und die Nachbarmächte unterschiedlichste Ziele im Bürgerkrieg verfolgten, stellten auch die Roten keine homogene Gruppe dar. 1918 schlossen sich viele ihrer einstigen Widersacher den Bol'ševiki als dem geringeren Übel an. Viele Schlüsselpositionen in Verwaltung und Wirtschaft waren mit Nicht-Bol'ševiki und ehemaligen Oppositionellen besetzt, zum Beispiel im Obersten Rat der Volkswirtschaft. Innerhalb der Bol'ševiki begannen sich die Linken Kommunisten als Opposition zu sammeln. Manche Linke waren enttäuscht, dass die Bol'ševiki in Brest-Litovsk den Revolutionskrieg aufgegeben hatten, dass die Arbeiterkontrolle zurückgefahren wurde und die Partei ihre Kontrolle immer weiter ausdehnte. Die grundlegende Regierungslinie der Bol'ševiki setzte nun Produktion um jeden Preis und Sozialismus in einem Land ganz oben auf die Agenda. Alle verfügbaren Ressourcen sollten für den Gewinn des Bürgerkriegs und die Verteidigung der Revolution in Russland eingesetzt werden.[10]

Lenin eröffnete seine politische Auseinandersetzung mit dem linken Kommunismus, den er eine infantile Unordnung nannte, im April 1918. Am 11. und 12. April fanden in Moskau und Petrograd Verhaftungen von Anarchisten und unabhängigen Linken statt. Insbesondere unter den linken Sozialrevolutionären galten diese Repressionen als ein weiterer Fingerzeig, dass die Bol'ševiki den Pfad der Revolution verlassen hatten. Im Frieden von Brest-Litovsk sahen sie ein Indiz, dass die Bol'ševiki im Dienst der Deutschen stünden und der deutsche Botschafter Graf Mirbach der eigentliche Herrscher Russlands sei. Linker Terrorismus der Sozialrevolutionäre und Repressionen der Bol'ševiki befeuerten sich nun gegenseitig. Am 20. Juni 1918 ermordete ein Sozialrevolutionär in Petrograd den bolschewistischen Kommissar Volodarskij, den Chef der lokalen Propaganda-Abteilung. Die Ermordung Mirbachs war das Signal für eine Reihe von Aufstandsversuchen linker Sozialrevolutionäre, die vom 6. bis zum 22. Juli 1918 jedoch allesamt unterdrückt wurden. Noch am 30. August 1918 gelang es jedoch einem Attentäter der Sozialrevolutionäre Moisej Urickij, den Chef der Petrograder Tscheka, zu ermorden. Am selben Tag schoss ein Sympathisant der Sozialrevolutionäre auf Lenin und verwundete ihn schwer. Darauf folgte eine Welle des Terrors, in der die Tscheka Hunderte oder gar Tausende ihrer Inhaftierten erschoss. In den Zusammenhang dieses vom Terror geprägten Sommers 1918 fällt auch die Erschießung der Zarenfamilie in Ekaterinburg in der Nacht vom 16. auf den 17. Juli. Angesichts deutscher Truppen auf weiten Teilen des ehemaligen zarischen Imperiums, der Erhebung der Tschechoslovakischen Legion, der sozialrevolutionären Attentate und von Gerüchten monarchistischer Verschwörungen, schien es den Bol'ševiki geraten, potentielle Opponenten nach Möglichkeit auszuschalten. Trockij hatte in Moskau in einem Schauprozess über den ehemaligen Zaren Gericht halten wollen. Doch Lenin hatte beschieden, es sei unter den gegebenen Umständen geboten, den ehemaligen Zaren zu erschießen, bevor er womöglich gegnerischen Kräften in die Hände fallen und als Symbol dienen könne. So erschossen die Bol'ševiki in der Nacht vom 16. auf den 17. Juli 1918 in einem Kellerraum des Ipat'ev-Hauses in Ekaterinburg Nikolaus, seine Frau, ihre Kinder und das Gefolge der Zarenfamilie.[11]

Eine weitere Oppositionsfront handelten die Bol'ševiki sich auf dem Land ein, als sie im Frühjahr 1918 Komitees sogenannter armer Bauern etablierten. Aufgabe der Komitees war es, Rekrutierungen durchzuführen und das Getreidemonopol der Bol'ševiki durchzusetzen. Die Folge war eine Welle von Bauernrevolten. Auch Arbeiter bezogen nun Front gegen die Bol'ševiki, da ihr Lebensstandard noch weiter gesunken und die Arbeitslosigkeit gestiegen waren. Im Sommer 1918 schien den Bol'ševiki das gleiche Los beschieden wie ein Jahr zuvor der Provisorischen Regierung: Niedergang und ein absehbares Ende.[12]

Die Weißen vermochten daraus jedoch kein Kapital zu schlagen. Ganz im Gegenteil: Die Perspektive einer «weißen Zukunft» sahen viele Menschen als Schritt zurück in das zarische Russland. Daraus erwuchs den Roten im Bürgerkrieg eine enorme Unterstützung, da sie verglichen mit den Weißen als das geringere Übel erschienen. Eine unbedingte Loyalität zu den Bol'ševiki kam darin nicht zum Ausdruck. Arbeiter, die die Rückkehr der Unternehmer fürchteten, schlugen sich auf die Seite der Roten. Men'ševiki und Sozialrevolutionäre fürchteten die Rückkehr einer imperialen Bürokratie und unterstützten die Roten in der Hoffnung auf eine Räteherrschaft. General Brusilov, den die Bol'ševiki zeitweilig inhaftiert hatten, schlug sich im Krieg gegen Polen auf ihre Seite – nicht aus ideologischer, sondern aus nationaler Überzeugung. Immerhin handelte es sich bei der Roten Armee um eine überwiegend russische Armee, die das Land gegen einen äußeren Feind verteidigte. Die gleiche nationale Mobilisierung bewirkten die Bündnisse der Weißen mit den einstigen imperialen Rivalen Russlands. Sogar Anarchisten wandten sich nun den Bol'ševiki als dem geringeren Übel zu. Zwei Anarchisten gehörten gar zur bewaffneten Wache der bolschewistischen Parteizeitung *Pravda*, die nie mit Kritik an den Anarchisten gespart hatte.[13]

Der ehemalige Zar Nikolaj Aleksandrovič in Gefangenschaft der Bol'ševiki in Tobol'sk 1917.

Die meisten, die im Bürgerkrieg für die Bol'ševiki kämpften, waren keine Bol'ševiki und hatten auch keine Vorstellung von deren Zukunftsvisionen. Sie verteidigten vielmehr das populäre Programm von 1917: Umverteilung des Landes, Räteherrschaft, eine industrielle Renaissance und Arbeiterkontrolle von Betrieben und Produktion. Als der Stern der Weißen 1919 stieg, solidarisierten sie sich mit den Bol'ševiki. Als die weiße Gefahr gebannt war, begaben sie sich wieder in einen Gegensatz zu diesen. Vor allem die Bauern wurden so zu einer ernsthaften Herausforderung für die Bol'ševiki. Zunächst mussten die Bol'ševiki jedoch die Weißen besiegen.[14]

Am 18. November 1918 schied die Tschechoslovakische Legion aus dem russischen Konflikt aus. Bis zum Waffenstillstand zwischen Deutschland und den Alliierten hatte die Tschechoslovakische Legion den Opponenten der Bol'ševiki neue Optionen eröffnet, von denen zwei ins Auge stechen: In Samara an der Wolga, dem westlichsten Punkt unter der Kontrolle der Tschechoslovakischen Legion, sammelten die Sozialrevolutionäre ihre ehemaligen Deputierten der Konstituante in einem Komitee der Verfassungsgebenden Versammlung – russisch abgekürzt Komuč. Die zweite größere Gruppierung, die vom Agieren der Tschechoslovakischen Legion kurzfristig profitierte, war weiß geprägt. Sie rekrutierte sich aus ehemaligen Offizieren, Kadetten und russischen Nationalisten in Omsk am Irtyš in West-Sibirien an der Transsibirischen Eisenbahn. Im Juni 1918 erklärten sich beide Gruppierungen zu Regierungen: Komuč am 8. Juni, die Omsker Gruppierung am 29. Juni 1918.[15]

Die Rote Armee und die Tscheka waren zu diesem Zeitpunkt damit ausgelastet, sich mit aufständischen Anarchisten und linken Sozialrevolutionären auseinanderzusetzen. Die Bol'ševiki konnten die selbsternannten Regierungen jedoch nicht länger ignorieren, als am 6. August 1918 Sozialrevolutionäre aus Samara und Einheiten der Tschechoslovakischen Legion die Stadt Kazan' an der mittleren Wolga einnahmen. Von Kazan' aus, wo sich die Goldreserven Russlands befanden, war Moskau bedroht. Erst am 10. September 1918 gelang es den Bol'ševiki, Kazan' wieder zurückzuerobern.[16]

Vom 8. bis zum 23. September 1918 veranstaltete Komuč in der sibirischen Stadt Ufa eine Staatskonferenz, um die beiden sibirischen Regierungen zu vereinen. In napoleonischer Weise wurde ein Direktorium aus einem General, zwei Sozialrevolutionären und zwei Kadetten gebildet, die sich zur Provisorischen Allrussländischen Regierung erklärten. Die Bol'ševiki nahmen am 8. Oktober 1918 Samara ein, woraufhin das Direktorium sich weiter nach Osten verlagerte und in Omsk die Unterstützung weißer Truppen suchte. Die seltsame Koalition von Weißen und Sozialrevolutionären hielt nicht lange. Am 18. November 1918 erklärte sich der Führer der Weißen in Sibirien, Admiral Kolčak, zum Obersten Herrscher von ganz Russland. Die sozialrevolutionären Angehörigen des Direktoriums hatte er verhaftet und Komuč kurzerhand aufgelöst. Die Emigration in Paris erkannte Kolčaks Titel an, freilich auf Kosten der Geltung eines anderen Generals der Weißen, Denikin, der die Flagge der Weißen in Südrussland und der Ukraine hochhielt. Binnen eines einzigen Jahres war zum zweiten Mal eine konstituierende Versammlung aufgelöst worden, einmal von den Roten und einmal von den Weißen.[17]

So wie die Tschechoslovakische Legion in Sibirien als Schutzschild für antibolschewistische Kräfte gewirkt hatte, fungierte die deutsche und österreichische Herrschaft vor allem in der Ukraine bis zum November 1918 als Sammelbecken einer antibolschewistischen Alternative. Das galt zunächst für Hetman Skoropads'kyj, der in Kiev unter dem Protektorat des deutschen Kaiserreichs installiert war. Nach dem Zusammenbruch der Mittelmächte im Herbst 1918 setzte sich in Kiev Symon Petljura an seine Stelle.[18] Am 3. Januar 1919 nahm die Rote Armee Charkiv ein, am 6. Februar 1919 Kiev. Dies war jedoch erst der Auftakt zu einer Reihe von Schlachten und Entscheidungen im Jahr 1919, in dem den Bol'ševiki entscheidende Schläge gegen Gegner im Inneren und Äußeren gelangen.[19] Entscheidend sollte 1919 jedoch nicht die Wendung der Bol'ševiki auf die Ukraine, sondern gegen die Weißen werden.

2. Die Bol'ševiki auf dem Weg zum Sieg 1919

Mitte 1919 kontrollierten die Bol'ševiki allein noch 10% des Territoriums des ehemaligen Zarenreiches. Am 13. März 1919 nahmen Kolčaks Truppen Ufa ein und setzten von dort aus an, um über den Ural nach Westen auszugreifen. Kolčak überdehnte jedoch seine Kräfte und unterlag am 26. April den Bol'ševiki. Er trat den Rückzug nach Omsk an.[20]

Nach den Einnahmen Charkivs und Kievs wandte sich die Rote Armee gegen die Truppen der Weißen im Süden. Am 6. April 1919 nahm sie Odessa ein, das die Franzosen aufgegeben hatten. Am 10. April fiel Simferopol auf der Krim. Die Armee unter General Denikin, der am 15. Februar 1919 das Donkosakenheer beigetreten war, sah sich nun vor einer direkten Konfrontation mit den Bol'ševiki. Am 19. Mai 1919 begann Denikin eine Offensive gegen die Rote Armee –

weniger als einen Monat, nachdem Kolčaks Offensive im Osten zusammengebrochen war. Das Versäumnis, beide Offensiven zu koordinieren, zählt zu den wichtigen Gründen für das Scheitern der Weißen im Bürgerkrieg. Wie lässt sich dieses Versäumnis erklären? Die Bol'ševiki kontrollierten zumindest so viel Territorium, dass sie eine direkte Überlandkommunikation der Weißen verhindern konnten. Eine gefährliche Verbindungsroute führte über das Kaspische Meer, auf der die Bol'ševiki jedoch Boten abfingen und exekutierten. Ansonsten waren die Weißen auf Telegrammverbindungen über Paris und den Pazifik angewiesen. Schwerer wog die Konkurrenz zwischen Denikin und Kolčak, die ein unausgesprochenes Rennen um Moskau ausfochten. Der Sieger würde eine diktatorische Militärregierung ausrufen können. Beide spielten jedoch auch mit dem Gedanken, eine neue Konstituante einzuberufen, stellten solche Überlegungen in Momenten der Stärke jedoch zurück. Hinzu trat eine Unterschätzung der Bol'ševiki. Die Weißen sahen in ihnen fremde Truppen, die die Deutschen ins Land gesetzt hätten. Die Bevölkerung Russlands sehne sich nach nichts mehr als der Erlösung vom bolschewistischen Joch. Die Weißen realisierten nicht, dass das Gros der Menschen in Russland keine Rückkehr der Gutsherren, Aristokraten, Offiziere, Kapitalisten und Fabrikbesitzer als Befreier erwartete. Eine Chance hätten die Weißen allein gehabt, wenn sie koordiniert vorgegangen wären. Dann hätten sie den Bol'ševiki einen ihrer größten Trümpfe entreißen können – die Kontrolle über das Eisenbahnnetz.[21]

Die Offensive begann am 19. Mai 1919. Die Armee Denikins rückte von Rostov am Don aus nach Norden vor, nahm am 25. Juni Charkiv ein und zog von dort aus weiter nach Russland. Am 30. Juni nahm Denikin die Städte Caricyn und Ekaterinoslav, am 23. August Odessa ein. Der größte Triumph Denikins wurde die Einnahme Kievs, wo seine Armee als sechste Herrscherin der Stadt seit dem späten Jahr 1917 einzog. Am 14. Oktober konnte Denikin Orel einnehmen. Nun trennten ihn nur noch 350 km von Moskau. Sein Vorstoß wurde dadurch begünstigt, dass zugleich weiße Truppen des Generals Judenič aus dem unabhängigen Estland auf Petrograd vorrückten und am

Soldaten der Roten Armee im Bürgerkrieg.

22. Oktober die Vororte erreichten. Wenn Kolčak sich dem Vorstoß zeitgleich von Osten angeschlossen hätte, hätte der Angriff der Weißen eine größere Wucht besessen.[22]

Der Vorstoß Denikins profitierte auch davon, dass die Rote Armee noch damit beschäftigt war, im östlichen Zentralrussland und westlichen Sibirien Widerstände im Nachgang der Offensive Kolčaks zu ersticken. Die Rote Armee nahm Ufa am 9. Juni, Perm' am 1. Juli und Čeljabinsk am 25. Juli 1919 ein und konnte sich erst jetzt Denikin entgegenstellen. Alle verfügbaren Kräfte zusammenfassend, gelang der Roten Armee ein Sieg gegen die Weißen. Als die Roten am 20. Oktober 1919 Orel einnahmen, war der Rückzug der Armee Denikins ohne Alternative. Die Auseinandersetzung zwischen Roten und Weißen hatte ihren Wendepunkt erreicht. Ende des Jahres 1919 standen die Zeichen auf Sieg für Rot. Die Liste ihrer Gewinne für das späte Jahr 1919 und den Jahresbeginn 1920 liest sich eindrucksvoll. In den Vororten Petrograds unterlagen Judeničs Truppen am 22. Oktober. Am 9. November 1919 eroberte Nestor Machnos Partisanenarmee, die zu diesem Zeitpunkt die Räteregierung unterstützte, Ekaterinoslav. Am 14. November 1919 nahm die Rote Armee das Hauptquartier Kolčaks in Omsk ein. Die Einnahme der Stadt Kursk durch die Roten am 17. November 1919 gab den Startschuss zur Desintegration der Armee Denikins.[23]

In der Ukraine eroberte die Rote Armee Charkiv am 12. Dezember 1919 und Kiev am 16. Dezember 1919. Ekaterinoslav rangen die Roten am 30. Dezember 1919 Nestor Machno und seinen Bauernverbänden ab. Caricyn fiel am 3. Januar 1920. Am 4. Januar 1920 begab sich Kolčak auf die Flucht nach Osten durch Sibirien und dankte zugunsten des bereits geschlagenen Denikin ab. Kolčak fiel den Roten in die Hände, die ihn am 7. Februar 1920 durch ein Revolutionskomitee in Irkutsk hinrichten ließen. Am 8. Januar 1920 eroberten die Roten Denikins Quartier in Rostov am Don. Die Alliierten gaben ihr Bündnis mit den Weißen verloren und fügten sich realpolitisch dem Lauf der roten Dinge. Am 16. Januar 1920 hoben sie die Blockade gegen Sowjetrussland auf. Ekaterinodar nahm die Rote Armee am 17. März 1920, am 27. März erreichte sie Novorossijsk. Denikin zog sich nun resigniert zurück und gab zugunsten von Baron Vrangel' auf, den er zuvor ins Exil nach Konstantinopel geschickt hatte. Das Einzige was Vrangel' noch tun konnte, war bis zum Herbst 1920 auf der Krim auszuharren, bevor er von dort mit den Resten der weißen Armee über das Schwarze Meer abermals in die Türkei floh. In einer koordinierten Aktion der Roten Armee und der Partisanenarmee Machnos wurden am 14. November 1920 die letzten Reste weißer Armeen vom Territorium des ehemaligen Russländischen Reiches vertrieben. Die Bol'ševiki wandten sich daraufhin umgehend gegen Machno und sein Bauernheer. Im August 1921 fügte Frunze Machno in der Ukraine entscheidende Niederlagen zu. Machno fand Zuflucht in Rumänien, Polen, Deutschland und Frankreich, wo er in Paris als Fabrikarbeiter sein Auskommen fand und 1934 starb.[24]

3. Regionen und Gewalt im Bürgerkrieg

Der Blick auf den Verlauf des Bürgerkriegs vermittelt den Eindruck einer Auseinandersetzung zwischen verschiedenen Gruppen, die auf den Sieg einer Partei hinauslaufen musste. Demgegenüber hilft der Blick auf den Raum, die Unübersichtlichkeit und die verschiedenen Logiken der Gewaltgeschichte in unterschiedlichen Situationen zu erfassen. Regionalgeschichten des Bürgerkriegs stellen die einstige Ansicht in Frage, dass die Bol'ševiki ihren Sieg im Bürgerkrieg der Kontrolle Kernrusslands verdankten.[25] Regionalgeschichten legen die zahlreichen Facetten offen, die die Mobilisierung bei allen Bürgerkriegsparteien beeinflussten.[26]

Im Ural beeinflussten in der ersten Jahreshälfte 1918 sozioökonomische Faktoren Erfolg und Misserfolg bolschewistischer Mobilisierungskampagnen. Am südlichen Ural, in Orenburg und Ufa, wo Privatunternehmen Arbeitern ein schweres Los aufbürdeten, meldete sich beinahe ein Viertel der Arbeiter zur Roten Armee. Im westlichen Ural, in Perm' und Vjatka, wo Staatsbetriebe den Arbeitern ein leidliches Auskommen boten, lagen die Quoten bolschewistischer Freiwilliger unter ihnen bei 3,9 und 6,8%. Hier schlug soziale Not offenbar unmittelbar auf die Bereitschaft durch, sich zur Roten Armee zu melden.[27]

Die zunehmende materielle Not und der Hunger waren im Allgemeinen Triebkräfte der Rekrutierung. Vielen Männern erschien allein der Anschluss an die Truppen der Roten oder Weißen als Möglichkeit, selber zu überleben und ein Auskommen für ihre Familien zu suchen. Gerade im Norden Russlands wussten auch die Weißen die Lebensmittellieferungen der Alliierten 1918 zu nutzen, um die eigenen Rekrutierungsquoten zu steigern. Auch zurückgekehrten Frontsoldaten, ehemaligen Kriegsgefangenen, Wanderarbeitern und Flüchtlingen boten sich Militäreinheiten auf allen Seiten des Konfliktes als Ankerpunkte in der Unberechenbarkeit des Bürgerkrieges an. Viele von ihnen wechselten mehrmals die Seiten, ehe entweder der Krieg sie das Leben kostete oder sie doch einen Weg nach Hause hinaus aus dem Militär fanden.[28]

Eine andere Option wählten ebenfalls viele heimgekehrte Weltkriegsveteranen. Zum Schutz des eigenen Dorfes oder der eigenen Regionen vor durchziehenden Bürgerkriegseinheiten verschiedenster Couleur gründeten sie paramilitärische Verbände. Dies gilt sowohl für die russischen als auch die nichtrussischen Regionen des ehemaligen Zarenreiches. Solche paramilitärischen Verbände begegnen auch in den großen Bauernerhebungen des Bürgerkriegs. Diese speisten sich nicht allein aus dem Widerstand gegen die unbarmherzigen Getreiderequirierungen der Bol'ševiki. Gerade die große Rebellion unter Antonov in Tambov verdeutlicht eine ganze Reihe weiterer Bedingungsfaktoren solcher Rebellionen: die massenhafte Verfügbarkeit von Waffen und militarisierten Männern in einer Region, das Charisma eines Anführers und die Kombination von Not und Kontingenz.[29]

Der Zusammenbruch aller östlichen Kontinentalimperien, regionale Spezifika und internationale Zusammenhänge gelten mittlerweile als wichtige Zusammenhänge der nationalen Bewegungen im Bürgerkrieg, die früher allein auf eine Frontstellung gegen Rote oder Weiße reduziert worden sind. Während in Estland und Litauen Nationalisierungen des Bodens die Bauern für die dortigen Nationalbewegungen gewannen, stellte sich die Situation in der Ukraine anders dar. Die Bodennationalisierung und Verteilung des Landes an die Bauern durch die Rada, den ukrainischen Zentralrat in Kiev, führte nicht alle ukrainischen Bauern in das Lager der ukrainischen Nationsbildung. In der Region Charkiv sahen die Bauern keinen Unterschied zwischen den Agrarpolitiken der Rada und der Bol'ševiki und mochten Letztere 1918 gar als das geringere Übel im Vergleich mit dem deutschen Protektorat nach dem Frieden von Brest-Litovsk betrachten. Auch die Auseinandersetzung mit auswärtigen Mächten und Bürgerkriegsparteien hatte auf nationale Bewegungen unterschiedliche Auswirkungen. In Estland stärkte die Abgrenzung von deutschen Truppen und den Weißen die nationale Bewegung, in der Ukraine spaltete sie die nationalen Eliten.[30]

Klanpolitik und Religion konnten gleichfalls nationale Bewegungen differenzieren. So entwickelte die baschkirische Nationalbewegung nach der Revolution eine revolutionäre und eine konservative Spielart.[31] In anderen Regionen kam es zu scheinbar verblüffenden Allianzen zwischen russischen und nichtrussischen, anti- und probolschewistischen Kräften. In Zentralasien verbanden sich revolutionäre und gegenrevolutionäre Bewegungen mit imperialen und dekolonisierenden Kräften. Die revolutionärste Gruppe, der Rat von Taškent, war hier zugleich der stärkste Garant russisch-imperialer Kontrolle über die Region.[32]

Die Weißen konnten sich einmal eroberten Gebietes nie sicher sein. Hinter ihren Linien traten immer wieder die unabhängigen Bauernarmeen Machnos und Grigor'evs auf, die auf ihrer Seite alle Vorteile des Guerillakampfes vereinten. Sie konnten sich unerkannt zurückziehen, in feindliche Lager schleichen, bei Bedarf ein großes Heer aufstellen und entscheidende Schläge durchführen. So fingen Machnos Truppen am 26. September 1919 den Reserve- und Versorgungszug Denikins auf seinem Weg nach Moskau ab, Offiziere und Soldaten der Weißen fielen einem Massaker zum Opfer.[33] Untereinander kannten die Bauernguerillas jedoch auch kein Erbarmen. Nikifor Grigor'ev hatte sich als ungefestigter Linker zunächst auf die Seite der Bol'ševiki und Machnos gestellt. Am 7. Mai 1919 wechselte er jedoch die Seiten und erklärte sich zum Antibolschewik und antisemitischen Nationalisten. Machno lud ihn zu einer Unterredung am 27. Juli 1919, bei der Grigor'ev unter ungeklärten Umständen ums Leben kam.[34]

Machnos Armee von 15 000 Personen stellte ohne Zweifel eine ernst zu nehmende Größe im Bürgerkrieg dar.[35] Ihre milizenartige Struktur wirft auch ein Licht auf die Rote Armee. Deren straffe Top-down-Organisation war mit Blick auf die Schlagkraft der Truppe Machnos nicht unbedingt operativen Erfordernissen, sondern politischen Überzeugungen der Bol'ševiki geschuldet.[36] Machno und andere spontan aufgestellte Milizen zeigen, dass den Weißen es nicht gelang, das Land hinter ihren Frontlinien für sich zu organisieren. Demgegenüber war den Bol'ševiki stets bewusst, dass sie sich nicht allein in einer militärischen, sondern auch in einer politischen Auseinandersetzung befanden, in der es galt, die Massen zu gewinnen oder auf die eigene Seite zu zwingen. Es scheint kaum vorstellbar, dass es den Weißen hätte gelingen können, Zentralrussland für sich einzunehmen. In gewisser Weise trugen sie gar zum Überleben der Bol'ševiki bei, indem sie die Menschen vor die Alternative Rot oder Weiß stellten – diese Konkurrenz vermochten die Weißen zu keiner Zeit für sich zu entscheiden.[37]

Was Historiker fein säuberlich in Krieg, Revolution und Bürgerkrieg unterteilen, erlebten viele Zeitgenossen als ein Kontinuum militärischer und paramilitärischer Gewalt, das 1914 begann und erst 1921 endete. Im Norden Russlands wird augenfällig, wie sich 1918 der Erste Weltkrieg, die Revolution und der Bürgerkrieg überlagerten: Hier befanden sich 1918 rote und weiße Truppen, Verbände der Entente und Bauerngruppierungen gleichzeitig. Hier stellte sich das Gouvernement Archangel'sk, das sich von der finnischen Grenze bis an den Ural erstreckte, als eine hoch militarisierte Region dar. Da die Mittelmächte die Häfen Russlands in der Ostsee und im Schwarzen Meer blockierten, waren Archangel'sk und Murmansk im Norden die einzigen Häfen, die Russland im Ersten Weltkrieg mit der Welt verbanden. Entsprechend gigantisch waren die Zahlen von Waffen und Gerät, das hier anlandete. Anfang 1917 beherbergten die Garnisonen in Archangel'sk 19 000 Mann – in einer Stadt, die vor dem Krieg 43 000 Einwohner gezählt hatte.[38]

Wie auch in anderen Teilen des Reiches trugen die Garnisonen zur Verbreitung der Revolution bei. Heimkehrende Truppen schlossen sich im Norden sowohl den Roten als auch den Weißen an oder bildeten eigene paramilitärische Gruppierungen.[39] Ende 1917 und im ersten Halbjahr des Jahres 1918 zogen Garnisonssoldaten und Frontheimkehrer marodierend durch das Gouvernement Archangel'sk. Sie plünderten militärische und private Vorratslager und raubten Zivilisten aus. In dieser Situation versuchten Einheiten der Roten Garde in den Kreisen und Dörfern des Gouvernements die Macht für die Bol'ševiki zu sichern. Die Garde war aus Frontheimkehrern gebildet, die in der Region rasch in Konflikt mit wieder anderen Frontheimkehrern gerieten. Ende März 1918 kam in Cholmogory eine Versammlung zusammen, um die Macht des Rates der Volkskommissare anzuerkennen und die Requirierung von überschüssigem Getreide zugunsten der Roten zu beschließen. Die Versammlung sah sich alsbald von einem Trupp Frontheimkehrer bedroht, die sich im Namen der Einwohner Cholmogorys gegen die Getreiderequirierung wandten. Der Versammlung wiederum kam eine Truppe unter der Führung eines Matrosen aus Archangel'sk zu Hilfe, die die Beschlüsse zugunsten der Bol'ševiki durchsetzte.[40]

Frontlinien zwischen Weißen und Roten und rivalisierenden Dörfern überschnitten sich 1918 in der Gewaltgeschichte des Gouvernements Archangel'sk. So konkurrierten im Kreis Onega die Dörfer Koža und Pudož um Grund und Boden eines am Koža-See gelegenen Klosters. Angehörige der Garnison und Frontheimkehrer schlossen sich den Bewohnern der zerstrittenen Dörfer an. Der Gewalt fielen Bauern, aber auch der Abt und Brüder des Klosters zum Opfer. Das Dorf Koža schloss sich den Weißen an, Pudož schlug sich auf die Seite der Roten. Alltagsgewalt im Ressourcenkonflikt um Land und politische Gewalt im Bürgerkrieg verbanden sich.[41]

Ideologie und politische Orientierung waren dabei keine eindeutige und dauerhafte Grundlage individuellen Handelns. Beispiele sind Legion. Als der Archangel'sker Bauer Gordej Moseev nach der Februarrevolution 1917 von der Front heimkehrte, kämpfte er für die Sowjetmacht. In seiner Funktion als Vorsitzender des Armeekomitees des 177. Infanterieregiments und später als Mitglied des Novgoroder Gouvernement-Rates der Arbeiter-, Bauern- und Soldatendeputierten stritt er für die Bol'ševiki. Im noch jungen Jahr 1918 begegnet uns Moseev im Gouvernement Archangel'sk wieder – als Angehöriger einer antisowjetischen Truppe, die der Regierung der Weißen im Norden an die Macht verhalf.[42]

Der Kampf ums Überleben, die Versorgung mit Lebensmitteln gab häufig den Ausschlag für Entscheidungen der Akteure im Bürgerkrieg. So kam es, dass im Sommer 1918 sich der Sowjet von Archangel'sk auf die Seite der alliierten Interventen und gegen die Bol'ševiki stellte. Bauern verprügelten bolschewistische Agitatoren. Garantierten doch schließlich die Alliierten die Versorgung mit Lebensmitteln über den Seeweg, nicht die Bol'ševiki, die die allgemeine Wehrpflicht wieder eingeführt hatten und Getreide requirierten. So fiel die lokale Macht in Archangel'sk im Herbst 1918 an die weiße Oberste Verwaltung des Nordbezirks.[43]

In Archangel'sk trugen 1918 Alliierte, Weiße, Rote und Bauernverbände Konflikte aus, in denen sich Erster Weltkrieg, Revolution und Bürgerkrieg überlagerten. Als im August 1918 alliierte Truppen dort angelandet waren, erschien dies der Entente, den Weißen und der Bevölkerung gleichermaßen als Fortsetzung des Ersten Weltkriegs, nicht als Intervention in den Bürgerkrieg. Das Maximum der alliierten Truppenmassierung in Nordrussland erreichte 1918/19 25 000 Soldaten. Ihr Rückzug begann im Frühjahr 1919. Im September 1919 hatte der letzte alliierte Soldat die Region Archangel'sk verlassen.[44]

Anfang 1919 übernahm der weiße General E. K. Miller den Posten des Generalgouverneurs in Archangel'sk. Bis zu Beginn des Jahres 1920 vermochten die Weißen den Bol'ševiki noch Widerstand zu leisten. Seit 1918/19 kämpften auch weiße und rote Partisanen in der Region Archangel'sk unerbittlich gegeneinander. Diese Truppen requirierten Getreide, Heu und Vieh. Was sie an Vorräten nicht abtransportieren konnten, verbrannten sie teils vor Ort. Starkov, ein roter Partisan, berichtete: «Nach unserem persönlichen Gutdünken fassten wir Entschlüsse über die Erschießung schädlicher Elemente. [...] Wir erschossen – das war möglicherweise ein Verbrechen – jeweils 18 bis 20 Personen [...] Aber das Kreisexekutivkomitee und die örtlichen Exekutivkomitees hielten das eigentlich für richtig.»[45] Zum Schutz vor solchen durchziehenden Gewalthorden riefen viele Dörfer paramilitärische Selbstverteidigungsgruppen ins Leben. Solche Einheiten wehrten sich dagegen, von Weißen oder Roten für räumlich ausgreifende Operationen rekrutiert zu werden. Sie zielten auf die lokale Verteidigung ihrer Lebensgrundlage.[46]

In vielen Aspekten ähnlich und doch auch wieder ganz anders gelagert stellte sich der Bürgerkrieg in der Uralregion dar. In den Gouvernements Vjatka, Perm', Orenburg und Ufa hatten vor dem Ersten

Weltkrieg annähernd 13 Millionen Menschen gelebt. Hier begann der Bürgerkrieg im November 1917 damit, dass Rote Garden sich gegen die Rebellion der Kosaken aus Orenburg wandten. In den folgenden Jahren durchlitten die Menschen im Ural permanente Kämpfe, Übergriffe und wandernde Frontlinien zwischen Roten und Weißen, regionalen Regierungen und nationalen Bewegungen, einer marodierenden Soldateska, roten Beschaffungsbrigaden sowie Arbeitern, Bauern und Kosakenverbänden. 1918/19 sahen sich die Bol'ševiki im Ural der Tschechoslovakischen Legion, der Armee der Weißen unter Admiral Kolčak und baschkirischen Truppen gegenüber. Mit dem Sieg der Bol'ševiki über diese Widersacher war der Bürgerkrieg im Ural jedoch noch lange nicht beendet. Roter Terror und ein Krieg der Bauern und Kosaken gegen die Bol'ševiki zogen sich weit in das Jahr 1921 hinein. Erst eine akute Hungersnot beendete 1921/22 die Kämpfe. Die Streiks der Arbeiter in den Städten vermochten die Bol'ševiki erst 1922 abzustellen, als die gute Ernte des Sommers wieder eine bessere Versorgung ermöglichte.[47]

Ein zerfallener Staat, schiere Existenzangst und kulturelle Desorientierung – unter diesen Umständen erwies sich Gewalt im Bürgerkrieg als sozial strukturierender Faktor.[48] Im Ural ließ sich beobachten, dass es zwar Unterschiede zwischen weißem und rotem Terror gab. Für die Menschen standen jedoch die Erfahrungen von Gewalt im Vordergrund, gleich wie sie sich womöglich ideologisch speiste und worauf sie politisch zielte. Die Gewalt der Bol'ševiki verstand sich als Mittel des Klassenkampfes. Sie zielte auf alle Lebensbereiche der Menschen, insbesondere in Form der unbarmherzigen Lebensmittelrequirierungen, und sollte Kooperation erzwingen. Die Gewalt der Weißen hingegen traf im Ural die Bol'ševiki und ihre Anhänger. Darüber hinaus zeigten die Weißen im Ural unter Admiral Kolčak Verständnis für die Resultate der sozialen Revolution, die sie unangetastet ließen. Sie akzeptierten den Acht-Stunden-Tag und Gewerkschaften und hielten eine Reprivatisierung von Betrieben in einem sehr engen Rahmen. Auch wenn der Ural nie zum Kernland der Gutswirtschaft gehört hatte, segneten die Weißen die bisherigen revolutionären Landumverteilungen der Bauern ab und untersagten allein künftige. Und im Feiertagskalender ließ Kolčak sowohl den Tag der Februarrevolution als auch den 1. Mai stehen.[49]

Die Menschen im Ural nahmen ungeachtet der beschriebenen Unterschiede zwischen weißem und rotem Terror die Repressalien als zwei Seiten einer Medaille wahr. Plünderungen, Requirierungen, Geiselnahmen, Folter und Mord mussten sie von Weißen wie Roten ertragen.[50] Im Herbst 1918, nachdem die Weißen Ekaterinburg eingenommen hatten, schrieb ein ehemaliger Staatsbeamter und Ingenieur an die Stadtverwaltung: «In Ekaterinburg passieren grauenhafte, schreckliche Sachen: Aufgrund jeder beliebigen Denunziation, auch seitens Minderjähriger, werden Massenverhaftungen angeblicher Bolschewiki durchgeführt. Als eine Illustration kann ich eine kurze Beschreibung der Personen anführen, die vom Kommandanten der Stadt in Haft genommen worden sind: ein des Lesens und Schreibens unkundiges 60jähriges altes Weib, das wegen der Aussage, ‹die alte Ordnung sei besser gewesen›, denunziert wurde; ein blindgeborener Musiker und Klavierstimmer, der wegen angeblicher Büroarbeit für die Bolschewiki von zwei Jungen denunziert wurde; ein belgischer Untertan, der wegen eines Fehlers in seinen Dokumenten inhaftiert ist; ein Offizier, der mit einem Teil seiner Schwadron die Bolschewiki verlassen hat; ich, ein Ingenieur, der 20 Jahre lang dem Staat gedient hat und der nach zweijähriger Arbeit im Militärbetrieb in Zlatoust von den Bolschewiki aus persönlichen Rachemotiven hinausgeworfen und verhaftet wurde.»[51]

In der Uralregion gab es im Bürgerkrieg mehrere Optionen für Menschen, sich zur Gewalt zu verhalten.[52] Es lassen sich Handlungstypen von Aktivisten, Widerständlern, Mitläufern und Außenseitern beobachten. Als Aktivisten erscheinen vor allem Männer im wehrfähigen Alter, die vielfach im Ersten Weltkrieg in der Armee gekämpft hatten. Diese Männer verstanden es, mit Waffen umzugehen, und nahmen eine aktive Position zu ihrem politischen und sozialen Umfeld ein. Darunter waren auch Flüchtlinge und ehemalige Kriegsgefangene. Unter den Widerständlern begegneten vor allem die nichtrussischen Menschen: Baškiren, Tataren, Kosaken sowie ukrainische und deutsche Kolonisten. Sie sahen sich als Verlierer der Revolution und stemmten sich den Roten und Weißen und ihren Gewaltregimen entgegen. Die bei Weitem größte Gruppe stellten die Mitläufer. Sie praktizierten eine Distanzierung gegenüber neuen Machthabern jeglicher Couleur und versuchten in dieser Unauffälligkeit ihr Leben zu retten. Gleichzeitig lernten sie Kulturpraktiken des Überlebens von den Bauern und Unterschichten. Die häufig zwischen Stadt und Land wandernden Bauern waren den Umgang in verschiedenen kulturellen Kontexten inklusive illegaler Handelsaktivitäten gewohnt. Sie erwiesen sich, wie auch die robuste und gewaltaffine bäuerliche Alltagskultur, als wichtige Überlebenstechniken im Bürgerkrieg. So trugen auch die Mitläufer zu einer Brutalisierung ihr Scherflein im Bürgerkrieg bei. Als marginalisierte Außenseiter begegnen schließlich ältere Menschen, Kinder und Frauen sowie verarmte Bauern und Arbeitslose, deren Schicksal Kriminalität, Bettelwesen und Prostitution waren. In der schweren Hungersnot 1921/22 fanden sie keine Solidarität und fielen entweder dem Hunger oder der Gewalt anderer zum Opfer.[53]

Bürgerkriegsgewalt verhält sich umgekehrt proportional zur Ausprägung des staatlichen Gewaltmonopols. Einen Staat mit institutioneller Präsenz gab es im Bürgerkrieg nicht. Dementsprechend erreichte die Gewalt riesige Ausmaße. In Russland wurde dies bereits im Herbst 1917 offenbar, als überall Plünderer ungehindert die Alkohollager leertranken und es in der alkoholisierten Enthemmung zu Ausschreitungen kam.[54] Verschwörungstheorien, die bereits im Ersten Weltkrieg hoch im Kurs standen, führten im Bürgerkrieg zu einer weiteren Verrohung der Sprache und starker sprachlicher Stigmatisierung imaginärer Feinde. Das Wirken dunkler Mächte schien omnipräsent: «bolschewistische Räuber», «konterrevolutionäre Banditen», «die internationale Bourgeoisie» und «der deutsche Spion» – sie galten als Strippenzieher allen Unheils.[55] Nachdem die Ordnung des Zarenreiches weggebrochen war, prägten die bäuerlichen Gewaltkulturen umso stärker Revolution und Bürgerkrieg.[56] Die Weltkriegserfahrung ist auch als Faktor der Gewalt im Bürgerkrieg in Rechnung zu stellen. Es scheint zweifelhaft, ob unmittelbare Fronterlebnisse direkt als auslösend für gewalttätiges Verhalten im Bürgerkrieg gelten können. Der Krieg hatte jedoch eine Gewöhnung an Gewalt geleistet. Zudem war die Kritik an überkommenen dörflichen Verhaltensweisen ein Topos im Selbstverständnis der Armee des Zarenreiches gewesen. Dieser Topos begegnet wieder im Hass der bolschewistischen Überfallkommandos auf die rückständige Welt des russischen Dorfes.[57]

So wie die Bevölkerung angesichts der Anarchie im Bürgerkrieg häufig in der Gewalt das ultimative Mittel der Selbstbehauptung sah, versuchten Weiße und Rote die Anarchie des Bürgerkrieges mit Gewalt zu zähmen. Daraus entstand ein Kreislauf der sich selbst speisenden Bürgerkriegsgewalt. «So gesehen war die Gewalt im russischen Bürgerkrieg eine Kombination von modernen Ordnungsansprüchen und vormodernen Verhaltenscodes und Gewalttechniken, die in den staatsfernen Räumen ihre größten Triumphe feierte.»[58]

Für Juden im revolutionären Russland übertraf der Bürgerkrieg alle Schrecknisse, die bereits die Pogrome im Zarenreich seit 1881 periodisch wiederkehrend über sie gebracht hatten. Rote und Weiße verübten, initiierten und tolerierten Pogrome. In der Feindbildpropaganda beider Parteiungen existierten Feindbilder des Juden wahlweise als internationalistischer Revolutionär oder kosmopolitischer Finanzier der Reaktion.[59] Nicht nur im russischen Bürgerkrieg, auch im polnisch-sowjetrussischen Krieg fanden sich Juden zwischen allen Fronten wieder.

4. Postimperiale und neoimperiale Konstellationen in der Ukraine und der Mongolei

Um die Erbmasse der untergegangenen Reiche der Hohenzollern, Habsburger und Romanovs rangen verschiedene nationale Projekte wie das polnische und das ukrainische. In diesen Zusammenhang fällt der polnisch-sowjetrussische Krieg 1919/20. Der Begriff polnisch-sowjetrussischer Krieg greift eigentlich zu kurz. Hier standen sich nicht allein weißer Adler und roter Stern gegenüber.[60] Weder auf der einen noch auf der anderen Seite herrschte Einigkeit über die Ziele dieses Krieges, und zwischen beiden Kontrahenten operierte eine Vielzahl weiterer Akteure, potentieller Gegner und Verbündeter, die ihrerseits eigene Vorstellungen verfolgten. In den Reihen der polnischen Truppen kämpfte ein Teil des alten Offizierkorps des Zarenreiches wie sich umgekehrt unter den sowjetrussischen Einheiten polnische Kommunisten befanden.[61] Dazu waren ukrainische Staatsgründungsversuche eng mit dem polnisch-sowjetrussischen Krieg verwoben.

Die ukrainischen Staatsgründungsversuche in den Ruinen des Habsburgerreiches und des Zarenreiches gerieten rasch in eine prekäre Situation. Der Ambitionen auswärtiger Mächte auf ukrainische Länder vermochten sie sich allein mit Hilfe anderer auswärtiger Mächte zu erwehren. Zwar hatten die neuen Machthaber in Petrograd am 2. November 1917 ein Dekret über die Rechte der Völker Russlands erlassen, das «Freiheit und Souveränität für alle Völker Russlands» sowie das «Selbstbestimmungsrecht für alle Völker Russlands bis zur vollständigen Trennung und Bildung selbstständiger Staaten» versprach.[62] Verdächtig klang in dem Dekret jedoch die Aussicht auf die «aufrichtige und dauerhafte Einigung der Völker Russlands».[63] Die Kiever Rada suchte Gewonnenes abzusichern, indem sie am 7. November 1917 in ihrem Dritten Universal die Ukrainische Volksrepublik (Ukrajins'ka Narodnja Respublika, kurz UNR) ausrief, ohne allerdings die Republik von Russland zu trennen.[64]

Das Verhältnis der UNR zu den Bol'ševiki eskalierte über der Frage militärischer Durchmarschrechte. Die Forderung der Bol'ševiki nach freier Beweglichkeit ihrer Truppen in der Ukraine verhieß im Angesicht von Sympathiebekundungen ukrainischer Bauern für die Bol'ševiki und kommunistischer Unruhen in den Städten nichts Gutes. Als die Bol'ševiki in Petrograd die Verfassungsgebende Versammlung auflösten, erblickte die Rada die letzte ukrainische Option in der Ausrufung der vollen Souveränität der Ukraine und der definitiven Loslösung von Russland im Vierten Universal vom 12. Januar 1918, rückdatiert auf den 9. Januar.[65]

Am 8. Februar 1918 eroberten die Bol'ševiki Kiev. Die Rada wich nach Žytomyr aus. Unabweislich war der ukrainische Staatsgründungsversuch auf Hilfe von außen angewiesen. Während die Bol'ševiki und das Deutsche Reich zu Brest-Litovsk mehr schlecht als recht mit ihren Friedensverhandlungen vorankamen, schloss die Ukraine am 9. Februar einen Separatfrieden mit Deutschland.[66] Mit Hilfe der Mittelmächte konnte keine drei Wochen später Kiev zurückerobert werden, wo nun auch die Rada wieder ihren Sitz nahm. Die ukrainischen Hoffnungen wurden allerdings im Laufe des Jahres 1918 umso bitterer enttäuscht, als sich herausstellte, mit welcher Entschlossenheit es die Deutschen auf die Rohstoffe und Agrarproduktion der Ukraine abgesehen hatten. Anstelle der Rada installierten die Deutschen schließlich Pavlo Skoropads'kyj als Hetman von ihren Gnaden. Erst nach dem deutschen Zusammenbruch im November 1918 konnte sich im Dezember eine neue ukrainische Regierung in Kiev etablieren, die im Januar 1919 die Vereinigung mit der Westukrainischen Volksrepublik vollzog. Die Abhängigkeit von Deutschland war Vergangenheit, wie mit den Ansprüchen Polens und der Bol'ševiki umzugehen war, musste die Zukunft zeigen.

Der militärische Konflikt zwischen Polen, Ukrainern und den Bol'ševiki begann mit Eroberungen, die Józef Piłsudski von der Partei der Polnischen Sozialisten angeordnet hatte. Im Ersten Weltkrieg hatte er die polnischen Legionen in den Reihen der habsburgischen Armee angeführt. 1918 stand er an der Spitze des wiedererstandenen polnischen Staates. In seinen Vorstellungen vom Territorium Polens orientierte er sich am weit nach Osten reichenden Polen-Litauen der Vormoderne im Gegensatz zu seinem politischen Kontrahenten Roman Dmowski, dem Führer der polnischen Nationaldemokraten, der einen ethnisch homogenen polnischen Nationalstaat favorisierte. Die Städte Wilno, das Litauen als seine Hauptstadt Vilnius anvisierte, und Lemberg (polnisch: Lwów), das die ukrainische Nationsbildung als L'viv für sich reklamierte, besaßen hohe Priorität für Piłsudski. So eroberten polnische Truppen am 22. November 1918 Lemberg, in dem erst kurz zuvor die Westukrainische Volksrepublik ausgerufen worden war. Am 2. Januar 1919 brachte der polnische Selbstschutz Wilno in seine Hand, woraufhin die litauische Regierung die Flucht ergriff. Kurz darauf jedoch nahmen die Bol'ševiki die Stadt ein. In Galizien startete am 14. Mai 1919 die polnische Offensive gegen die ukrainischen Truppen. Rund zwei Monate später drängten polnische Truppen die Ukrainer über den Zbrucz zurück, der der Grenzfluss zwischen dem Habsburgerreich und dem Zarenreich gewesen war. Am 26. April 1920 rückte Polen, das nun mit Petljuras Ukrainischer Volksrepublik im Bündnis stand, auf die Ukraine vor und erreichte bereits am 7. Mai Kiev. Auf dem Fuß folgte der sowjetische Gegenschlag, so dass die polnisch-ukrainischen Bundesgenossen Kiev am 12. Juni wieder räumten. In der zweiten Augusthälfte spielte sich die Schlacht um Warschau ab, in der Piłsudskis Truppen die Rote Armee weit nach Osten zurückwarfen. Bereits zuvor hatte die Sowjetregierung Vilnius an die litauische Regierung zurückgegeben. Am 9. Oktober jedoch brachte General Lucjan Żeligowski die Stadt handstreichartig wieder in polnischen Besitz. Zu Riga wurde am 12. Oktober ein polnisch-sowjetischer Vorfriede geschlossen, ehe am 21. März 1921 Polen und Sowjetrussland einen förmlichen Friedensvertrag schlossen, in dem sie die ukrainischen Länder unter sich aufteilten.[67]

1919/20 stießen nicht allein Polen und Sowjetrussland aufeinander, zwischen ihnen rangen Litauer, Belarusen und Ukrainer um ihre Nationalstaatlichkeit. Und sowohl die Wiederhersteller polnischer Staatlichkeit als auch die sowjetrussischen Berufsrevolutionäre waren sich untereinander alles andere als einig über die Ziele ihres Krieges. Piłsudski betrachtete die 1918 wiedergewonnene Staatlichkeit Polens als Wiederherstellung jenes Status, den die drei Teilungsmächte des Landes im späten 18. Jahrhundert widerrechtlich getilgt hatten. Seine kognitive Karte Polens war im Osten umrissen von den Grenzen der alten Adelsrepublik Polen-Litauen im Jahre 1772, die im Norden entlang der westlichen Düna und im Süden am Dnepr verliefen.[68] Auch lag Piłsudskis Zukunftsvision die Vorstellung des Intermarium zugrunde, eines Herrschaftsraumes zwischen Ostsee und Schwarzem Meer.[69]

Piłsudski musste diese Konzeption im Inneren gegen konkurrierende Vorstellungen verteidigen, Litauer, Belarusen und Ukrainer für eine Föderation gewinnen und schließlich russische Verbündete finden, die sich ein Russland in den Grenzen des frühen 17. Jahrhunderts vorstellen konnten. In der innerpolnischen Konkurrenz stand Piłsudski in Roman Dmowski von den polnischen Nationaldemokraten ein Gegenspieler von gewaltigem politischen Format gegenüber.[70] Dmowski hatte seit 1907 ein Mandat im Parlament des Zarenreiches, der Duma, wahrgenommen und im folgenden Jahr seine politischen Überzeugungen in seinem Buch *Deutschland, Russland und die polnische Frage* (Niemcy, Rosja a kwestia polska) dargelegt. Er vertrat einen ethnischen Nationalismus, der Polen scharf von anderen Sprach- und Religionsgemeinschaften abgrenzte. Den Kern des neuen Polens sah er im Posener Land, denn hier bilde sich eine völlig neue und starke Polonität im Kampf gegen die preußisch-deutsche Germanisierungskampagne aus. Von dort werde die Erneuerung Polens ihren Ausgang nehmen, die gemeinsam mit Frankreich und Russland gegen Deutschland zu erringen sei. Aus Piłsudskis Sicht mochte diese piastische Konzeption polnischer Staatlichkeit angehen, solange sie alleine auf dem Papier geschrieben stand. 1919 jedoch führte Dmowski die polnische Delegation an, die zu den Friedensverhandlungen in Versailles zugelassen worden war. Welchen diplomatischen Einfluss Dmowski auf die Alliierten auszuüben vermochte, hatte sich bereits gezeigt, als er nicht unwesentlich dazu beigetragen hatte, die polnische Frage in den vierzehn Punkten des amerikanischen Präsidenten Wilson zu verankern.[71]

Zur Absicherung seiner Ostpolitik war Piłsudski auf der Suche nach einem Bündnispartner in Russland, dem sogenannten dritten Russland (trzecia Rosja).[72] Es sollte sich dabei um eine Gruppe jenseits der Frontstellung zwischen Weißen und Roten im Bürgerkrieg handeln. Nicht minder als den roten Revolutionsexport fürchtete Piłsudski die Renaissance des Imperiums, die die Weißen anstrebten, mochten ihre Generäle nun Denikin, Kolčak oder Vrangel' heißen.

Idealtypisch stellte Piłsudski sich das dritte Russland als einen mehr oder weniger demokratischen Staat vor, der die Souveränität Polens, der baltischen Staaten, Litauens, Belarus' und der Ukraine akzeptierte. Einen geeigneten Vertreter dieses dritten Russlands hoffte Piłsudski in Boris Savinkov gefunden zu haben, der 1917 der Provisorischen Regierung angehörte, sowie in Nikolaj Čajkovskij, der Mitglied der russischen Auslandsdelegation in Frankreich war. Savinkov und Čajkovskij erhielten im Dezember 1919 eine Einladung, sich zu Gesprächen mit Piłsudski in Warschau einzufinden. Am 16. und 18. Januar 1920 einigten sich Piłsudski, Savinkov und Čajkovskij auf gemeinsame Punkte. Gegenstand der Übereinkunft waren die Aufstellung bewaffneter russischer Verbände in Polen, der Verzicht Russlands auf die Grenzen von 1914 und – dies zweifelsohne ein Zugeständnis Piłsudskis – derjenige Polens auf die Grenzen von 1772, Plebiszite über die Zukunft Litauens und Belarus' sowie Vereinbarungen, die Russland mit Finnland, den baltischen Staaten und der Ukraine schließen würde. Den Kampf gegen den Bolschewismus begriff man als Gemeinschaftsaufgabe Polens, des neuen Russlands und der Nationen an den westlichen Rändern des alten Zarenreiches.[73]

Die praktische Umsetzung dieser Pläne war begrenzt. Erst am 1. Juli 1920 kam es tatsächlich zur Aufstellung russischer Verbände in Polen, die jedoch nicht auf dem Schlachtfeld, sondern auf dem Feld der Propaganda Bedeutung gewannen. Denn solange Russen in den Reihen Polens kämpften, glaubte Piłsudski ein Argument in der Hand zu halten, das Sowjetrussland absprach, den Krieg gegen Polen zu einem nationalen Verteidigungskrieg zu stilisieren.[74]

Lenin hatte durchaus Verständnis für Polens negatives Russlandbild.[75] Auf dem Allrussländischen Kongress der Arbeiter der Glas- und Porzellanproduktion hielt Lenin am 29. April 1920 unter dem Eindruck der polnischen Offensive eine Rede. Polen habe bereits Žytomyr genommen und bewege sich nun auf Kiev zu, schilderte er seinem Auditorium die Dramatik der Ereignisse. Nichtsdestotrotz beteuerte er, «nicht die geringsten Absichten gegen die Unabhängigkeit Polens» zu haben.[76] Jedoch, so Lenin weiter, habe er keinen Anlass daran zu zweifeln, dass die polnische Regierung als willfähriges Instrument des imperialistischen Frankreich diesen Angriffskrieg gegen die Ukraine begonnen habe. Schließlich fügte er noch an, dass dieser Krieg kaum im Interesse der polnischen Arbeiterschaft sein könne und letztlich das Ziel verfolge, eine Barriere zwischen die Proletariate Deutschlands und Russlands zu stellen.[77]

Was Lenin damit andeutete, war tags darauf ausführlicher in den *Izvestija* nachzulesen. Die Zeitung brachte am 30. April 1920 einen Appell «An alle Arbeiter, Bauern und ehrhaften Staatsbürger Russlands», den Kalinin, Lenin, Čičerin, Trockij und Kurskij unterzeichnet hatten.[78] Die Kombattanten werden in diesem Dokument säuberlich in zwei Lager geteilt. Als Instrument der Entente habe ein «Heer der polnischen Gutsherren und Kapitalisten», hätten die «Warschauer Chauvinisten», die «polnischen Weißgardisten» oder kurz – habe die «polnische Regierung» die Ukraine angegriffen.[79] Aus Sicht der Bol'ševiki führten die polnischen Akteure einen Kampf gegen die Bauern und Arbeiter Polens, der Ukraine und Russlands, denen eine schlimmere Knechtschaft als die einstige Leibeigenschaft im Zarenreich drohe.[80] Davor gelte es sie zu verteidigen, und so schließt der Aufruf mit einem vierfachen Hoch auf die Rote Armee, das «unabhängige Polen der Arbeiter und Bauern», die Sowjetukraine sowie Sowjetrussland.[81]

Das Selbstbestimmungsrecht der Völker wird Polen dabei zugestanden: «Wir haben anerkannt und wir anerkennen die Unabhängigkeit Polens.»[82] Ebenso schließe dies aber das Recht zur Selbstverteidigung ein. Ein militärisches Mobilisierungspotential liegt ja gerade darin, den nationalen Krieg als Verteidigungs- und damit gerechten Krieg ausgeben zu können. Aus dem Krieg solle eine gemeinsame polnisch-ukrainisch-russische Zukunft hervorgehen, die die Bol'ševiki ihrem Gegner in dessen eigenen Worten plausibel zu machen versuchten. Denn die Polen mögen doch bitte erkennen, dass man «Für unsere und für Eure Freiheit!» kämpfe. Hier griffen die Revolutionäre eine polnische Losung aus dem Vormärz auf (za naszą i waszą wolność),[83] als die polnische Freiheitsbewegung in der Frontstellung gegen die drei schwarzen Adler eine Gemeinsamkeit mit den deutschen Studenten und Liberalen entdeckte. «Für unsere und eure Freiheit» ließen Deutsche und Polen auf dem Hambacher Fest 1832 die schwarz-rot-goldene und die weiß-rote Flagge hissen.[84]

Die Sowjetrepubliken Belarus' und Litauen – so der Appell weiter –, zu deren Bauern und Arbeitern die Bol'ševiki in «flammenden Sympathien» stünden, hätten die Bol'ševiki als Ausdruck ihrer Friedensliebe Polen überlassen. Dabei wähnten die Bol'ševiki sich in der Sicherheit, dass das polnische Proletariat – historisch mit dem russischen bereits im Kampf gegen den Zarismus verbunden – alsbald das aktuelle polnische Regime beseitigen und damit auch Litauen und Belarus' befreien werde.[85] Daraus spricht die Überzeugung, die Lenin etwa am 28. Dezember 1919 kundgetan hatte, dass man in herkömmlichen Staatsgrenzen getrost ein Phänomen jener alten Welt sehen dürfe, deren Untergang im Oktober 1917 unaufhaltsam begonnen habe. Die Bol'ševiki zielten – so Lenin weiter – deswegen auf die Beseitigung aller Staatsgrenzen auf Erden.

Die Propaganda der Bol'ševiki wirkte nicht allein auf Polen, Belarus' und die Ukraine, sondern entfaltete auch im Inneren Russlands ihre Wirkung. Dies gilt hier gerade für die Rhetorik nationaler Verteidigung. Bereits im Frühjahr 1918 hatte Lenin den Bürgerkrieg als «vaterländischen Krieg» bezeichnet, und Trockij gebrauchte im Bürgerkrieg wie auch im Krieg gegen Polen Schlagworte wie «Sammlung der russischen Erde» oder «Freiheit und Unabhängigkeit Russlands», die ihn schließlich die Schlussfolgerung «die Oktoberrevolution war zutiefst national» ziehen ließen.[86] Der nationale Appell wirkte in Russland auch auf Akteure, die den Bol'ševiki zunächst feindlich gegenübergestanden hatten. Zuvorderst ist hier Aleksej Alekseevič Brusilov zu nennen, jener prominente General, der im Ersten Weltkrieg sowohl Nikolaus II. als auch Kerenskijs Provisorischer Regierung gedient hatte.[87] Am 1. Mai 1920 bot er den Bol'ševiki seine Dienste an. Nur eine Woche später ließ Trockij über die *Pravda* die Ernennung Brusilovs zum Vorsitzenden einer Kommission verbreiten, die das Kommando an der Westfront innehatte.

Brusilovs öffentlichkeitswirksamer Wechsel hatte auch familiäre Hintergründe. Die Weißen hatten 1919 seinen Sohn Aleksej ermordet, der mit seinem roten Kavallerieregiment in ihre Gefangenschaft geraten war. Aleksejs Engagement auf Seiten der Roten war nicht zuletzt dadurch motiviert, seinen Vater damit vor dem roten Terror zu schützen. Brusilov jedenfalls fühlte den Tod seines Sohnes auf seinem Gewissen lasten, gab sich überzeugt, Denikin persönlich hätte die Hinrichtung seines Sohnes angeordnet, und schwor, seinen Sohn zu rächen. Das zweite familiäre Motiv lag darin, dass Piłsudski im Frühjahr 1920 in jene galizischen und ukrainischen Regionen einmarschierte, in denen Brusilovs Familie seit dem 18. Jahrhundert über Gutsbesitz verfügt hatte. In Brusilovs Augen war dieses Land seit alters her russisches Land, das er bereits im Ersten Weltkrieg vor den anrückenden Truppen der Habsburger verteidigt hatte. Letztlich stellte Piłsudskis Offensive in Brusilovs Augen den nationalen Bestand Russlands in Frage. Er machte seine nationale Motivation publik. Der Krieg gegen Polen könne allein «unter der nationalen Fahne Russlands gewonnen werden», und allein «der Gedanke an Russland» sei in der Lage, das nach Millionen zählende Heer der russischen Bauern zur Verteidigung zu bewegen.[88] Trockij und Radek griffen diese Rhetorik auf, die schließlich 14 000 Offiziere des alten Zarenreiches zu den Bol'ševiki überlaufen und 100 000 Deserteure an der Westfront in die Reihen der Roten Armee zurückkehren ließ. «Wir hätten nie gedacht, dass es in Russland so viele Patrioten gibt», fasste Zinov'ev die Verwunderung der Bol'ševiki in Worte.[89]

Als für einen Moment im Sommer 1920 aus dem Verteidigungskrieg gegen Polen auch eine Offensive in Richtung Europa möglich schien, änderte Lenin seinen konzilianten Ton gegenüber Polen. Für ihn war Polen jetzt in erster Hinsicht eine Sperre, die die Alliierten geschaffen hatten, um eine Verbindung zwischen dem Sowjetkommunismus und Deutschland zu verhindern. Polen einzunehmen bedeutete für Lenin zugleich, Deutschland zu revolutionieren und die Versailler Ordnung aus den Angeln zu heben. Er befeuerte die Westfront mit euphorischen Parolen und forderte in seiner Tagesorder vom 2. Juli 1920 seine Soldaten auf: «Rächt das verbrannte Borisov, das erniedrigte Kiev und das zerstörte Polock.» Über die Leiche des weißen Polen führe der Weg zum großen Weltenbrand, vorwärts nach Vil'no, Minsk und Warschau heiße das Gebot der Stunde. Die Formel: «Gebt uns Warschau!» avancierte zum Schlachtruf der Roten Armee.[90]

Jedoch hat es im engsten Umfeld Lenins nicht an kritischen Stimmen gefehlt. Karl Radek, der in der Führungsriege der Bol'ševiki die Rolle des Polenexperten spielte, erlaubte sich anzumerken, man werde die Einführung des Kommunismus in einem Land überwiegend katholischer Bauern kaum als ein aussichtsreiches Unterfangen betrachten dürfen. Trockij wiederum setzte zwar wie Lenin auf die Internationalisierung der Revolution. Ihm schien jedoch im Vergleich zu einem militärischen Vorrücken in Mitteleuropa der Weg nach Paris und London über Bombay, Kalkutta und Kabul der leichter zu beschreitende zu sein.[91]

Während die Führer der Bol'ševiki über kühne Visionen stritten, die der Feldzug nach Galizien und Polen zu eröffnen schien, erlebte Isaak Babel in den Reihen der Roten Armee die Bestialität des Krieges, die ihn der Revolution entfremdete. Babel, 1894 in einer jüdischen Kaufmannsfamilie in Odessa geboren, konnte seine ersten Erzählungen 1916 in einer Zeitschrift Gorkijs veröffentlichen. Gorkijs Ratschlag an Babel, sich vor weiteren literarischen Unternehmungen noch einmal tüchtig ins Leben zu stürzen, um einen eigenen Erfahrungsschatz reifen zu lassen, fand in den Zeiten von Krieg, Revolution und Bürgerkrieg eine Übererfüllung, die den noch nicht dreißigjährigen Babel schließlich als Kriegskorrespondent in den Reihen Budennyjs den polnisch-sowjetischen Krieg erfahren ließ.[92] Seine Eindrücke notierte er in seinem Tagebuch von 1920.

An mehreren Stellen scheinen die Hoffnungen auf eine lichte Zukunft auf, die Babel an die Revolution geknüpft hatte. In jedem Ort, den die Truppe erreicht, überbringt er der Bevölkerung die frohe Botschaft, welches Glück ihnen nun unmittelbar bevorstehe. So notierte er am 24. Juli 1920 im jüdischen Städtchen Demidovka: «[...] ich erzähle meine Märchen über den Bolschewismus, das Aufblühen, die Schnellzüge, die Moskauer Manufaktur, die Universitäten, die kostenlose Speisung, die Delegation aus Reval, und als Krönung – die Geschichte von den Chinesen und versetze alle diese gepeinigten Menschen in Begeisterung.»[93] In erdrückender Vielzahl hat Babel in seinem Tagebuch all jene Ereignisse niedergeschrieben, die die Revolutionshoffnungen zu Chimären werden ließen. Die Revolution entpuppte sich in ihrer manifesten Umsetzung als Gewaltausbruch und Gewalterfahrung. Die Eintragungen in den Julitagen des Jahres 1920 verdichten sich zu einem Stakkato nimmer enden wollender Bestialität. Am 11. Juli notiert Babel in Belev: «Mich begleitet der Synagogendiener Menasche. Ich esse bei Mudrik, das alte Lied, die Juden sind ausgeplündert, Misstrauen, sie hatten die Sowjetmacht als Befreierin erwartet, und dann auf einmal Gebrüll, Peitschenhiebe, Saujuden.»[94] Über den folgenden Tag heißt es: «[…] sie [die Einwohner des Ortes, M. A.] tun mir leid, die Reiter stöbern herum, so sieht zu Anfang die Freiheit aus. Habe nichts genommen, obwohl ich es hätte tun können, aus mir wird kein Budennyj-Kämpfer.

Zurück, es ist Abend, im Roggen hat man einen Polen gefangen, sie jagen ihn wie ein Tier […]»[95] Wiederum zwei Tage später, immer noch in Belev, hält Babel fest: «Der bösartige und hagere Sokolov sagt zu mir – wir vernichten alles, ich hasse den Krieg.

Warum sind sie alle – Žolnarkevič, Sokolov hier im Krieg? All das ist ohne Bewusstsein, indolent und hat mit Denken nichts zu tun. Schönes System.»[96]

Am 21. Juli, in Pelča und Boratin, steht für Babel längst fest, dass seine Truppe für das genaue Gegenteil seiner eigenen und der Menschheit Erwartungen steht: «Wir sind die Avantgarde, aber wovon? Die Bevölkerung erwartet den Erlöser, die Juden die Freiheit – und geritten kommen die Kuban-Kosaken […]»[97] – eine Konstellation, die ihn nur noch befremdet, wie er am 26. Juli in Leszniów notiert: «Ich bin traurig, muss alles überdenken – Galizien, den Weltkrieg, mein eigenes Schicksal.

Das Leben unserer Division. – Über Bachturov, über den Divisionskommandeur, über die Kosaken, das Marodieren, die Avantgarde der Avantgarde. Ich bin ein Fremder.»[98] Am 6. August notiert er in Chotyn: «Warum will meine Traurigkeit nicht vergehen? Weil ich fern von zu Hause bin, weil wir zerstören, weiterziehen wie ein Wirbelsturm, ein Lavastrom, von allen gehasst, das Leben stiebt auseinander, ich bin auf einer großen, nicht enden wollenden Totenmesse.»[99]

Unter dem 28. August 1920 notierte Babel die Schrecknisse eines Pogroms in Komarów: «Man erzählt mir. Heimlich in einer Hütte, sie haben Angst, dass die Polen wiederkommen könnten. Hier waren gestern die Kosaken von Jessaul Jakovlev. Ein Pogrom. Die Familie von David Zis, in den Wohnungen, ein nackter, kaum noch atmender alter Mann der Prophet, die erschlagene alte Frau, ein Kind mit abgehackten Fingern, viele atmen noch, der stinkende Blutgeruch, alles umgestürzt, Chaos, die Mutter über dem erschlagenen Sohn, eine alte Frau, zusammengerollt wie ein Kringel, 4 Menschen in einer Hütte, Schmutz, Blut unter dem schwarzen Bart, so liegen sie in ihrem Blut.»[100]

Babel bilanziert: «Das ist keine marxistische Revolution, das ist ein Kosakenaufstand, der alles gewinnen und nichts verlieren will.»[101] Und so schwingt zum Ende der Aufzeichnungen fast Erleichterung über die eigene Niederlage mit, wenn er auf dem Rückzug das Scheitern der sowjetischen Überwölbung Galiziens, ja gar Europas konstatiert. In einem der letzten Einträge am 11. September in Kovel heißt es: «Die Stadt bewahrt Spuren europäisch-jüdischer Kultur. Sowjetisches [Geld] nimmt niemand […]»[102]

Während Babel in den ersten Septembertagen 1920 den Rückzug der einst optimistischen Roten Armee protokollierte, machten sich alsbald die Delegationen Polens, Sowjetrusslands und der Sowjetukraine auf den Weg nach Riga, wo sie am 21. September im repräsentativen Schwarzhäupterhaus die Friedensgespräche eröffneten.[103] Am 18. März 1921 war der Frieden geschlossen. Der Vertrag zog eine Grenze zwischen Polen und dem sowjetischen Gebiet, die eine Teilung belarusischer und ukrainischer Regionen bedeutete. Weder lag die Grenze so weit im Westen, wie Lord Curzon es mit dem Bug als

Grenzfluss vorgeschlagen hatte, noch war Polen den Grenzen von 1772 nahegekommen. Die Grenzziehung folgte dem Frontverlauf des Spätsommers 1920.[104] Aus ukrainischer Perspektive musste der Rigaer Vertrag wie eine neuerliche Auflage des Waffenstillstandes von Andrusovo 1667 wirken. Beide Abmachungen stellten eine polnisch-russische Teilung der Ukraine dar.[105]

Während im Westen ukrainische Nationalstaatsgründungen gescheitert und Polen und Sowjetrussland ihre Kräfte im Streit um die Ukraine erschöpft hatten, erkor im Osten ein ehemaliger Militär des Zarenreiches die Mongolei als Ausgangsort eines neoimperialen Projektes, das das Erbe der in Russland und China untergegangenen Dynastien der Romanovs und Qings neu beleben wollte. Nach dem Ende des mongolischen Reiches von Dschingis Khan im 13. Jahrhundert verlief die Geschichte der Mongolei in den Bahnen der chinesischen Reichsgeschichte. In der Neuzeit war sie eine Grenzregion, in der sich ein reger russisch-chinesischer Austausch abspielte. Er folgte den eigenen ungeschriebenen Gesetzen einer Frontier-Region und trotzte um 1900 allen Ordnungsversuchen der Imperien Russland und China. Russen, Kosaken, Mongolen, Burjäten und Chinesen; Nomaden, Viehhirten, Sesshafte, Kaufleute und imperiale Funktionsträger: Sie alle hielten hier eine lokale Ökonomie in Schwung, die in Staatsgrenzen und Handlungsverordnungen keine Beschränkung, sondern Ansporn zu stets eigenwilligerem Wirtschaften fand. Das Ende der Qing-Dynastie in China 1911 nutzten Akteure in der Mongolei, um die Unabhängigkeit der Äußeren Mongolei auszurufen. In den folgenden Jahren sah sich der junge Staat nicht nur mit begehrlichen Wiedereingliederungswünschen der Republik China konfrontiert. Alsbald fand die Mongolei sich auch inmitten der Wirren des russischen Bürgerkriegs wieder. Baron Roman von Ungern-Sternberg sollte dabei 1920/21 in den schillernden Rollen eines Wiederbegründers mongolischer Eigenständigkeit, eines lokalen warlords und eines Visionärs einer russisch-chinesischen neoimperialen Renaissance auftreten.

Obgleich 1886 in Graz geboren, war Baron Roman von Ungern-

Sternberg ein Kind des Russländischen Imperiums. Sein Vater war ein deutschbaltischer Adliger mit Besitzungen in den Ostseeprovinzen Russlands. Seine Mutter heiratete in zweiter Ehe einen anderen deutschbaltischen Adligen. Ungern-Sternbergs Kindheit und Jugend spielte sich im Baltikum ab und endete mit seinem Eintritt in die Petersburger Marineakademie. Aufgrund von Disziplinarvergehen der Akademie verwiesen, meldete er sich 1905 freiwillig in die Armee des Zarenreiches und begegnete als einfacher Soldat im russisch-japanischen Krieg seiner Zukunft: Militär, Krieg und Asien. Bis zum Vorabend des Ersten Weltkriegs diente Ungern-Sternberg in verschiedenen Kosakeneinheiten in asiatischen Regionen des Russländischen Reiches. Aus dem Kosakendienst ausgetreten, reiste er 1913 durch die Mongolei, besuchte Urga und lernte Mongolisch. Der Ausbruch des Ersten Weltkriegs führte ihn wieder in das russische Militär, für das er drei Jahre an allen Fronten kämpfte.[106]

Dabei fiel Ungern-Sternberg seinen Zeitgenossen durch ein Verhalten auf, das Ernst Jünger später in seinen *Stahlgewittern* idealtypisch überzeichnen und fragwürdig verklären sollte. Im April 1915 hatte Ungern-Sternberg nördlich von Warschau einen kleinen Trupp seiner Leute auf die deutschen Stellungen zu geführt. Nach Mitternacht war er mit seinen Männern der deutschen Stellung entgegengerobbt. Als ihn noch rund 20 Meter von der deutschen Stellung trennten, eröffneten die Deutschen das Feuer, in dem Ungern-Sternberg sich aufrichtete und die Deutschen auf Deutsch ansprach. Vortäuschend, er führe einen Trupp deutscher Kameraden, veranlasste Ungern-Sternberg die Deutschen, ihre Stellung zu verlassen und ihren Drahtverhau zu öffnen. Ungern-Sternbergs Männer eröffneten erbarmungslos das Feuer. Hatte Ungern-Sternberg in Friedenszeiten immer Schwierigkeiten gehabt, sich diszipliniert in soziale Ordnungen einzufügen, so schien der Krieg ihm ein Ambiente zu bieten, mit dem er nachgerade verschmolz.[107]

Die Februarrevolution erlebte Ungern-Sternberg an der südlichsten Front Russlands: in der Nähe von Urmia an der persisch-türkischen Grenze. Zusammen mit seinem militärischen Weggefährten, dem Ataman Grigorij M. Semenov, wollte er dem Zerfall der Armee Russlands um sich herum nicht länger tatenlos zusehen. Beide verfolgten nun den Plan, lokale und nationale Einheiten zu rekrutieren, die die Fortsetzung des Krieges ermöglichen sollten. Während Semenov sich um burjatische Einheiten bemühte, versuchte Ungern-Sternberg sich an der Rekrutierung von Assyrern. Später im Jahr 1917 waren beide sich einig, sich den Bol'ševiki militärisch entgegenzustellen, was sie nach Ostsibirien führte.[108]

Ungern-Sternberg brachte dies in das ihm von seiner Kosakenzeit vertraute Daurien am Argunfluss zurück. Während Semenov seine antibolschewistischen Vorstöße tiefer nach Sibirien hinein ausdehnte, stärkte Ungern-Sternberg seine Position in der Grenzregion zur Mongolei, Mandschurei und China. In Daurien fand Ungern-Sternberg das Nötigste vor, um sich militärisch in einer frontier zwischen zerfallenen Imperien zu etablieren: eine Eisenbahnstation, einen Telegraphenanschluss, Mannschaftsbaracken, ein Waffen- und Munitionsdepot sowie ein Gefangenenlager. Dort etablierte er seine asiatische Kavalleriebrigade – eine Truppe, deren Zusammensetzung die unkalkulierbaren Zeitläufe des Bürgerkriegs reflektiert: Russen, Ukrainer, Baškiren, Tataren, Burjäten, Tungusen und Mongolen sowie einige wenige Juden und versprengte habsburgische und osmanische Kriegsgefangene. Während im Zentrum Russlands das Imperium in Trümmern lag, sammelte sich in seinen Grenzsäumen die Vielzahl ethnischer Gruppen, die vormals – von den Kriegsgefangenen abgesehen – das Kennzeichen imperialer Untertanenschaft war. Ungern-Sternberg hielt seine Truppe im Sattel dank einer rücksichtslosen Bürgerkriegsökonomie, die Waren, Nahrungsmittel, Waffen und Geld rekrutierte, wo dies nur möglich war. Politisch diente die Asiatische Reiterbrigade der Herrschaftsbildung des Atamanen Semenov im Transbaikalraum. Zwei Jahre hielt sich dieses politische Projekt am Leben, da nicht zuletzt das imperiale Japan auf seinem eigenen Expansionskurs nach Westen eine schützende Hand über Semenov hielt. Als jedoch Japan 1920 Semenov seine Unterstützung entzog und sich nach Vladivostok und auf den Amur orientierte und die Rote Armee

Roman von Ungern-Sternberg 1921.

zudem Richtung Osten vorrückte, waren die Tage der Atamanenherrschaft Semenovs gezählt. Ungern-Sternberg hatte die Zeichen der Zeit erkannt und mit seiner Truppe rechtzeitig Daurien in Richtung der Mongolei verlassen.[109]

Bis in den Sommer 1921 vermochte er sich in der Mongolei zu halten und dort ein Projekt zu verfolgen, das Mongolen, Chinesen, Japaner, die westlichen Mächte und die Bol'ševiki beschäftigte. Die Stadt Urga im Norden der Äußeren Mongolei bot ihm die nötigen Ressourcen für den Winter und die Fortführung des Krieges: Unterkünfte,

Waffen, Geld und Handelsströme zwischen Sibirien, der Mongolei, der Mandschurei und China. Politisch nahm Ungern-Sternberg Urga als eine rote Stadt wahr. Das Oberhaupt der Mongolen, der Bogda, war von den Chinesen abgesetzt. In der russischen Gemeinde von Urga waren Sozialisten vertreten, und die Oberherrschaft der Chinesen verortete Ungern-Sternberg gleichsam in einer sozialistischen Schublade. Er bezeichnete Sun Yat-sen, der der Republik China vorstand, gleichsam als einen revolutionären Bol'ševik.

Nach der Einnahme der Stadt lieferte Ungern-Sternberg Urga einem Pogrom aus. Mehr als drei Tage lang veranstaltete seine Brigade eine Jagd auf Juden, Russen und Burjäten. Hinrichtungen, Erschießungen und Vergewaltigungen waren an der Tagesordnung. Ungern-Sternberg persönlich war der Ansicht, dass die Russische Revolution eine jüdische Verschwörung und die Bol'ševiki das tatkräftigste Instrument eines jüdischen Komplotts seien. Er schrieb an einen Kommandeur der Weißen, dass die Juden vernichtet werden müssten und weder Frauen noch Familien davon ausgenommen werden dürften.[110] Freilich bedurften Ungern-Sternbergs Männer solcher ideologischer Schablonen nicht. Mit der Einnahme von Urga setzte sich ein bekanntes Muster aus dem Bürgerkrieg fort: die Migration von Gewalt und Pogromen gegen Juden.

Ungern-Sternbergs erste politische Handlung nach der Eroberung Urgas bestand darin, das Oberhaupt der Mongolen, den Bogda, wieder in Amt und Würden zu setzen. Dieser revanchierte sich, indem er Ungern-Sternberg in den Rang des Chans erhob und ihm eine Reihe mongolischer Würden und Ehrentitel verlieh. Von diesem Moment an trug Ungern-Sternberg bevorzugt einen mongolischen orangegoldenen Kaftan mit zarischen Epauletten. Das Kleidungsstück war Programm. Die Mongolei betrachtete Ungern-Sternberg als Ausgangspunkt eines großen Projektes: der Wiederherstellung untergegangener Reiche und Dynastien. So wie sich in seinem Mantel Asien und Russland vereinigten, sollten die Dynastien der Romanovs und Qings wieder eingesetzt werden und über ein großes russisch-chinesisches Reich herrschen – so Ungern-Sternbergs Vision. In der Praxis dauerte seine Herrschaft in der Mongolei bis in den August 1921. Dann wendete sich das Schlachtenglück zugunsten der Bol'ševiki. Sie nahmen Ungern-Sternberg in Haft, machten ihm im sibirischen Novonikolaevsk den Prozess und exekutierten ihn. Mit seinen Widersachern, den führenden Bol'ševiki, teilte Ungern-Sternberg eine mobile und transkulturelle Biographie. Wohingegen er jedoch Imperien wiederherstellen wollte, setzten die Bol'ševiki auf die Befeuerung der Revolution durch nationale Sezessionen aus Imperien. Dass die Bol'ševiki dabei gegen ihre Absichten ein Imperium neuen Typs schaffen sollten, gehört zu den Paradoxien der Geschichte.[111]

5. Bilanz des Bürgerkriegs

Warum trugen die Bol'ševiki in diesem so unübersichtlichen Bürgerkrieg letztlich den Sieg davon, und wie fanden sie Russland 1921 vor? Die Antwort hat viel mit der Heterogenität der Weißen zu tun.[112] Ihre Stärke waren Ausbildung, Wissen und Erfahrung auf militärischem Gebiet. Ihre Schwäche war ihre vollkommene politische Unerfahrenheit in programmatischer und organisatorischer Hinsicht. Die Weißen, exemplarisch Denikin, gefielen sich im apolitischen Gestus, das Mutterland Russland retten zu wollen. Über die Frage, welche Attribute dieses Mutterland kennzeichnen solle, hüllten sie den Mantel des Schweigens.[113]

Die Weißen führten keine umfassende und zielführende Diskussion, welche Formen Regierung und Gesellschaft in Russland annehmen sollten. Die Monarchisten unter ihnen sahen sich vor dem Problem, keinen Thronkandidaten präsentieren zu können. Nikolaus II. war kein vorzeigbarer Kandidat, sein Sohn Aleksej zu jung und zu krank. Großfürst Michail hatte auf seine Ansprüche verzichtet. Die Ermordung der Zarenfamilie im Sommer 1918 machte die Position der Monarchisten unter den Weißen noch schwieriger. Sodann fanden sich Demokraten unter den Weißen wie die liberalen Kadetten

Miljukov und Struve, die mangels Alternativen in das weiße Lager gewandert waren. Ihr Interesse an einer neuen Konstituante teilten jedoch die meisten übrigen Weißen nicht. Politiker wie Miljukov und Struve mochten programmatische Ansichten formulieren, doch die Bewegung insgesamt führte darüber keine Debatte. Sie war diffus. Gesellschaftspolitisch war von ihnen eine Restauration zu erwarten. Unternehmer würden ihre Fabriken und Banken zurückfordern, Gutsherren ihr Land. Die weißen Führer folgten schlicht dem Credo ihrer Gründungsfigur Kornilov, demzufolge allein die Herrschaft der Weißen Ruhe und Ordnung nach Russland zurückbringen könnte. Sie gingen stets davon aus, dass die große Mehrheit der Bevölkerung sich genau danach und nach einer Befreiung von der Herrschaft der Bol'ševiki sehnte. Die russische Nation war eine große Projektionsfläche weißer Phantasien. Doch die Massen hatten zwar Differenzen mit den Bol'ševiki, waren sich jedoch sehr klar bewusst, dass von den Weißen eine Umsetzung des populären Revolutionsprogramms von 1917 nicht zu erwarten stand.[114]

Die Weißen hatten keinen Schlüssel zur Politik. Sie substituierten Politik mit ihrer Vorstellung von der russischen Nation. Dabei war ihr russischer Nationalismus dreifach diskreditiert. Er beruhte auf der Unterstützung auswärtiger Mächte, hatte seine operative Basis in Räumen der Kosaken, Ukrainer, Esten und anderer, die kein Interesse an einem wiederbelebten russischen Nationalismus hatten (der womöglich noch bolschewistische Angriffe anzog), und war von einem exorbitanten Antisemitismus gekennzeichnet. Der Antisemitismus war zwar nie offizielle Politik der Weißen, sie haben es jedoch auch unterlassen, sich ausdrücklich von ihm zu distanzieren. Schwere Pogrome des Bürgerkriegs gehen auf das Konto der Weißen und ukrainischer Verbände. Die Zahlenangaben zu den Toten variieren von 50 000 bis zu 200 000.[115]

Der Heterogenität und inneren Zerrissenheit der Weißen setzten die Bol'ševiki eine stringente Organisation und rücksichtslose Disziplin entgegen. Die Rote Armee war ein straff geführtes Instrument, das Trockij ihnen an die Hand gegeben hatte. Die Ansätze der zarischen

Regierung und der Provisorischen Regierung, zwangsweise Getreide von den Bauern für die Armee zu requirieren, entwickelten die Bol'ševiki weiter. Für sie hatte das Überleben der Roten Armee und ihrer Revolution stets Vorrang vor dem Leben der Zivilbevölkerung.[116] So gewannen die Bol'ševiki den Bürgerkrieg und fanden ein geschundenes Russland vor. Regionalstudien des Bürgerkriegs haben vor allem das Ausmaß der humanitären Katastrophe ermittelt. Der Bürgerkrieg kostete zehn Millionen Menschen das Leben, von denen die wenigsten in Kampfhandlungen starben. Selbst unter den Kombattanten fielen mehr (450 000) Krankheiten zum Opfer als Kampfhandlungen (ca. 350 000). Epidemien wie die Spanische Grippe, Typhus und Cholera sowie Hunger forderten die meisten Opfer. Die Typhuswelle von 1920 forderte allein eine Million Tote, die Hungersnot der Jahre 1921/22 fünf Millionen Opfer. Zwei Millionen Adlige, Unternehmer, Banker und Gebildete fanden sich im Exil wieder.[117]

Der Zusammenbruch der Wirtschaft im Bürgerkrieg war beispiellos. Verglichen mit dem Vorkriegsniveau sank die Produktion des Bergbaus auf 29%, die Ölförderung auf 32%, die Produktion aller Waren im Mittel auf 15%. Dabei ging die Produktion der Metallindustrie auf 10% zurück, in der Baumwollindustrie auf 7%. Die Leistung des Transportsystems sank auf 20%. Insgesamt erreichte die Industrieproduktion weniger als 20% des Niveaus von 1912. Das Bruttoinlandsprodukt sank 1917 gegenüber 1913 um ein Fünftel, 1921 gar drei Fünftel.[118] Eine wirtschaftsgeschichtliche Darstellung von Revolution und Bürgerkrieg liest sich so: Der Hunger breitete sich erst in den Städten und dann auf dem Land aus. Im Oktober 1917 übernahmen die Bol'ševiki ein privates und öffentliches Verteilungssystem, das kollabiert war. Obwohl die Ernten rückläufig waren, sandten sie Requirierungstrupps über das Land. Im Frühjahr 1919 standen einem Arbeiter in Petrograd täglich 1600 Kalorien zur Verfügung, weniger als die Hälfte der Kalorienmenge von 1915. Am Ende des Krieges waren die Reallöhne auf 4% des Vorkriegsniveaus gesunken. Arbeiter überlebten dank Tauschhandel und privater wie öffentlicher Vorräte.[119]

Hatte sich die Wirtschaft Russlands im Ersten Weltkrieg noch relativ gut gehalten, so waren die Jahre 1917 bis 1919 von einem rapiden Niedergang gekennzeichnet. Die Pro-Kopf-Produktion, die 1917 im Vergleich zu 1913 bereits um ein Fünftel gefallen war, halbierte sich von 1917 bis 1919. Den schärfsten Produktionseinbruch verzeichnet das Jahr 1919 mit seiner unmittelbaren Konfrontation von Roten und Weißen. Die konfrontative Politik des Kriegskommunismus mit ihren Konfiskationen und ihrer Verordnungswirtschaft richtete größeren ökonomischen Schaden an als die Kampfhandlungen an sich.[120]

Die Requirierungen auf dem Land gaben den Bauern keinen Anreiz, mehr als für ihren eigenen Unterhalt zu produzieren. Um die Größe der Nahrungsreserven auf dem Land entbrannte ein bitterer und tödlicher Kampf zwischen den Bol'ševiki und den Bauern, der direkt in die Hungerkatastrophe des Jahres 1921 führte. Schlechte Ernten hatten sich bereits in einigen Regionen 1919 und dann vor allem 1920 angekündigt. Die Nachkriegserholung begann erst mit der Neuen Ökonomischen Politik ab 1921. Noch im April 1929 befanden sich die Durchschnittslöhne unter dem Vorkriegs-Niveau. Das Bruttosozialprodukt pro Kopf überstieg erst 1934 die Marke von vor dem Krieg.[121]

Am stärksten betroffen waren die Städte, deren Bevölkerung durch Sterblichkeit und Flucht auf das Land erheblich sank. Am deutlichsten ist dies in Petrograd zu beobachten, das überhaupt am härtesten von Krieg, Revolution und Bürgerkrieg getroffen wurde. Seine Einwohnerzahl fiel von 2,5 Millionen im Februar 1917 auf 750 000 im August 1920. Petrograd war aufgrund der weißen Truppen im Süden von der Region abgeschnitten, die die Stadt bis dato vor allem mit Lebensmitteln versorgt hatte. Seeblockaden Deutschlands im Krieg und dann der Alliierten bis 1920 beraubten die Industrie wichtiger Rohstoffe. Der Frieden von Brest-Litovsk 1918 versetzte auch der Petrograder Rüstungsindustrie einen Schlag. Die Arbeiterschaft sank von 412 000 Arbeitern 1910 auf 148 000 1920. Mit dem Umzug der Sowjetregierung nach Moskau am 12. März 1918 verlor Petrograd zudem die Ressource der Hauptstadtfunktion.[122]

Moskau litt weniger als Petrograd, musste jedoch auch eine Bevölkerungsabnahme von 1,8 Millionen 1915 auf eine Million 1920 verkraften. Kiev durchlebte die Ebbe und Flut neuer und abziehender Besatzungstruppen. Irkutsk regierte und versorgte sich selbst. Vladivostok zog auch seine eigenen Kreise – unterbrochen durch kurze amerikanische und japanische Besatzungen –, bis es 1922 wieder in die Sowjetherrschaft integriert wurde. Von wenigen Ausnahmen abgesehen waren die Auswirkungen des Bürgerkriegs verheerend. Angesichts der Katastrophe ist weniger die Frage, warum so viele starben, als warum einige überlebten. Die Antwort lautet simpel, dass die Menschen zurück auf das Dorf zogen.[123]

Viele Menschen in den Städten hatte noch Verbindungen zum Land: seien es Frau und Kinder, sei es gar Landbesitz. Wie schon mehrmals zuvor in der Geschichte Russlands erwies sich das Dorf als Überlebensanker und Sicherheitsnetz. Sich selbst überlassen, besaß das russische Dorf die Ressourcen, Arbeitskräfte und Fertigkeiten, die zum Überleben notwendig waren. Zwar fielen auch auf dem Dorf die Lebensstandards. Auch die Dorfbevölkerung litt ohne Frage sehr im Bürgerkrieg, doch sie hatte größere Überlebenschancen.[124]

Der russisch-belgische Revolutionär Viktor Serge schilderte das Petrograd, in dem er 1919 ankam, mit diesen Worten: «Wir betraten eine Welt, die zu Tode gefroren war. Der Finnländische Bahnhof, schneeglitzernd, war verlassen. Der Platz, auf dem Lenin sich von einem gepanzerten Wagen aus an die Menge gewandt hatte, war nichts weiter als eine weiße Wüste, die von toten Häusern umgeben war. Die breiten und geraden Durchfahrtsstraßen und die Brücken über die Neva, ein Fluß schneeigen Eises, schienen zu einer verlassenen Stadt zu gehören. Wie Phantome in vergessener Stille passierte uns zunächst ein hagerer Soldat in einem grauen Mantel und dann nach einer längeren Zeit eine Frau, die unter ihren Umhängen fror.» Petrograd, so Serge, sei die Metropolis der Kälte, des Hungers, des Hasses und der Durchhaltefähigkeit.[125] Evgenij Zamjatin fand in einer Kurzgeschichte eine bildreiche, ausdrucksmächtige Sprache, um den Einzug Petrograds in ein postapokalyptisches Steinzeitalter in Worte zu fassen. Die Protagonisten der Erzählung, ein Intelligencija-Pärchen, sterben schließlich elendiglich, als sie es nicht mehr schaffen, sich immer neue Höhlen und ein brennendes Feuer in der trostlosen Stadt zu suchen.[126]

Nicht weniger ausdrucksstarke Worte hat der Schriftsteller Ivan Bunin für die Erfahrung des Bürgerkriegs in Odessa gefunden: «Gestern am frühen Abend gingen wir spazieren. Unsägliche Schwere auf meiner Seele. Die Menge, die jetzt die Straßen bevölkert, ist physisch unerträglich, ich bin am Ende meiner Kräfte. So satt habe ich diese viehische Menge. [...] Abends ist es unheimlich gespenstisch. [...] Und durch die seltsam leeren, noch hellen Straßen braust allerlei rote Aristokratie, oft in Begleitung herausgeputzter Mädchen, in Automobilen und Luxusdroschken zu diesen Clubs und Theatern (ihre leibeigenen Schauspieler zu betrachten): Matrosen mit gewaltigen Brownings am Gürtel, Taschendiebe und Verbrecher, glattrasierte Dandys in Uniformjacken und unzüchtigen Reithosen, in stutzerhaften Stiefeln, unbedingt mit Sporen, alle mit Goldzähnen und großen dunklen Kokainaugen. [...] Aber auch tagsüber ist es unheimlich. Die ganze riesige Stadt lebt nicht, sitzt in den Häusern, geht selten auf die Straße. Die Stadt fühlt sich erobert, von einem besonderen Volk, das uns weit schrecklicher scheint als unsere Vorfahren die Petschenegen, glaube ich. Der Eroberer schlendert ziellos umher, treibt Handel auf der Straße, spuckt Sonnenblumkerne, schimpft in den schlimmsten Mutterflüchen. [...] Sobald eine Stadt ‹rot› wird, ändert sich die Menge auf den Straßen jäh. Es gibt gewissermaßen ein neues Sortiment an Gesichtern, die Straße wandelt sich.»[127]

Die Intelligencija war den Herausforderungen, im Bürgerkrieg zu überleben, in besonderer Weise schutzlos ausgesetzt. Der Historiker und assoziierte Direktor des Rumjancev-Museums Jurij Vladimirovič Got'e protokollierte in seinem Tagebuch die tägliche Mühsal des Überlebens: das Spießrutenlaufen in den Behörden für die Erlaubnis einer Eisenbahnreise; die verfallenden und mit Gras zuwachsenden Straßen; die Not, Nahrungsmittel aufzuspüren; die Abwägungen, familiäres Tafelsilber zu verkaufen, bevor es konfisziert wird, und die

Kinder während der Hungersnot von 1921.

Anstrengungen, inhaftierte Familienangehörige aus den Fängen der Tscheka zu befreien.[128]

In der Region um Moskau war die Situation schwierig, jedoch nicht ganz so apokalyptisch wie in Petrograd. Nina Got'e, die Frau von Jurij Vladimirovič, sorgte sich dort im Sommer 1918 auf dem Familiengut, wie sie die nun verstaatlichte Wohnung in der Stadt mit Freunden teilen könnte, ob sich ein Diener finden ließe und eine französische Nanny für ihren Sohn Volodja. Zugleich musste jedoch auch Nina 1918 bereits ihren Speiseplan reduzieren. Kartoffeln waren aus, auf den Tisch kamen Pilze, Bohnen und Kascha. Fleisch war nicht mehr erhältlich, Eier und Milch nur in begrenzten Mengen, die vor allem dem Sohn Volodja zugute kamen. Aus der Perspektive von 1919 nahm sich dies wie Luxus aus.[129]

Die Liste der Leiden kennt kein Ende. Krankheiten verbreiteten sich. Die Säuglingssterblichkeit schnellte in die Höhe. Pferdekadaver lagerten auf der städtischen Müllhalde und drohten die Trinkwasserversorgung zu kontaminieren. Waisenkinder streunten durch die Straßen. Flüchtlinge gehörten überall zum Stadtbild. In Saratov zerstörte am 31. Juli 1920 ein verhängnisvolles Feuer 1819 Gebäude und ließ rund 25 000 Menschen, ein Achtel der Einwohnerschaft, obdachlos zurück.[130] Der sowjetische Zensus von 1926 gibt ein ernüchterndes Bild. Die Bevölkerung der UdSSR zählte 147 Millionen Menschen. Ohne Krieg und Revolution hätten es 175 Millionen sein sollen. Die Region Saratov beispielsweise hatte von 1914 bis 1922 20% ihrer Bevölkerung verloren.[131]

Die Bol'ševiki hatten den Bürgerkrieg gewonnen – nun mussten sie ihre Macht konsolidieren. Dazu wandten sie eine ganze Reihe von Herrschaftstechniken an. Der rote Terror, Kompromisse gegenüber einigen sozialen Gruppen, die Neue Ökonomische Politik, die Kooptation verfügbarer Kräfte in lokale Verwaltungen und eine Nationalitätenpolitik, die den nichtrussischen Bewegungen an den Rändern des alten Imperiums entgegenkam, bildeten in den frühen 1920er Jahren ihren Instrumentenkoffer.[132]

1921–1928: Das sowjetische Momentum der Weltgeschichte

1. Die neue Nationalitätenpolitik der Bol'ševiki

Die Bol'ševiki hatten den Bürgerkrieg gewonnen. Sie waren nun Herrscher über Land und Leute, die sie kaum kannten. Die 1920er Jahre waren geprägt von pragmatischer und programmatischer Politik zugleich. 1921 begann die Phase der Neuen Ökonomischen Politik, die in sehr engen Bahnen privatwirtschaftliche Tätigkeit gestattete. Ohne die lokale Kraft der Bauern wäre das Land nach Weltkrieg und Bürgerkrieg nicht zu ernähren gewesen. Auf die politische Revolution folgte die Kulturrevolution. Die Vorstellung eines neuen Menschen, der sich zum Souverän über Raum und Zeit erhob, leitete die Bol'ševiki an. Freilich schrumpften Spielräume künstlerischer Entfaltung bald zusammen und ließen Persönlichkeiten wie Kandinsky und Chagall das Weite suchen. Im Übrigen berieten die Bol'ševiki in hitzigen Debatten, wie das Erbe Lenins zu gestalten war und welcher Weg in die sozialistische Moderne von Urbanisierung, Industrialisierung und Alphabetisierung führen sollte. Die Antwort auf die Frage gab schließlich Stalin 1927/28: Der Führerkult um seine Person, die Kollektivierung der Landwirtschaft, eine zentral gelenkte und in Fünfjahresplänen operierende Wirtschaft sowie rücksichtsloser Terror gegen imaginierte Feinde und Saboteure prägten das Schicksal der Menschen unter seiner Herrschaft.[1]

Zu den weltgeschichtlichen Einschnitten der Oktoberrevolution gehörte die Entstehung eines bis dato nicht bekannten Phänomens: einer über die Welt verteilten russischen Diaspora. Auch früher hatte es einzelne politische Dissidenten und ehemalige Verbannte gegeben, die sich in den Metropolen Europas niederließen – sei es in der Mitte des 19. Jahrhunderts Alexander Herzen in London oder im frühen 20. Jahrhundert Lenin in Zürich. Doch erst die Oktoberrevolution, der Terror der Bol'ševiki und ihr Sieg im Bürgerkrieg entfesselten große Migrationsströme, die russische Communities in Prag, Berlin, Paris, aber auch in Asien und den USA entstehen ließen. Sprichwörtlich wurden die Philosophenschiffe, auf denen Lenin die Intelligenz des alten Zarenreiches außer Landes schaffen ließ – ein riesiges Ensemble gebildeter und wissenschaftlicher Menschen, die dem Land einen intellektuellen Schatz entführten.[2] In Berlin kreuzten sich nun die Lebenswege von Simon Dubnow und Jakob Tejtel. Dubnow schrieb nach wie vor an seiner Weltgeschichte des jüdischen Volkes und begann bald darauf seine Memoiren. Zu Tejtels Lebenserinnerungen steuerte er ein Vorwort bei.[3] Der Figur des aus allen Zusammenhängen gerissenen und verlorenen russischen Emigranten setzte Vladimir Nabokov in seinem Roman *Pnin* ein literarisches Denkmal.

Während die Diaspora über das kulturelle Erbe des Zarenreiches und die Zukunft Russlands diskutierte, gingen die Bol'ševiki daran, eine Aufgabe neu zu lösen, die sich in den vorangegangenen Jahrhunderten den Zaren im Vielvölkerreich gestellt hatte: die Administration sprachlicher Vielfalt und die Beherrschung des großen Raumes. Diese Aufgabe führte direkt auf das Feld der Nationalitätenpolitik, auf dem nun Nationsbildungen und Weltrevolution zusammengedacht werden konnten. Als Marxisten hatten die Bol'ševiki jedoch ein gespanntes Verhältnis zum Konzept der Nation – und dies nicht erst seit ihrer Oktoberrevolution. Das gesamte frühe 20. Jahrhundert war in Europa von einer Kontroverse unter Sozialdemokraten über Nationen gekennzeichnet.

Während die fernere Zukunftserwartung eines internationalen Sozialismus Nationen überflüssig werden ließ – wovon u. a. Rosa Luxemburg fest überzeugt war –, befassten sich andere wie vor allem die österreichische Sozialdemokratie intensiv mit dem Platz von Nationen in politischen Ordnungsentwürfen. 1899 hatte Karl Renner mit

Nation und Staat einen grundlegenden Text des Austromarxismus vorgelegt.[4] Darin entwarf er vor dem Hintergrund von Nationalitätenfragen im Habsburgerreich eine künftige Föderation. Sie sollte Nationen politisch institutionalisieren – jedoch nicht in territorialisierten Nationen, sondern als Föderation von Nationen als juristischen Kollektivpersonen. Die Zugehörigkeit zu einer Nation wiederum sollten die Menschen selber wählen können. Renner zielte auf eine Ordnung, die Nationen Platz gab, ohne sie in Nationalitätenkonflikte um Räume zu verwickeln.

Lenin sah die Notwendigkeit, der österreichischen Sozialdemokratie eine marxistische Stimme aus Russland entgegenzusetzen, und lenkte Stalins Aufmerksamkeit auf das Thema, der sich am Vorabend des Ersten Weltkriegs in Wien aufhielt – einem Ort, der sich für die Auseinandersetzung mit dem Austromarxismus anbot. Das Resultat von Stalins Bemühungen war seine Schrift *Marxismus und nationale Frage* von 1913.[5] Der juristisch feinsinnigen Argumentation Karl Renners setzte Stalin einen groben Klotz entgegen. Er enthielt eine schablonenhafte Definition von Nation, die die sowjetische Architektur von Union und Nationen nach dem Bürgerkrieg stark informieren sollte. Stalin zufolge verfügten voll ausgebildete Nationen über eine eigene Sprache, ein eigenes Territorium, eine eigene Volkswirtschaft sowie eine eigene Geschichte und seien, damit nicht genug, von gemeinsam geteilten psychischen Wesensmerkmalen aller Angehörigen der Nation gekennzeichnet. Während seiner Verbannung in Sibirien im Ersten Weltkrieg arbeitete Stalin wohl an weiteren Texten über das Thema Marxismus und Nation, die jedoch allesamt nicht erhalten sind.[6] Überliefert sind demgegenüber mehrere Stellungnahmen von Lenin aus jener Zeit. Lenin sah in Nationen einen Hebel, mit dem sich die Weltordnung des Imperialismus angreifen lasse. Mit dem Postulat der Selbstbestimmung der Völker müssten sich ganze Imperien sprengen lassen, was der Revolution in einer global vernetzten Welt auf die Sprünge helfen würde.[7]

Den Bürgerkriegssieg von 1921 in eine politische Ordnung und die Gründung der Sowjetunion 1922 umzumünzen, führte die Bol'ševiki in all diese Fragen von Nationsbildung zurück. Es waren keine Fragen von gestern, der Bürgerkrieg und auch die militärische Auseinandersetzung mit Polen hatten die Relevanz von Nationen als politischem Faktor eindrücklich belegt. Die Aversion in allen Nationsbewegungen gegen die Weißen, die das Imperium wiederherstellen wollten, wie auch die Entscheidung einiger ehemals zarischer Militärs, sich 1920 aus patriotischen Erwägungen auf Seiten der Bol'ševiki gegen Polen zu engagieren, waren wichtige Faktoren im politischen Sieg der Roten. Die Mobilisierungskraft nationaler Bewegungen hatte die Bol'ševiki überrascht. Nationale Unabhängigkeitsbestrebungen waren in Polen und Finnland erwartet worden, dass jedoch eine ukrainische Nation an Statur gewann und in den Regionen und Grenzländern des ehemaligen Zarenreiches nationale Projekte wie Pilze aus dem Boden schossen, hatten die Bol'ševiki nicht vorhergesehen.

Die Parteikongresse während des Bürgerkrieges und in den frühen 1920er Jahren waren von Diskussionen geprägt, wie sich Nationen in das Gebilde der Revolution und der Sowjetunion einbauen ließen.[8] Die Strategie der Bol'ševiki lief darauf hinaus, die Führung des globalen Prozesses der Dekolonisation zu übernehmen und dabei gleichzeitig in einem neuartigen sowjetischen Staat mehr oder weniger den territorialen Bestand des alten Zarenreiches wiederherzustellen. Die Bol'ševiki griffen dabei zum gesamten Instrumentarium des nationbuilding. Die Sowjetrepubliken der Union erschienen als große Projekte der Nationsbildung, ihre Eliten, Institutionen und Kultur sollten im Dienst einer sozialistischen Nationsbildung stehen. Diese Strategie beruhte sowohl auf Positionen der Bol'ševiki zu Nationalitätenfragen aus der Vorkriegszeit als auch auf Erfahrungen in Revolution und Bürgerkrieg.[9]

Die widerstreitenden Positionen über Nationen prallten unter den Bol'ševiki auf dem VIII. Parteikongress im März 1919 aufeinander. Georgij Pjatakov und Nikolaj Bucharin vertraten eine internationalistische Position, nach der die soziopolitische Orientierungsgröße der Zukunft die Klasse sei. Im internationalen Proletariat würden nationale Identitäten überflüssig werden. Nationale Projekte verhinderten eine internationale Solidarisierung der Werktätigen und spielten damit allein der Bourgeoisie und der Konterrevolution in die Hände. Lenin und Stalin plädierten demgegenüber dafür, Nationen in das sozialistische Projekt einzubinden. Lenins zentrales Argument lautete, dass die größte Hürde auf dem Weg zur Internationalisierung der Revolution, die Erblast dessen sei, was er den großrussischen Chauvinismus aus der Zarenzeit nannte. Kleine Nationen hätten lange genug unter dem russischen Joch leiden müssen. So sehe sich auch der Export der Revolution aus Petrograd in andere Regionen und Länder mit dem Erbe des Misstrauens gegenüber Ideologien russischer Provenienz konfrontiert. Lenins Metapher lautete, man müsse nur an einem Kommunisten kratzen, um in ihm den großrussischen Chauvinisten zu finden. Solche Zweifel könnten nur mit einer nationalen Komponente im Sozialismus überwunden werden.[10]

Wie diese nationale Komponente im Einzelnen aussehen würde, war Gegenstand von Debatten und Entschlüssen der Bol'ševiki bis 1923. Lenin und Stalin teilten dabei Prämissen.[11] Die Bol'ševiki hielten, erstens, Nationalismus für eine ungeheuerlich mobilisierende Kraft, die das Potential habe, eine gegenrevolutionäre und klassenübergreifende Gemeinschaft zu stiften. So hielten sie Nationalismus für eine Maskierung bourgeoiser Machenschaften. Dynamik und Maskierung blieben auf lange Zeit Assoziationen der Bol'ševiki mit dem Nationalismus. In Anbetracht der angenommenen unaufhaltsamen Kraftentfaltung von Nationalismen glaubten die Bol'ševiki, den Nationalismus nur durch Inklusion in den Sozialismus zähmen zu können.

Zweitens hielten die Bol'ševiki an der geschichtsphilosophischen Überzeugung von Marx und Engels fest, die Geschichte folge einem Ablauf von Epochen. Der Kapitalismus und die Nationen als dessen politischer Überbau stellten demnach eine geschichtsnotwendige Phase zwischen Feudalismus und Kommunismus dar. Als Modernisierungsvehikel erschien den Bol'ševiki der Nationalismus sinnvoll. Die Einsicht in die historische Zwangsläufigkeit versuchte Nationalitätenkommissar Stalin dem Parteikongress 1921 zu erklären, indem er auf die Städte Österreich-Ungarns verwies. Wo Mitte des 19. Jahrhunderts in Ungarn Städte deutsch geprägt gewesen seien, trügen sie nun ein ungarisches Antlitz. Den Städten in der Ukraine und Belarus' sagte Stalin eine vergleichbare Indigenisierung der Ukrainer und Belarusen voraus und ergänzte, es sei schier unmöglich, sich gegen die Geschichte zu stellen.

Drittens setzte Lenin die These durch, dass der Nationalismus der kleinen Völker auf dem Territorium des ehemaligen Zarenreiches ein Emanzipationsphänomen gegenüber dem großrussischen Chauvinismus sei. Die kleinen Völker hätten viele Opfer unter der Herrschaft des großrussischen Nationalismus zu beklagen gehabt. Lenin verpflichtete seine Partei auf den Grundsatz, der Nationalismus der großen Völker sei chauvinistisch und gefährlich, derjenige der kleinen Völker legitim und das geringere Übel.[12]

Ihre Auffassung von Nationen transferierten die Bol'ševiki in ihre internationale Politik. Bereits im November 1917 setzten Lenin und Stalin einen Aufruf an alle werktätigen Muslime Russlands und des Orients auf. Darin versprachen sie, der imperialen Ausbeutung auf dem Territorium Russlands ein Ende zu bereiten, und riefen alle Muslime außerhalb Russlands dazu auf, die Herrschaft ihrer Kolonialherren abzuschütteln. Nach 1921 verlief die Staatsgrenze der Sowjetunion durch Regionen, in den Finnen, Belarusen, Ukrainer und Rumänen wohnten. Die Bol'ševiki hofften, dass ihre generöse Nationalitätenpolitik gegenüber diesen Gruppen in der Sowjetunion eine destabilisierende Wirkung auf die angrenzenden Staaten haben würde.[13] Doch auch außenpolitisch spielten die Bol'ševiki die nationale Karte kurzfristig mit umso größerer Leichtigkeit, als sie der marxistischen Auffassung waren, dass Nationen sich langfristig in der Zukunft auflösen würden.

Nationen sollten im Sozialismus ein Übergangsphänomen auf dem Weg zur Internationale des Proletariats sein. Der XII. Parteikongress der Bol'ševiki im April 1923 und eine eigens einberufene Sondersitzung des Zentralkomitees im Juni 1923 legten fest, welche nationalen Formen im Einzelnen in der Sowjetunion gefördert werden sollten und beendeten damit die Diskussionen der vorangegangenen Jahre über den Status von Nationen im Sozialismus. Sie setzten verbindlich fest, in welchen Formen Nationen in der Sowjetunion institutionalisiert werden konnten. Diese Formen mussten mit einem sowjetischen Zentralstaat kompatibel sein: nationale Territorien, nationale Sprachen, nationale Eliten und nationale Kulturen. Die Sowjetrepubliken blieben bei Weitem nicht die einzigen nationalen Territorien. Das sowjetische Nationalitätenprinzip flaggte unterhalb dieser Ebene weitere nationale Einheiten aus: nationale Bezirke und nationale Kreise. Sie alle genossen unterschiedliche Grade von Autonomie in den Grenzen des sowjetischen Zentralstaats. Die wichtigste Aufgabe der frühen 1920er Jahre bestand darin, nationale Kader der Bol'ševiki auszubilden, die den Sozialismus in ihrem nationalen Territorium in ihrer Muttersprache verankern sollten.[14] Stalin sprach durchgängig von Nationalisierung (nacionalizacija). In den Unionsrepubliken ist das Projekt unmittelbar als beispielsweise Ukrainisierung bezeichnet worden. Der Begriff Indigenisierung (korenizacija von korennye narody, indigenen Völkern) kam später auf, als die Bürokratie ihre Aufmerksamkeit kleineren indigenen Völkern weit unterhalb der Ebene der Unionsrepubliken zuwandte.[15] Nationalisierung und Indigenisierung sollten den Sozialismus von dem Odium befreien, ein neues Projekt russischer Fremdbestimmung zu sein. In ihren eigenen Sprachen sollten die Menschen die Vorzüge des Sozialismus erkennen. Dazu boten die Bol'ševiki das ganze Arsenal der Kultur auf: Folklore, Museen, Kleidung, Nahrung, Gewohnheiten, Literatur, Oper, Musik und Film – sie alle sollten helfen, nationale Identitäten auszubilden.[16]

Obwohl die Sowjetunion den Föderationsbegriff quasi in ihrem Namen implizierte – Union der Sozialistischen Sowjetrepubliken –, hatten Lenin und Stalin zu keinem Zeitpunkt eine nennenswerte Delegation politischer und ökonomischer Macht an die Unionsrepubliken vorgesehen. Die Macht bliebt im Zentrum konzentriert. Alle Vorstöße etwa des ukrainischen Delegierten Chrystjan Rakovs'kyjs auf den Versammlungen im April und Juni 1923, einen gewissen Machttransfer in die Unionsrepubliken zu erreichen, wurden von der

Parteiführung abgeschmettert. Auch die mit der Wirtschaft befassten Kommissariate der Sowjetunion standen der Nationalitätenpolitik ablehnend gegenüber.[17]

In den frühen 1920er Jahren wurde die Migrationspolitik in den Dienst der neuen Nationalitätenpolitik gestellt. Die Zuwanderung von Russen in nichtrussische Regionen wurde begrenzt. In Kazachstan und Kirgisien wurden sogar slavische Siedler als dekolonisatorische Maßnahme ausgewiesen. In der Migrationspolitik machten die Bol'ševiki also zunächst Ernst mit der Nationalisierung. Dem standen jedoch rasch Interessen des ökonomischen Modernisierungsprojektes in der jungen Sowjetunion gegenüber. Im Interesse der Volkswirtschaft der ganzen Sowjetunion wurden daher 1927 alle Einschränkungen von Migration, die der Nationalisierung gedient hatten, aufgehoben.[18]

Mit der Förderung von Minderheiten korrespondierte die bewusste Diskriminierung von Russen. Bucharin rief dazu auf, dass Russen als ehemalige Großmacht-Nation Zugeständnisse an Nichtrussen machen sollten. Nur wenn Russen sich unterordneten – so Bucharin –, könnten sie das Vertrauen der Nichtrussen im neuen Staat gewinnen. So gingen in der Tat Gebiete mit zahlreicher russischer Bevölkerung an nichtrussische territoriale Einheiten. Die Russen hatten die gezielte Förderung der übrigen Nationen zu akzeptieren und waren aufgefordert, nichtrussische Sprachen zu lernen. Die russische Kultur war mit dem Stigma versehen, die Kultur von Unterdrückern zu sein.[19] Den Russen war als einziger Nation ein eigenes Territorium in der Sowjetunion vorenthalten. Ihre Institutionen waren die Unions-Institutionen. Die Aufgabe der Russen in der Sowjetunion war es, ihre nationalen Aspirationen hintanzustellen, um ein Vielvölkerreich zusammenzuhalten. So wurden die Russen ungefragt und anders als in der Theorie von Lenin und Stalin vorgesehen zu den wichtigsten Trägern eines Imperiums, das sich jedoch selber nicht Imperium nannte.[20] So erschien die Sowjetunion auf den ersten Blick wie eine Kommunalwohnung, in der unter dem gemeinsamen Dach der Union jede Nation ihr eigenes Zimmer bewohnte.[21] Bei genauerer Betrachtung offenbart sich jedoch, wie die Bol'ševiki die Sowjetunion als Gegenentwurf zum Typus des Imperiums konzipierten und, ohne es zu wollen, ein neues Imperium schufen.

Was in der Nationalitätenpolitik als neue sowjetische Ordnung erschien, war tatsächlich eine Metamorphose des Vorgefundenen. Die Sowjetunion als Vielvölkerstaat beruhte ungeachtet allem ideologischen Originalitätsanspruch in manchen Institutionen und Praktiken auf Fortführungen und Variationen der zarischen Vergangenheit. Bereits die Praktiken der Roten Armee, im Bürgerkrieg Feinde zu markieren und zu bekämpfen sowie erbarmungslos Ressourcen zu requirieren, waren eine Übernahme entsprechender Taktiken, die die Armee des Zarenreiches im Ersten Weltkrieg entwickelt und angewandt hatte.[22] Der Generalleutnant Michail Bonč-Bruevič, Stabschef der nordwestlichen Front im Ersten Weltkrieg, plädierte 1915 dafür, sogenannte feindliche Elemente, die in das Landesinnere des Reiches deportiert worden waren, am Ende des Krieges zu liquidieren. 1918 war Bonč-Bruevič maßgeblich daran beteiligt, die Rote Armee aufzubauen, die alsbald mit physischer Gewalt gegen Gruppen vorging, die bereits die zarische Armeeführung als unzuverlässig etikettiert hatte.[23]

Die Inanspruchnahme von Expertise aus dem Zarenreich blieb in der Sowjetunion nicht auf die praktischen Felder von Militär, Verwaltung und Ingenieurwesen beschränkt. Auch Deutungseliten, die Wissen über die nationale, sprachliche und kulturelle Vielfalt des Reiches verfügten, banden die Bol'ševiki ein. Die im Zarenreich ausgebildeten Ethnologen sind ein einschlägiges Beispiel. Hier sorgte der Ethnologe Sergej Oldenburg mittels seiner persönlichen Bekanntschaft für einen bemerkenswerten Transfer aus dem Zarenreich in das revolutionäre Russland. Oldenburg, 1904 zum Mitglied der Kaiserlichen Akademie der Wissenschaften Russlands erhoben, stellte den Grandseigneur der russischen Ethnologie dar und war seit 1891 persönlich mit Lenin bekannt. Im Dezember 1917 nutzte Oldenburg diesen Kontakt für einen Deal mit den Bol'ševiki zum beiderseitigen Nutzen. Die neuen Machthaber ließen das Akademieinstitut für Ethnologie unangetastet und erhielten im Gegenzug vollen Zugriff auf die Expertise der Akademiker. Die Festlegung administrativer Grenzen im jungen Sowjetstaat auf der Grundlage ethnischer und siedlungsgeographischer Kriterien, die Volkszählung 1926 und die Ethnographische Abteilung des Russischen Museums in Petrograd resp. Leningrad – all diese Projekte beruhten auf dem Wissen über Land und Leute, das die Ethnologen teilweise bereits zur Zarenzeit zusammengetragen hatten.[24]

So öffnete im Juni 1923 die Ethnographische Abteilung des Russischen Museums in Petrograd der Öffentlichkeit ihre Pforten. Die Sowjetmenschen waren eingeladen, einem Ausstellungsparcours durch vier Abteilungen zu folgen. Die erste stellte Finnen und Großrussen, die zweite Weißrussen und Ukrainer vor. Die dritte Abteilung war den Ethnien der Krim, des Kaukasus und Turkestans gewidmet. In der vierten schließlich waren die Ethnien Sibiriens und des Fernen Ostens dargestellt. Die Ausstellung erprobte eine Typologie der Ethnien und stellte Alltagsgegenstände aus, die Sitten und Gebräuche abbilden sollten. Zu ihren Exponaten zählten handgewebte Teppiche, Musikinstrumente aus Holz und Knochen, Masken, Tierhäute und Kultobjekte wie Ikonen. Folgende Ausstellungen der Ethnographischen Abteilung übernahmen das marxistische Zeitverständnis und untergliederten die Präsentation in die Epochen Feudalismus, Kapitalismus und Sozialismus. Wie lange Zeit im 18. und auch noch im 19. Jahrhundert die imperialen Inszenierungen des Zarenreiches hoben sie die kulturelle und ethnische Vielfalt des Staates hervor.[25]

Unter Inanspruchnahme all dieser im späten Zarenreich und im Ersten Weltkrieg entwickelten Instrumente und Ressourcen hatten die Bol'ševiki etwas Neues geschaffen. Die Sowjetunion war der erste Staat der Erde, der die gezielte Förderung von Minderheiten auf seine Agenda setzte. Kein anderes Land der Welt hat in einem so großen Maßstab wie die junge Sowjetunion Nationsbildungsprojekte in seinem Inneren betrieben.[26] Dabei haben die Bol'ševiki entgegen ihren ursprünglichen Vorstellungen den imperialen Raum des Zarenreiches reintegriert. Im Umgang mit kultureller Vielfalt standen sie nun vor Aufgaben, mit denen sich über Jahrhunderte auch die Zaren konfrontiert gesehen hatten. Das Modell, das die Bol'ševiki entwarfen, nahm für sich eine doppelte Abgrenzung in Anspruch: diachron gegenüber der Vergangenheit des Zarenreiches und synchron gegenüber den Kolonialreichen vor allem der Briten und Franzosen.

2. Die Oktoberrevolution in der Welt

Das 20. Jahrhundert hindurch galt die Russische Revolution als ein universalgeschichtlicher Schlüsselmoment, der das Zeitalter der Extreme beginnen ließ und als Antipode zu den USA die Gegensätze von Sozialismus und Kapitalismus sowie Diktatur und Demokratie begründete. Je nach ideologischem Standpunkt mochte man in der Sowjetunion den Untergang des Abendlandes, das Reich des Bösen oder die Hoffnung der Arbeiterklasse und ganz allgemein der Unterdrückten und Entrechteten der Erde sehen. Nach 1991 blickten Historiker wie François Furet auf die Geschichte der Intellektuellen im Westen zurück und schrieben sie als Verschwinden einer Illusion – der Illusion von der Sowjetunion als Hoffnung einer linken Emanzipationsgeschichte.[27] Nun wird im Rückblick auf das 20. Jahrhundert umso klarer, dass zu ihrem Beginn die Sowjetunion nicht allein die Hoffnung der Arbeiterklasse war, sondern auch in der Geschichte der Dekolonisation ihren Platz hat. Die Geschichte der Russischen Revolutionen ist seit dem russisch-japanischen Krieg und der Revolution von 1905 eng mit anderen revolutionären Bewegungen und Dekolonisationsprojekten verwoben gewesen.

Zunächst richteten sich solche Zukunftserwartungen der Dekolonisation nicht auf Russland, sondern machten sich an den japanischen Siegen über das Zarenreich im Krieg von 1904/05 fest. Die ersten Siege einer asiatischen Macht über eine europäische Großmacht in der Neuzeit lösten bei Menschen Begeisterung aus, die zu prominenten Akteuren der Dekolonisation im 20. Jahrhundert werden sollten.

Als Anwalt in Südafrika tätig, war Mahatma Gandhi sich sicher, dass sich die Früchte, die die japanischen Siege bringen würden, im Moment ihres Bekanntwerdens noch gar nicht absehen ließen. In Damaskus wiederum fand sich Mustafa Kemal, später als Atatürk bekannt, durch die russische Niederlage in eine ekstatische Stimmung versetzt. Japan sei ein Modell, von dem man lerne könne, sich vom europäischen Westen zu emanzipieren. In der indischen Provinz vertiefte sich gleich zu Beginn des Krieges der sechzehnjährige Jawaharlal Nehru, später Indiens Premierminister, in die Lektüre der Zeitungsnachrichten vom fernöstlichen Kriegsschauplatz und malte sich die Befreiung Asiens und Indiens von der europäischen Knechtschaft aus. Gleichfalls beflügelt begab sich Sun Yat-sen per Schiff von London aus auf die Heimreise nach China und nahm am Suezkanal die Glückwünsche arabischer Hafenarbeiter entgegen, die ihn für einen Japaner hielten.[28]

In globaler Perspektive bündelten sich Dekolonisationserwartungen 1918/19 im sogenannten Wilsonian Moment. Auf den Demokraten Woodrow Wilson, 28. Präsident der Vereinigten Staaten, richtete sich 1918 ein Bündel von Hoffnungen und Zukunftsvorstellungen, die sich gegeneinander ausschlossen. Die Deutschen nahmen den Waffenstillstand im November 1918 in der Annahme an, Wilson könne Garant eines Friedens ohne Annexionen und Kontributionen sein. In ganz Europa verband sich das Bild des amerikanischen Präsidenten mit Friedensvorstellungen. Die Weißen in Russland – dazu später noch mehr – glaubten, Wilson werde den russischen Anteil an den Kriegsanstrengungen der Alliierten belohnen, indem er sie gegen die Bol'ševiki verteidigen und Russland als Ganzes bewahren werde. Außerhalb Europas wiederum befeuerte der Präsident die Hoffnung auf Dekolonisation.

Die Erwartungen an Wilson hatten sich am Ende des Jahres 1918 zum Teil weit von jenen vierzehn Punkten entfernt, in die der amerikanische Präsident am 8. Januar 1918 gegenüber dem Kongress die Kriegsziele der USA gegossen hatte. Unter den Punkten befanden sich einige Prinzipien wie Transparenz von Diplomatie, Freiheit der Meere und Freihandel sowie die Gründung einer internationalen Gemeinschaft. Darüber hinaus behandelten sie konkrete Territorial- und Grenzfragen in Europa. Im Lauf des Jahres 1918 wurde Wilson jedoch in erster Linie als Anwalt des Selbstbestimmungsrechts der Völker wahrgenommen. Wilson hatte das Selbstbestimmungsrecht der Völker in seine vierzehn Punkte nicht aufgenommen. Vor allem Lenin und die Bol'ševiki führten es jedoch seit Beginn des Ersten Weltkriegs stets im Munde. Von hier aus entwickelte das Selbstbestimmungsrecht der Völker eine rhetorische Kraft, die sich schließlich auch in den Reden Wilsons 1918 niederschlug. Erstmals verwandte er den Begriff offenbar am 11. Februar 1918 in seiner Address to Congress: «‹Self-determination› is not a mere phrase. It is an imperative principle of action, which statesmen will henceforth ignore at their peril.» Dass Lenin und Wilson unter dem Selbstbestimmungsrecht der Völker Unterschiedliches verstanden, war der globalen Verbreitung und Aufladung des Konzeptes wahrscheinlich eher förderlich als hinderlich. Wilson sah im Selbstbestimmungsrecht ein reformorientiertes demokratisches Prinzip. «Consent of the governed» trieb ihn eigentlich um. Ihm ging es um ein politisches System, dem die Zustimmung der Regierten zu ihrer Regierung zugrunde lag. Zu den gewünschten Nebeneffekten dieses Prinzips zählte Wilson die Einhegung revolutionärer Bewegungen. Rassentrennung wie in den USA und Kolonialismus sah Wilson von diesem Prinzip nicht in Frage gestellt. Für Lenin jedoch war das Selbstbestimmungsrecht der Völker ein wichtiges Instrument im Handwerkskasten der Revolution. Er erblickte darin gleichermaßen ein antikoloniales Prinzip wie auch ein Mittel zur revolutionären Überwindung des Imperialismus als höchstem Stadium des Kapitalismus.[29]

In den Jahren 1918/19 gehörte Wilson die globale Bühne des Selbstbestimmungsrechts. Am 13. Dezember 1918 in Brest angekommen, auf seinem Weg zu den Friedensverhandlungen in Versailles, begrüßte Frankreich Wilson als «Apostel der Freiheit». Indien und China sind eindringliche Beispiele für Aufstieg und Fall der auf Wilson projizierten Hoffnungen auf Dekolonisation. Seit dem Dezember 1918 berichteten indische Zeitungen beinahe täglich über Wilson wie über einen Erlöser. Der indische Verlag Ganesh brachte 1919 eine Sammlung der Reden Wilsons unter dem Titel *The Modern Apostle of Freedom* heraus. Der Indische Nationalkongress formulierte den Wunsch, Vertreter Indiens an den Friedensverhandlungen in Versailles teilnehmen zu lassen. Nicht anders stellte sich die Situation in China dar. Auch hier berichteten die Zeitungen ausführlich, und es erschienen Ausgaben der Reden Wilsons, teils in chinesischer Übersetzung, teils in englisch-chinesischen Ausgaben. Der Tenor der Berichterstattung sah in Wilson eine Figur, die konfuzianische Vorstellungen globaler Harmonie realisieren und zu einer Überwindung des Gegensatzes zwischen verschiedenen Weltregionen beitragen werde. Während es Indien als Kolonie des Britischen Empires untersagt blieb, eigene Unterhändler nach Versailles zu entsenden, konnte der chinesische Staat Gu Weijun und Wang Zhengting als Chefunterhändler Chinas am Konferenztisch platzieren. Gu Weijun verfügte über einen Studienabschluss der Columbia University, Wang Zhengting hatte in Yale studiert.[30]

Letztlich wurden die indischen wie die chinesischen Hoffnungen auf Dekolonisation gleichermaßen enttäuscht. Im März 1919 verlängerte das Parlament in London die Indian Emergency Power. Eine Demonstration in Amritsa schlugen die britischen Kolonialherren brutal nieder. Es wurde offenkundig, dass die Versailler Konferenz keine Wende für Indien bringen würde. Gandhi rief zum passiven Widerstand auf. In China kam es zu einer abrupten Ernüchterung, als die Versailler Konferenz im April 1919 die ehemals deutsche Kolonie Shandong nicht China zurückgab, sondern dem japanischen Imperium zusprach. Am 4. Mai 1919 versammelten sich vor allem Studenten in Peking zu einer großen Demonstration gegen diese abermalige Kolonisation Chinas.[31]

Auf eine ganz andere Art und Weise zerstoben die Hoffnungen, die die Weißen in Russland an Wilson und die Versailler Konferenz gerichtet hatten. Die Geschichtsschreibung im Westen hat ihren Blick auf die Versailler Konferenz vor allem vom ideologischen Gegensatz zwischen dem Westen und den Bol'ševiki leiten lassen. Die weltgeschichtliche Bedeutung der Jahre 1917–1921 liegt aus dieser Perspektive im Sieg der Bol'ševiki, dem Entstehen des ersten sozialistischen Staates auf Erden in Gestalt der Sowjetunion und damit im Beginn des Systemgegensatzes zwischen Demokratie und Diktatur sowie Kapitalismus und Sozialismus.[32] Die diplomatischen Bemühungen der Weißen um eine Konferenzteilnahme in Versailles fielen durch das Aufmerksamkeitsraster einer solchen universalgeschichtlichen Historiographie.

Für die nichtbolschewistischen Kräfte Russlands warfen die vierzehn Punkte Wilsons grundlegende Fragen nach der Rolle Russlands in der Nachkriegs-Weltordnung auf. In den Augen der westlichen Mächte stellten die Weißen und ihre Politik in Russland ein schwer zu entzifferndes Mosaik konkurrierender Armeen und Zukunftsvorstellungen dar. Die USA, Großbritannien und Frankreich nahmen die Weißen nicht als ein einheitliches Ganzes wahr, über dessen Platz in der internationalen Ordnung mit Sicherheit gesprochen werden könne. Den Weißen schienen jedoch die Kriegsanstrengungen und Opfer Russlands seit 1914 ein hinreichendes Argument, das Land gleichberechtigt an die Seite der übrigen Siegermächte in Versailles zu setzen.[33]

Die weißen Führungen in Omsk, Ekaterinodar und Archangel'sk schufen zur Koordination dieses Anliegens einen Rat für Außenpolitik (Sovet po delam vnešnej politiki) unter dem Vorsitz von S. D. Sazonov, dem Vorgesetzten der Verwaltung auswärtiger Angelegenheiten beim Hauptkommandierenden des Südens Russlands. Sie führten Verhandlungen mit zahlreichen russischen Diplomaten außerhalb Russlands, die ihrerseits die Bol'ševiki nicht anerkannt hatten, insbesondere dem im November 1917 gegründeten Rat der Botschafter. Das Resultat dieser Verhandlungen war die Bildung der sogenannten Russischen Politischen Konferenz (Russkoe političeskoe soveščanie) im November 1918. Ihr gehörten russische Politiker, Diplomaten, Militärs und Unternehmer an. Die Russische Politische Konferenz formierte im Januar 1919 eine Delegation für Verhandlungen mit den in Versailles versammelten Mächten, zu der ihr Vorsitzender Fürst G. E. L'vov, der Außenminister der Regierungen in Omsk und Ekaterinodar S. D. Sazonov, der Botschafter Russlands in Frankreich V. A. Maklakov und der Vorsitzende der Provisorischen Regierung des nördlichen Gebiets N. V. Čajkovskij gehörten.[34]

Insbesondere Fürst Georgij L'vov, der ehemalige Premier der Provisorischen Regierung Russlands, war im November 1918 überzeugt, dass der amerikanische Präsident Wilson eine neue demokratische Weltordnung schaffen werde, in der auch die russische Frage im Sinne der antibolschewistischen Kräfte gelöst werde. L'vov sah einem persönlichen Treffen mit Wilson in Washington am 16. November 1918 erwartungsvoll entgegen, dieses verlief jedoch enttäuschend. Alle Fragen einer amerikanischen Unterstützung der Weißen und der Repräsentanz Russlands auf der Friedenskonferenz blieben offen. Außer einem Lächeln und stereotypen diplomatischen Formeln hatte Wilson L'vov nichts zu bieten.[35]

Am 2. Februar 1919 berichtete Maklakov – der ehemalige Botschafter Russlands in Paris – an die Omsker Regierung über ein Gespräch, das er mit dem französischen Außenminister geführt hatte. Zu seinem Entsetzen schien die französische Politik die Unabhängigkeit Finnlands für entschieden zu halten, die französische Presse folge einer rumänischen Intrige und sehe Bessarabien außerhalb Russlands, während die Polen für eine Föderation mit Litauen, katholisch dominierten Teilen von Belarus' und dem gesamten Ostgalizien agitierten. Die Lage im Kaukasus, so Maklakov weiter, stelle sich ihm unübersichtlich dar, auch dort seien Komplikationen zu befürchten.[36]

Insgesamt störten sich die weißen Kräfte an der zögerlichen Haltung der USA. Obwohl die USA Truppen im Norden und Osten Russlands angelandet hatten, schienen die Amerikaner direkte Konfrontationen mit den Bol'ševiki zu vermeiden. Auch argwöhnten sie, dass die USA im Bürgerkrieg einen Indikator russischer Unreife für die Demokratie sähen. Angesichts des unerbittlichen Bürgerkriegs in Russland Maßstäbe entwickelter Demokratie an Russland anzulegen, schien vielen Weißen unangemessen. Während Russland mit sich selber ringe, könne der Westen nicht die vollkommene Adaption seiner Wertvorstellungen in Russland erwarten.[37] Den Weißen blieb nicht verborgen, dass die USA und die Regierungen der europäischen Länder annahmen, ein Sieg gegen die Bol'ševiki werde den Weißen aus eigener Kraft nicht gelingen. Darüber hinaus schien die Herstellung eines imperialen Russlands, das als mächtiger Akteur in die internationale Arena zurückkehren werde, auch nicht im Interesse der Alliierten zu liegen. Wilson dachte dementsprechend bereits am 14. Februar 1919 laut darüber nach, die amerikanischen Truppen wieder aus Russland abzuziehen.[38]

Der Russischen Politischen Konferenz blieb ein Platz am Versailler Verhandlungstisch vorenthalten. Am 12. Januar 1919 entschieden die Alliierten, dass Russland als Staat auf der Konferenz nicht vertreten sein werde, Delegierte Russlands jedoch zu einzelnen Fragen angehört werden könnten. Der ehemalige Außenminister Russlands, S. D. Sazonov, verstand sich sogleich darauf, die erfolglosen Bemühungen um eine Konferenzteilnahme Russlands in einen strategischen Vorteil umzudeuten. Russland behalte so vollkommene Handlungsfreiheit in der Zukunft.[39] Vollends vergebens seien die russischen Hintergrundgespräche und Schriftsätze während der Konferenz nicht gewesen. Die Stimme Russlands, so Sazonov, sei in Versailles hörbar gewesen und habe den übrigen Mächten in Erinnerung gerufen, dass große politische Fragen nicht ohne Russland entschieden werden könnten. Und laut dem Kommandierenden der Weißen im Süden, Denikin, habe Russland in Versailles wahres russisches Nationalbewusstsein artikuliert.[40] Nichtsdestotrotz wurden die Hoffnungen, Wilson werde aus einer Wertschätzung der Kriegsanstrengungen des Zarenreiches heraus den Weißen entscheidenden Auftrieb im Bürgerkrieg geben, enttäuscht.

In Asien bereiteten Enttäuschungen über Wilson und die Versailler Konferenz die Bühne für einen neuen Blick auf Lenin und die Bol'ševiki. 1918/19 war das Bild der Revolution in Russland und der Bol'ševiki in Asien maßgeblich von der Nachrichtenagentur Reuters geprägt, die die asiatischen Nachrichtenmärkte versorgte. Reuters zeichnete Lenin als eine zwielichtige Figur und die Bol'ševiki als eine umstürzlerische Gefahr, ehe die Nachrichtenagentur Lenins Revolutionäre 1919 bereits am Rand ihrer definitiven Niederlage sah. Die Abwendung der Dekolonisationsbewegung von Wilson und den westlichen Mächten eröffnete nun Spielraum für eine neue Wahrnehmung der Bol'ševiki. Den Bol'ševiki blieb dieses neue Aktionsfeld nicht verborgen, sie berücksichtigten es in ihren politischen Überlegungen und Aktionen. Ideologische Zielvorstellungen wie die Weltrevolution, revolutionäre Instrumente wie die Dekolonisation und zugleich nüchterne real- und machtpolitische Abwägungen im Interesse der Sowjetunion flossen in die sowjetische Außenpolitik im Bürgerkrieg und den 1920er Jahren ein.[41]

In der Geschichte der dritten Kommunistischen Internationale (Komintern) flossen diese Aspekte zusammen. Die Komintern wurde auf Initiative und Einladung der Bol'ševiki auf einem Kongress in Moskau vom 2. bis zum 6. März 1919 gegründet. Zuvor hatten sich die Bol'ševiki im Dezember 1918 Versuchen der englischen Labour Party entgegengestellt, für 1919 eine internationale sozialistische Konferenz in Lausanne einzuberufen. Sie sahen darin den Versuch, jene Internationale wiederzubeleben, die sich 1914 mit ihrer Zustimmung zum Ersten Weltkrieg diskreditiert hatte. Stattdessen gelte es, eine wahrhaft revolutionäre III. Internationale zu begründen.[42] Bei den Überlegungen der Bol'ševiki, wer einzuladen sei, wurden der Reihe nach sozialistische Bewegungen und Parteien daraufhin abgeklopft, ob sie für eine weltrevolutionäre Internationale geeignet schienen: «Die italienische sozialistische Partei ist nach der Genossin Balabanoff's Aussage so weit mit uns solidarisch, dass sie auch eingeladen werden muss. Zu diesem Zweck muss man sich an Serrati in Mailand, Lazzari in Rom und Cesare Alessandri in Paris wenden. Es wird gut sein, die diesbezueglichen Schritte gleichzeitig von Berlin aus und direct von Russland aus durch unsere Abgesandten zu unternehmen. Die Genossin Balabanoff wird Briefe mitgeben» – heißt es etwa in einem Dokument zur Vorbereitung der Konferenz. Nach einem langen Parcours möglicher Teilnehmer aus Europa und den USA schließt das

Dokument mit einem Blick nach Asien: «Vertreter der chinesischen, koreanischen und persischen revolutionaeren Arbeiterorganisationen koennen eingeladen werden als Gaeste, obgleich sie Emigrantenorganisationen sind. Sie koennen als Stuetzpunkte dienen, um die Bewegung in den betreffenden Laendern zu verbreiten.»[43] Das Einladungsschreiben zum Gründungskongress der III. Internationale aus dem Januar 1919 sah eine «riesenhaft schnelle Vorwärtsbewegung der Weltrevolution».[44] Die Einladenden wähnten sich in nichts weniger als der «Periode der Auflösung und des Zusammenbruchs des gesamten kapitalistischen Weltsystems, welche den Zusammenbruch der europäischen Kultur überhaupt bedeuten wird».[45] Nichtsdestoweniger stammten die Teilnehmer, die auf dem Gründungskongress in Moskau zusammenkamen, mit überwiegender Mehrheit vor allem aus Europa und auch aus den USA. Für Turkestan, die Türkei, Georgien, Azerbajdžan, Persien, China und Korea nahm jeweils ein beratender Vertreter teil.[46] Lao-Siu-Dschau, der für die in Russland im Exil befindliche Chinesische Sozialistische Arbeiterpartei als beratender Vertreter teilnahm, berichtete dem Kongress über die Programmarbeit seiner Partei. Deutlich wird dabei neben klassenkämpferisch-weltrevolutionären Positionen auch das Gewicht der nationalen Fragen in Asien: «Aufklärung der Volksmassen über die tatsächliche internationale Situation und die Propagierung der Idee des unumgänglich notwendigen Kampfes gegen die Bourgeoisie, die danach strebt, China unter das Joch des eisernen Imperialismus zu zwingen; das Erwecken des nationalen Bewusstseins und das allmähliche Hineinziehen der Massen in den Kampf gegen das Weltkapital, und dies im Bunde mit denjenigen Nationen, welche die wirkliche sozialistische Gesellschaftsordnung in ihrem Lande bereits eingeführt haben.»[47]

Das Manifest der III. Internationale, das Trockij am 6. März 1919 auf dem Gründungskongress verlas, spricht Wilson, der Entente und dem Völkerbund jedes ernsthafte Engagement für ein globales Selbstbestimmungsrecht der Völker ab. Die Weltrevolution der Internationale werde demgegenüber die erhoffte Dekolonisation bringen: «Ko-

Lenin auf dem ersten Kongress der Kommunistischen Internationale in Moskau im März 1919.

lonialsklaven Afrikas und Asiens! Die Stunde der proletarischen Diktatur in Europa wird auch die Stunde Eurer Befreiung sein!»[48]

Die III. Internationale nahm Europa und Asien in ihr Visier. Einzelne Ereignisse in den Jahren 1919 und 1920 erweckten jeweils kurz den Eindruck, eine Ausbreitung der Revolution jenseits Sowjetrusslands könnte gelingen. Im Frühjahr 1919 gingen die demokratischen Revolutionen in München und Budapest in ihre rätediktatorischen Stadien über. Das Kalkül der demokratischen Revolutionäre, Kurt Eisner in München und Michaly Károlyis in Budapest, die Demokratisierung könne im Bund mit den Entente-Mächten und unter den Rahmenbedingungen eines milden Friedens erfolgen, hatte sich nicht erfüllt. In München und Budapest enstanden daraufhin kurzlebige

Rätediktaturen. So unterschiedlich sie in ihren gesellschafts- und wirtschaftspolitischen Voraussetzungen waren, hatten sie eine Gemeinsamkeit: Beide Räterepubliken spekulierten auf eine Räterevolution in Österreich und auf eine Verbindung mit Sowjetrussland. Beide Szenarien traten nicht ein. Die Räterepubliken in München und Budapest waren von kurzer Dauer, und ihr roter Terror wurde alsbald von weißem Gegenterror übertroffen.[49] In der kurzen Zeit ihrer Existenz hatten die Münchner und Budapester Räterepubliken jedoch auch die Revolutionserwartungen in Sowjetrussland befeuert. Im ersten Heft der Zeitschrift *Die Kommunistische Internationale* aus dem Mai 1919 zeigte sich Zinov'ev hocherfreut, dass es mit Russland, München und Budapest drei Räterepubliken gab, und war zuversichtlich, dass es bald bereits fünf bis sechs geben könnte.[50] Ein Jahr später im polnisch-sowjetrussischen Krieg sollte die Aussicht, die Rote Armee könne die Revolution über Warschau nach Europa tragen, ebenso schnell vergehen, wie sie aufgekommen war.

Während der polnisch-sowjetrussische Krieg im Spätsommer 1920 in einer allgemeinen Erschöpfung der Kräfte zum Ende kam, richteten die Bol'ševiki auf dem Kongress der Völker des Orients in Baku ihren revolutionären Blick nach Osten. Bis zu diesem Zeitpunkt hatte allein Lenin die koloniale Welt in seine Überlegungen einbezogen. Seine Parteigenossen folgten ihm dabei nur langsam. Nikolaij Bucharin ging 1920 unter Verweis auf Irland, Indien und China so weit zu sagen, dass nationale Erhebungen und Aufstände in der kolonialisierten Welt ihr Scherflein zum Prozess der Weltrevolution beitragen würden. Eine direkte Verbindung zur proletarischen Revolution wollte er darin jedoch nicht erkennen.[51] Lenin war Bucharin einen Schritt voraus und erklärte, der altbekannte Slogan von Marx über die Erhebung der Proletarier müsse neu heißen: «Proletarier aller Länder und unterdrückte Völker, vereinigt Euch!» Im Folgenden mehrten sich 1920 die Stimmen unter den Bol'ševiki und in der Kommunistischen Internationale, die in antikolonialen und nationalen Aufständen in Afrika und Asien einen Faktor der Weltrevolution erkennen wollten.[52] Ein Schritt in diese Richtung war vom 1. bis zum 8. September 1920 der Erste Kongress der Völker des Ostens in Baku. Die Initiative zu dieser Wendung nach Osten war vom Zweiten Kongress der Komintern ausgegangen. Lenin knüpfte an diesen Kongress die Erwartung, dass er organisierte Strukturen für eine Revolution in Asien errichten könnte. Insbesondere gelte es, Räte aus Bauern und Lohnarbeitern zu bilden. Sie entsprächen nicht dem Idealbild der Räte wahrhaft proletarischer Arbeiter, seien aber das Instrument der Wahl, um das Wasser antikolonialer und nationaler Bewegungen auf die Mühlen der proletarischen Weltrevolution zu leiten.[53]

Dem Organisationsbüro des Kongresses standen Elena Dmitrievna Stasova und G. K. Ordžonikidze vor. Elena Stasova war seit Jugendzeiten eine Freundin und Weggefährtin Alexandra Kollontajs und gehörte der Sozialdemokratie Russlands seit ihrer Gründung 1898 an. Bei der Spaltung der Partei 1903 in Men'ševiki und Bol'ševiki hatte sie sich auf die Seite Lenins gestellt. Untergrundtätigkeit und Verbannung prägten ihr Leben im späten Zarenreich. Nun fand sich Elena Stasova inmitten der Anbahnung des Kongresses der Völker des Ostens und einer weitläufigen Kommunikation mit potentiellen Kongressteilnehmern aus dem Iran, der Türkei, Armenien, Georgien, Azerbajdžan, Turkestan, Chiva, Buchara, Afghanistan und weiteren Ländern Asiens bis nach Japan wieder. Es wollten Abgeordnete gewählt und Delegationen bestimmt sein, bevor am 1. September 1920 der Kongress tatsächlich in Baku began.[54]

Kaum etwas scheint für Historiker verlockender zu sein, als die Bedeutung des Kongresses mit einigen Zitaten aus H. G. Wells farbigem Bericht aus Baku abzuhaken.[55] So liest man in Figes' *Tragödie eines Volkes* auf den Spuren Wells', wie Chane und Beks nicht ihren Verpflichtungen als Delegierte nachkamen, sondern auf den Märkten Bakus Teppiche feilboten.[56] Wells selber fasste seine Eindrücke vom Kongress so zusammen: «I cannot take this Baku conference very seriously. It was an excursion, a pageant, a Beano. As a meeting of Asiatic proletarians it was preposterous.»[57] H. G. Wells ist jedoch ein unzuverlässiger Gewährsmann. Wie auch die britische Presse wollte er sich damit herablassend der britisch-imperialen Überlegenheit in Asien versichern. Die britische Politik nahm demgegenüber die Schritte des Kongresses mit größerer Aufmerksamkeit und Befürchtung wahr. Die Bol'ševiki verstanden den Kongress, zu dem rund zweitausend Delegierte in Baku zusammengekommen waren, als ein Mittel für das Ausgreifen der Weltrevolution nach Asien. Der Kongress richtete vier Unterkommissionen ein, die dem Agrarwesen, national-kolonialen Fragen, dem Aufbau von Räten und Organisationsfragen gewidmet waren. Zugleich wurde ein Aktions- und Propagandarat eingerichtet, in dessen Präsidium zwei Mitglieder der Komintern ein Vetorecht besaßen. In seinen öffentlichen Inszenierungen in Baku und in seiner Abschlusserklärung unterstrich der Kongress den festen Willen, die gesamte Menschheit vom Joch des Kapitalismus und imperialistischer Sklaverei zu befreien. Insbesondere in Asien sollte der Kampf dem Britischen Empire gelten.[58]

Die britischen Behörden hatten den Kongress bereits in seiner Planungsphase auf ihrem Radarschirm und nahmen ihn als Gefahr für die britische Herrschaft in Asien wahr. Delegierte aus der Türkei und dem Iran sollten an der Reise nach Baku gehindert werden. In der Tat gelang es, einige iranische Delegierte auf ihrer Reise zu verhaften. Zwei iranische Delegierte starben, als ein britisches Flugzeug ihr Schiff auf dem Kaspischen Meer bombardierte. Im britischen Kabinett warnten insbesondere Churchill und Curzon vor den Auswirkungen des Kongresses. Von der Türkei über den Kaukasus, Iran, Turkestan und Afghanistan bis nach Indien sahen sie nichts als Schwierigkeiten für das Britische Empire heraufziehen. In einer Note vom 1. Oktober 1920 an Čičerin warf Curzon Sowjetrussland vor, mit der revolutionären Konferenz von Baku direkt auf britische Interessen zu zielen. In der Tat benannten die Bol'ševiki in ihren Presseerzeugnissen Indien als die Achillesferse des Britischen Empires. Ohne Indien würde das Empire auf ein kleines Inselkönigreich schrumpfen. Zugleich waren die Bol'ševiki nach den Verheerungen des Bürgerkrieges in Russland auch pragmatisch daran interessiert, realpolitisch einen Handelsvertrag mit Großbritannien abzuschließen. Hier setzte die britische Diplomatie an. Das Handelsabkommen vom 21. März 1921 zwischen Sowjetrussland und Großbritannien basierte auf der Bedingung, dass die auf dem Kongress von Baku geschaffenen Institutionen ihre Schulungs- und Propagandaaktionen im Bogen vom Schwarzen und Kaspischen Meer bis zu den nördlichen Grenzregionen Indiens zurückfuhren.[59]

Doch die Bol'ševiki fanden auch andere Wege, ihre Botschaften von Dekolonisation, nationaler Befreiung und Klassenkampf unter die Menschen zu bringen. 1921 und 1930 öffneten sogenannte Universitäten der Werktätigen des Orients in Moskau und Taškent ihre Pforten für das Publikum, das auch der Kongress in Baku 1920 adressiert hatte. Ho Chi Minh zählte in den frühen 1920er Jahren zu den Moskauer Studenten. Unter den Studenten der in Moskau gegründeten Sun-Yat-sen-Universität wiederum war 1926 Deng Xiaoping zu finden.[60] In Japan setzte nach der Oktoberrevolution eine breite Rezeption des Marxismus wie auch Lenins ein. 1922 erfolgte die Gründung einer kommunistischen Partei in Japan. Das intellektuelle Milieu an den Universitäten Japans war marxistisch geprägt.[61] Auch in China und in islamischen Gesellschaften vermochte der Kommunismus sich als ein Deutungsangebot und eine Handlungsorientierung auszubilden.[62] In Ägypten beispielsweise mischten sich sozialistische Inszenierungspraktiken mit der Auseinandersetzung mit dem Britischen Empire. 1921 fanden in Kairo, Alexandria und Port Said Demonstrationen am 1. Mai statt, dem internationalen Tag der Arbeit, der in Sowjetrussland eine besondere Aufwertung erfuhr. Ein Jahr darauf wurde in Ägypten eine kommunistische Partei gegründet.[63]

Die Biographie von Manbendra Nath Roy zeigt exemplarisch, wie Revolution und Nationalitätenpolitik der Bol'ševiki Kosmopoliten der Dekolonisation in den frühen 1920er Jahren ansprachen, im Lauf der folgenden Jahre irritierten und im Zeichen des Stalinismus in den späten 1920er Jahren abstießen.[64] 1887 in Westbengalen geboren, verschrieb Roy sich früh der indischen Unabhängigkeitsbewegung. Im Ersten Weltkrieg fungierte er als Verbindungsperson eines indischen Aufstandes, der mit deutschen Mitteln und Waffen ausgestattet werden sollte. Die erwartete Unterstützung aus Deutschland blieb aus, stattdessen wurde die britischen Behörden auf ihn aufmerksam. Nur mit Glück gelang es Roy, sich 1917 in die USA abzusetzen. In der New Yorker Public Library brachten seine Lektüren Roy zum Kommunismus. Aus Furcht vor einer abermaligen britischen Enttarnung zog Roy mit seiner Frau 1917 nach Mexiko weiter und gründete dort eine sozialistische Partei, aus der später die Kommunistische Partei Mexikos hervorgehen sollte. Zugleich bot das junge Paar dem Bol'ševik Michail Borodin einen Unterschlupf. Nachdem Roy 1920 zum Zweiten Kongress der Kommunistischen Internationale nach Moskau gereist war, wurde er rasch zu einer wichtigen Figur für die Ausbreitung des Kommunismus nach Asien. So rief er im Herbst 1920 in Taškent die Kommunistische Partei Indiens ins Leben und ging 1927 im Auftrag der Komintern nach China. Seine Mission führte ihn in die Auseinandersetzungen zwischen der Kommunistischen Partei Chinas und der Kuomintang sowie in der Sowjetunion in die letzten Fraktionskämpfe vor dem definitiven Aufstieg Stalins zum alleinigen Herrscher. Roy setzte sich über Berlin nach Indien ab und wurde 1929 in Abwesenheit aus der Komintern ausgeschlossen.[65]

Seinem Ausschluss ging ein langer Entfremdungsprozess von den Bol'ševiki und der Komintern voraus. Darin zeigt sich Roys weite und weltgewandte Intellektualität ebenso wie das Verblassen des sowjetischen Momentums in der Weltgeschichte der 1920er Jahre. Anders als es nach der Enttäuschung der 1918/19 auf Wilson projizierten Erwartungen schien, hatte auch die junge Sowjetunion ungeachtet ihrer zunächst innovativen Nationalitätenpolitik den Bildungseliten der kolonialisierten Länder Asiens keinen Steigbügel in die Unabhängigkeit gereicht, sondern sie taktisch-strategisch in doktrinär weltrevolutionäre und gegebenenfalls gleichzeitig sowjetisch realpolitische Erfordernisse eingespannt.

Schon bevor Roy im Januar 1927 von Stalin nach China entsandt worden war, hatte er in Publikationen seine eigene Position geklärt. Der erste Mann der Bol'ševiki vor Ort, Borodin, focht in China die Linie Stalins durch, die ein Zusammengehen zwischen den chinesischen Kommunisten und der als bürgerlich wahrgenommenen Kuo-

Delegierte der Kommunistischen Internationale in Petrograd 1920. Der Mann links hinter der Frau im weißen Kleid könnte M. N. Roy sein.

mintang vorsah. Roy sah demgegenüber einzig die Masse der chinesischen Bauern als revolutionäre Kraft an und entzweite sich über der Frage nach dem Umgang mit der Kuomintang mit Borodin und den Bol'ševiki.[66] Nach seiner Abreise aus der Sowjetunion fand Roy 1928/29 im Frankfurter Institut für Sozialforschung den geeigneten Ort, um seine jüngeren Reflexionen über den Marxismus und Asien zu verfassen. In der daraus resultierenden Schrift *Revolution und Konterrevolution in China von 1930* wandte er sich vom Revolutionverständnis der Bol'ševiki als gewalttätigem Kampf ab und unterstrich indigene asiatische Formen von Revolution: Philosophische und ethische Debatten, so Roy, entfalteten gleichfalls einen Bewusstseinswandel, der revolutionäre Prozesse in asiatischen Gesellschaften anleite. Roy wandte sich damit von einem eurozentrischen Marxismus und den Bol'ševiki ab. An die Stelle eines aktiven und manipulativen revolutionären Kampfes trat in Roys folgendem Lebensabschnitt intellektuelle Kulturkritik.[67]

Der Stalinismus beendete den Honeymoon zwischen den Bol'ševiki und antikolonialen, nationalen Bewegungen in Asien. Auch im Inneren schlug die Sowjetführung nun ein andere Gangart gegenüber ethnischen Gruppen und Nationen ein als noch in der Formationsphase der frühen 1920er Jahre. Im Dezember 1932 nahm das Politbüro eine Reihe von Änderungen an der sowjetischen Nationalitätenpolitik vor. Vordergründig ging es um eine Reaktion auf Getreideknappheit, die die sowjetische Führung glaubte auf ukrainischen Nationalismus zurückführen zu müssen. Die Ausbildung nationaler Kader wurde zwar beibehalten, verschwand jedoch als Thema aus dem offiziellen sowjetischen Diskurs. Der Status von Nationalität im sowjetischen Denken wandelte sich auch in dieser Zeit. Nationen galten nun nicht mehr länger marxistisch als Überbauphänomen einer Modernisierungphase, sondern als primordiale Gruppierungen, die auf eine lange Geschichte zurückblicken konnten. Substanziell war in den frühen 1930er Jahren der Wandel in der sowjetischen Sprachenpolitik. Russisch wurde in der gesamten Sowjetunion aufgewertet zur dominanten Sprache in Regierung, der Partei, großen industriellen Betrieben und der höheren technischen Ausbildung. Die vielen übrigen nationalen Sprachen blieben fortan auf die Spielwiesen der Allgemeinbildung, Presse und Kultur begrenzt. Die stärkste Abweichung von der Nationalitätenpolitik der 1920er Jahre galt jedoch dem Status des russischen Volkes. Stalins Sowjetpatriotismus setzte 1934 das russische Volk, seine Kultur und seine Geschichte als Erstes unter Gleichen, als Avantgarde in der Geschichte hin zur sowjetischen Freundschaft der Völker, als großen Bruder der übrigen kleinen Brüder.[68] Nun spannte die Sowjetführung Nationen, die sie selber mitgeschaffen hatte, zwischen die Mahlsteine ihres ausgreifenden Terrors. Zehn Jahre nach dem Ende des Wilsonian Moment war auch der «Soviet Moment» verblasst.

Schluss

Der sowjetische Moment der Weltgeschichte war vorüber. Wann aber endete die Russische Revolution? Diese Revolutionsgeschichte mit ihrem Fokus auf den Wandel imperialer Herrschaft und Nationsbildungen endet um 1930, da hier im Inneren und Äußeren eine Zäsur liegt. Im Inneren beendete Stalin die Förderung nichtrussischer Nationsprojekte und stellte ganze Nationen unter den Verdacht von Sabotage. In ihren Außenbeziehungen nutzte die Sowjetunion die Komintern zunehmend als ein Instrument ihrer Außenpolitik, in der nichtsowjetische Wege zum Sozialismus und eigene Nationskonzepte keinen Platz mehr hatten.

Die Geschichtsschreibung hat jedoch die Frage nach dem Ende der Revolution stets unterschiedlich beantwortet. Auf der Suche nach Antworten hat sie ihren Blick auf Umbrüche und Wandlungsprozesse an einen immer weiteren Horizont schweifen lassen. Einer Sozialgeschichte der Sowjetunion galten die ersten zehn Jahre der unumschränkten Alleinherrschaft Stalins vom Beginn des ersten Fünfjahresplans 1927/78 bis zum Großen Terror von 1937/38 lange als Abschluss der Revolution.[1] Mit der Kollektivierung der Landwirtschaft und der forcierten Industrialisierung kamen die Großprojekte einer sozialistischen Moderne auf die Agenda, die nach dem Bürgerkrieg noch nicht angegangen werden konnten. Der stalinistische Terror wiederum schloss einen Elitentausch ab, dem nun auch die Garde der Bol'ševiki der ersten Stunde zum Opfer fiel. In den 1930er Jahren rückten junge Aufsteiger in hoher Zahl in die vom Terror leergefegten Positionen und Kader von Staat und Partei ein. Mittlerweile setzt sich in der Geschichtsschreibung die Einsicht durch, dass der Zweite Weltkrieg lediglich von außen eine Pause des Terrors erzwang, ehe Stalin in den späten 1940er Jahren den Faden der Repression wieder aufnahm. Jetzt wurden Juden, Ärzte und sogenannte Kosmopoliten in das Visier genommen. Offenbar hat allein der Tod Stalins 1953 verhindert, dass das Land abermals von Vernichtungswellen wie in den 1930er Jahren erfasst wurde.[2]

Orlando Figes hat zuletzt den Vorschlag unterbreitet, die verbliebenen vier Jahrzehnte von Stalins Tod bis zum Ende der Sowjetunion auch noch in die Revolutionsgeschichte einzugemeinden. Chruščevs Rede auf dem XX. Parteitag 1956, die Stalins Verbrechen an Parteimitgliedern und seinen Personenkult anprangerte, gilt dann als abermaliger Wendepunkt, bevor Gorbačev mit der Perestrojka auszog, die Sowjetunion zu reformieren, um sie dabei ungewollt ihrer Beerdigung preiszugeben.[3] Trockij hätte es sich bestimmt nicht träumen lassen, dass sein Begriff der permanenten Revolution einmal Konkurrenz erhält, indem Revolutionsgeschichte und die Geschichte der Sowjetunion für identisch erklärt werden. Von Figes' chronologisch breit gespannten Revolutionsausführungen ist es dann auch nicht mehr weit in die Gegenwart. Eine untergründige durchgehende Linie lässt sich von 1917 in die Gegenwart von Putins Russland nicht ziehen. Doch ist der Revolutionsbegriff ein Axiom in der Gegenwart. Putin sieht in Revolutionen wie jenen in Georgien und der Ukraine eine Drohung, die es von Russland fernzuhalten gelte. Umgekehrt sind prominente Exilanten wie Garrij Kasparov und Michail Chodorkovskij der Ansicht, dass eine Revolution in Russland unausweichlich sei.[4] Kasparov und Chodorkovskij verknüpfen damit die Hoffnung auf eine Demokratisierung Russlands. In Russland gibt es jedoch Akteure und Stimmungslagen, die sich unter einer Revolution etwas ganz anderes vorstellen: ein rechts-nationalistisches Projekt. In seinem Roman *San'kja* hat Zachar Prilepin geschildert, wie ein Umsturzversuch einer militaristischen Gruppe gegen die Regierung in Russland beginnen könnte.[5] Der Krieg im Donbass hat solchen Gruppen zunächst ein Betätigungsfeld fernab von Moskau gegeben.

Die Revolution ist in Russland 2017 also vor allem ein Begriff, der von verschiedenen Seiten mit ganz unterschiedlichen Befürchtungen und Erwartungen verbunden wird. Auf die Möglichkeit eines Wandels durch Revolution angesprochen, pflegte der 2015 ermordete russische Politiker Boris Nemcov zu sagen, dass man in Russland lange leben müsse, um Wandel zu erleben.[6] In Revolutionen lebt man nicht unbedingt lange.

Anmerkungen

Vorwort

1 Erich Pelzer, François Furet und Denis Richet. Die Revolution wird beendet, in: Ders., Hg., Revolution und Klio. Die Hauptwerke zur Französischen Revolution, Göttingen 2004, S. 208–232, hier S. 231.

2 http://www.kremlin.ru/events/president/news/53379/videos, zuletzt besucht am 29. Dezember 2016.

Einleitung

1 Nadeshda Krupskaja, Erinnerungen an Lenin, dt. Berlin 1959, S. 407.

2 Leo Trotzki, Mein Leben. Versuch einer Autobiographie, dt. Berlin 1990. Leo Trotzki, Geschichte der russischen Revolution, dt. Berlin 1960. Wladimir D. Nabokow, Petrograd 1917. Der kurze Sommer der Revolution, dt. Berlin 1992. Die Kerenski-Memoiren. Rußland und der Wendepunkt der Geschichte, dt. Reinbek bei Hamburg 1989.

3 The Russian Provisional Government 1917. Documents. Selected and edited by Robert Paul Prowder and Alexander F. Kerensky, 3 Bände, Stanford/CA 1961.

4 P. N. Milukow, Geschichte der zweiten Russischen Revolution. Gegensätze der Revolution, dt. Wien o. J. [1920], S. 4.

5 Iosif V. Gessen, Hg., Archiv Russkoj Revoljucii, 22 Bände, Berlin 1921–1937. Krasnyj Archiv, 106 Bände, Moskau 1922–1941. Jochen Hellbeck, Revolution on my Mind. Writing a Diary under Stalin, Cambridge/MA 2006. Igal Halfin, Red Autobiographies. Initiating the Bolshevik Self, Seattle/WA 2011. Franziska Thun-Hohenstein, «Der Petrinische Ehrenspiegel lag zertrümmert …». Autobiographie und Epochenbruch (Oleg Volkov, Kirill Golicyn, Evrosinija Kersnovskaja), in: Martin Aust, Frithjof Benjamin Schenk, Hg., Imperial Subjects. Autobiographische Praxis in den Vielvölkerreichen der Romanovs, Habsburger und Osmanen im 19. und frühen 20. Jahrhundert, Köln 2015, S. 482–505.

6 Politikgeschichte der Revolution: Richard Pipes, Die Russische Revolution, 3 Bände, dt. Berlin 1992–1993. Sozialgeschichten der Revolution: Dietrich Geyer, Die Russische Revolution. Historische Probleme und Perspektiven, 4. Aufl. Göttingen 1985. Manfred Hildermeier, Die Russische Revolution 1905–1921, Frankfurt am Main 1989. Bernd Bonwetsch. Die Russische Revolution 1917. Eine Sozialgeschichte von der Bauernbefreiung 1861 bis zum Oktoberumsturz, Darmstadt 1991. Sheila Fitzpatrick, The Russian Revolution, 3. Aufl. Oxford 2008. Als erster

kulturgeschichtlicher Überblick der Revolution, der Narrative und Praktiken thematisiert: Orlando Figes, Die Tragödie eines Volkes. Die Epoche der Russischen Revolution 1891–1924, dt. Berlin 1998. Demgegenüber Revolutionsgeschichten, die die imperiale Dimension einbeziehen: Helmut Altrichter, Rußland 1917. Ein Land auf der Suche nach sich selbst, Paderborn 1997. Terry Martin, Ronald G. Suny, Hg., A State of Nations. Empire and Nation Making in the Age of Lenin and Stalin, Oxford 2001. Juliette Cadiot, Le laboratoire impérial. Russie-URSS 1860–1940, Paris 2007.

7 Literaturbericht mit Fokus auf Akteuren und Handlungsoptionen: Frank Wolff, Gleb J. Albert, Neue Perspektiven auf die Russischen Revolutionen und die Frage der *agency*, in: Archiv für Sozialgeschichte 52 (2012), S. 827–859.

8 Jörg Baberowski, Robert Kindler, Christian Teichmann, Revolution in Russland 1917–1921, Erfurt 2007.

9 Liudmila Novikova, The Russian Revolution from a Provincial Perspective, in: Kritika. Explorations in Russian and Eurasian History 16/4 (Fall 2015), S. 769–785, hier S. 770.

10 Jörg Baberowski, Der rote Terror. Die Geschichte des Stalinismus, München 2003. Ders., Verbrannte Erde. Stalins Herrschaft der Gewalt, München 2012. Felix Schnell, Räume des Schreckens. Gewalträume und Gruppenmilitanz in der Ukraine 1905–1933, Hamburg 2012.

11 Heiko Haumann, Hg., Die Russische Revolution 1917, Köln 2007. Gerd Koenen, Utopie der Säuberung. Was war der Kommunismus? Berlin 1998, S. 132–134. Boris Groys, Michael Hagemeister, Hg., Die neue Menschheit. Biopolitische Utopien in Russland zu Beginn des 20. Jahrhunderts, Frankfurt am Main 2005.

12 Richard Stites, The Women's Liberation Movement in Russia. Feminism, Nihilism, and Bolshevism 1860–1930, Princeton/NJ 1991. Bianka Pietrow-Ennker, Rußlands «neue Menschen». Die Entwicklung der Frauenbewegung von den Anfängen bis zur Oktoberrevolution, Frankfurt am Main 1999.

13 Karl Schlögel, Jenseits des Großen Oktober. Das Laboratorium der Moderne. Petersburg 1909–1921, Berlin 1988. Richard Stites, Revolutionary Dreams. Utopian Vision and Experimental Life in the Russian Revolution, New York 1989. Stefan Plaggenborg, Revolutionskultur. Menschenbilder und kulturelle Praxis in Sowjetrussland zwischen Oktoberrevolution und Stalinismus, Köln 1996. Frederick C. Corney, Telling October. Memory and the Making of the Bolshevik Revolution, Ithaca/NY 2004.

14 Gregory Freeze, Subversive Piety. Religion and the Political Crisis in Late Imperial Russia, in: Journal of Modern History 68 (1996), S. 308–350.

15 Martin Schulze Wessel, Revolution und religiöser Dissens. Der römisch-katholische und der russisch-orthodoxe Klerus als Träger religiösen Wandels in den böhmischen Ländern und Russland 1848–1922, München 2011.

16 Nicolas Werth, Ein Staat gegen sein Volk. Gewalt, Unterdrückung und Terror in der Sowjetunion, in: Das Schwarzbuch des Kommunismus. Unterdrückung, Verbrechen und Terror, dt. München 1998, S. 51–298. Ludwig Steindorff, Hg., Partei und Kirchen im frühen Sowjetstaat. Die Protokolle der Antireligiösen Kommission beim Zentralkomitee der Russischen Kommunistischen Partei (Bol'ševiki) 1922–1929, Münster 2007.

17 Lisa A. Kirschenbaum, Small Comrades. Revolutionizing Childhood in Soviet Russia 1917–1932, New York 2001. Catriona Kelly, Children's World. Growing up in Russia 1890–1991, New Haven/CT 2007. Corinna Kuhr-Korolev, «Gezähmte Helden». Die Formierung der Sowjetjugend 1917–1932, Essen 2005.

18 Gerd Koenen, Der Russland-Komplex. Die Deutschen und der Osten 1900–1945, München 2005. Steven G. Marks, How Russia Shaped the Modern World. From Art to Anti-Semitism, Ballet to Bolshevism, Princeton/NJ 2003. Ders., «Im russischen Spiegelreich». Wie amerikanische Vorstellungen des Kapitalismus vom sowjetischen Kommunismus geprägt wurden, in: Martin Aust, Hg., Globalisierung imperial und sozialistisch. Russland und die Sowjetunion in der Globalgeschichte, Frankfurt am Main 2013, S. 333–352. Barbara Beßlich, Faszination des Verfalls. Thomas Mann und Oswald Spengler, Berlin 2002.

19 Zu Russland als Imperium und seinen Regionen: Andreas Kappeler, Russland als Vielvölkerreich. Entstehung, Geschichte, Zerfall, München 1992. Zapadnye okrainy Rossijskoj Imperii, Moskau 2006. Sibir' v sostave Rossijskoj Imperii, Moskau 2007. Severnyj Kavkaz v sostave Rossijskoj Imperii, Moskau 2007. Central'naja Azija v sostave Rossijskoj Imperii, Moskau 2008. Bessarabija v sostave Rossijskoj Imperii 1812–1917, Moskau 2012. Roland Cvetkovski, Reich der Ränder. Zu den imperialen Peripherien in Russland, in: Neue Politische Literatur 55 (2010), S. 365–392. Zu Wandel und Kontinuität im revolutionären Russland des frühen 20. Jahrhunderts: Terry Martin, The Affirmative Action Empire. Nations and Nationalism in the Soviet Union 1923–1939, Ithaca/NY 2001. Peter Holquist, Making War, Forging Revolution. Russia's Continuum of Crisis 1914–1921, Cambridge/MA 2002. Francine Hirsch, Empire of Nations, Ethnographic Knowledge and the Making of the Soviet Union, Ithaca/NY 2005.

20 Vera Tolz, Russia, London 2001. Ulrike von Hirschhausen, Jörn Leonhard, Empires und Nationalstaaten im 19. Jahrhundert, Göttingen 2009. Dies., Beyond Rise, Decline and Fall – Comparing Multi-ethnic Empires in the Long Nineteenth Century, in: dies., Hg., Comparing Empires. Encounters and Transfers in the Long Nineteenth Century, Göttingen 2011, S. 9–36.

21 Vera Tolz, Russia, London 2001. Sviatoslav Kaspe, Imperial Political Culture and Modernization in the Second Half of the Nineteenth Century, in: Jane Burbank, Mark von Hagen, Anatolyi Remnev, Hg., Russian Empire. Space, People, Power, Bloomington/ID 2007, S. 455–493. Jörg Baberowski, Auf der Suche nach Eindeutigkeit. Kolonialismus und zivilisatorische Mission im Zarenreich und in der Sowjetunion, in: Jahrbücher für Geschichte Osteuropas 47 (1999) S. 482–504.

22 Jürgen Osterhammel, Die Verwandlung der Welt. Eine Geschichte des 19. Jahrhunderts, München 2009, Kapitel VIII: Imperien und Nationalstaaten. Die Beharrungskraft der Reiche.

23 Jan C. Jansen, Jürgen Osterhammel, Dekolonisation. Das Ende der Imperien, München 2013.

24 Ab Imperio 1–4/2009 zum homo imperii. Martin Aust, Frithjof Benjamin Schenk, Hg., Imperial Subjects. Autobiographische Praxis in den Vielvölkerreichen der Romanovs, Habsburger und Osmanen im 19. und frühen 20. Jahrhundert, Köln 2015. Tim Buchen, Malte Rolf, Hg, Eliten im Vielvölkerreich. Imperiale Biographien in Russland und Österreich-Ungarn 1850–1918, Berlin 2015.

25 Alexander Semyonov, «The Real and Live Ethnographic Map of Russia»: The Russian Empire in the Mirror of the State Duma, in: Ilya Gerasimov, Jan Kusber, Alexander Semyonov, Hg., Empire Speaks Out. Languages of Self-Rationalization and Self-Description in the Russian Empire, Leiden 2009, S. 191–228.
26 Ilya Gerasimov, Redefining Empire: Social Engineering in Late Imperial Russia, in: ebenda, S. 229–272.
27 Ricarda Vulpius, Nationalisierung der Religion. Russifizierungspolitik und ukrainische Nationsbildung 1860–1920, Wiesbaden 2005, Kapitel III: Der Sprachenstreit und die Bibel.
28 Eric Lohr, Nationalizing the Russian Empire. The Campaign against Enemy Aliens in World War I, Cambridge/MA 2003.
29 Peter Gatrell, A Whole Empire Walking. Refugees in Russia during World War I, Bloomington/ID 1999.
30 Holquist, Making War, Forging Revolution.
31 Boris Kolonitskii, Orlando Figes, Interpreting the Russian Revolution. The Language and Symbols of 1917, New Haven/CT 1999. Boris Kolonickij, «Tragičeskaja ėrotika». Obrazy imperatorskoj sem'i v gody pervoj mirovoj vojny, Moskau 2010. Jan Plamper, The Stalin Cult. A Study in the Alchemy of Power, New Haven/CT 2012.
32 Ein Beispiel von vielen: M. Bonch-Bruyevich, From Tsarist General to Red Army Commander, Moskau 1966.
33 Hirsch, Empire of Nations.
34 Cadiot, Le laboratoire impérial. Suny, Martin, A State of Nations.
35 Martin, The Affirmative Action Empire.
36 Carsten Goehrke, Russischer Alltag. Eine Geschichte in neun Zeitbildern, Band 2: Auf dem Weg in die Moderne, Zürich 2003.
37 Roger Pethybridge, The Spread of the Russian Revolution. Essays on 1917, London 1972.

1905–1907: Russlands erste Revolution

1 Mirjam Voerkelius, Russland und die Sowjetunion auf den Weltaustellungen, in: Martin Aust, Hg., Globalisierung imperial und sozialistisch. Russland und die Sowjetunion in der Weltgeschichte 1851–1991, Frankfurt am Main 2013, S. 207–224. Frithjof Benjamin Schenk, Das Zarenreich als Transitraum zwischen Europa und Asien: russische Visionen und westliche Wahrnehmungen um die Jahrhundertwende, in: Aust, Globalisierung imperial und sozialistisch, S. 41–63. Karl Baedeker, Russland nebst Teheran, Port Arthur, Peking: Handbuch für Reisende, 7. Aufl. Leipzig 1912. Eugen Zabel, Transsibirien. Mit der Bahn durch Russland und China 1903, München 2006.
2 Jost Dülffer, Regeln gegen den Krieg? Die Haager Friedenskonferenzen von 1899 und 1907 in der internationalen Politik, Berlin 1981. Peace Conference at the Hague 1899: Russian Circular January 11, 1899 (December 30, 1898 Old Style), in: The Avalon Project. Documents in Law, History and Diplomacy, 27.2.2012, http://avalon.law.yale.edu/19th_century/hag99-02.asp. Peace Conference at the Hague 1899: Rescript of the Russian Emperor August 24 (12, Old Style), 1898, in:

The Avalon Project. Documents in Law, History and Diplomacy, 27.2.2012, http://avalon.law.yale.edu/19th_century/hag99–01.asp. Die Haager Friedensconferenz. Tagebuchblätter von Bertha von Suttner, RP Düsseldorf 1982, Völkerrecht. Das internationale Recht der civilisirten Nationen. Systematisch dargestellt von Friedrich von Martens. Deutsche Ausgabe von Carl Bergbohm, 2 Bände, Berlin 1883/86 [zuerst russisch 1882/83 erschienen]. V. V. Pustogarov, Fedor Fedorovič Martens. Jurist, diplomat. Moskau 1999.

3 Heinz-Dietrich Löwe, Nikolaus II., in: Hans-Joachim Torke, Hg., Die russischen Zaren 1547–1917, München 1995, S. 354–375, hier S. 354–360.

4 Leo Tolstoi, «Der Absolutismus ist eine überlebte Regierungsform …» Brief an Zar Nikolaus II. vom 16. Januar 1902, zit. nach Ralf Beil, Hg., Kunst und Kultur im Reich des letzten Zaren. Russland 1900, Köln 2008, S. 261–265.

5 Dietmar Neutatz, Träume und Alpträume. Eine Geschichte Russlands im 20. Jahrhundert, München 2013, S. 90, 91.

6 Ebenda, S. 92–97.

7 Anke Hilbrenner, Hirš Lekerts Rache. Gewalteskalation an der Peripherie des Zarenreiches um 1900, in: Osteuropa 66/4 (2016), S. 7–18.

8 Neutatz, Träume und Alpträume, S. 104, 105.

9 Ebenda, S. 105–109.

10 Zitiert nach Graf Witte, Erinnerungen. Mit einer Einleitung von Prof. Otto Hoetzsch, Berlin 1923, S. 160.

11 Stephen M. Norris, A War of Images. Russian Popular Prints, Wartime Culture and National Identity 1812–1945, DeKalb/IL 2006, Kapitel 6.

12 Mit Kosaken durch die Mandschurei. Erlebnisse im russisch-japanischen Kriege von Alexander Spaits, Rittmeister im königl. ungar. 7. Honvédhusarenregiment, Wien 1906, S. 15, 16.

13 Ebenda, S. 19, 20

14 Abraham Ascher, The Revolution of 1905, Band 1, Stanford/CA 1988, S. 74.

15 Das Zarenreich hatte die Kalenderreform Papst Gregors XIII. von 1582 nicht übernommen, so dass in Russland im frühen 20. Jahrhundert unverändert der Julianische Kalender galt. Die Differenz zwischen den beiden Kalendern betrug im frühen 20. Jahrhundert dreizehn Tage. Der 9. Januar (a. St. nach dem Julianischen Kalender) war nach dem Gregorianischen Kalender der 22. Januar (n. St.). Die Bol'ševiki übernahmen am 1. Februar 1918 den Gregorianischen Kalender. Der 1. Februar 1918 wurde damit in Russland zum 14. Februar 1918 bestimmt.

16 Vgl. Abraham Ascher, The Revolution of 1905. A Short History, Stanford/CA 2004, S. 27.

17 Zum Folgenden über Gapon vgl. Ascher, The Revolution of 1905. Band 1: Russia in Disarray, S. 77–82.

18 Ebenda, S. 82, 83.

19 Zur folgenden Darstellung des Blutsonntags: Ascher, The Revolution of 1905. A Short History, S. 25–27.

20 Das Tagebuch des letzten Zaren von 1890 bis zum Fall. Nach den unveröffentlichten russischen Handschriften herausgegeben mit einer Einleitung von Professor S. Melgunoff, Berlin 1923, S. 237.

21 Ebenda, S. 238.
22 Zakonodatel'nye akty perechodnogo vremeni 1904–1908 gg. Sbornik zakonov, manifestov, ukazov pravitel'stvennomu senatu, reskriptov i položenij komiteta ministrov, otnosjaščichsja k preobrazovaniju gosudarstvennogo stroja Rossii, s priloženijem alfavitnogo predmetnogo ukazatelja, Moskau 2010, S. 23–25.
23 Ebenda, S. 25–27.
24 Das Tagebuch des letzten Zaren von 1890 bis zum Fall. S. 246, 247.
25 Kappeler, Russland als Vielvölkerreich, S. 269, 270. Gert von Pistohlkors, Baltische Länder, Berlin 1994, S. 382–434. Werner Benecke, Die Revolution des Jahres 1905 in der Geschichte Polens, in: Martin Aust, Ludwig Steindorff, Hg., Russland 1905. Perspektiven auf die erste Russische Revolution, Frankfurt am Main 2007, S. 9–22. Jörg Baberowski, Der Feind ist überall. Stalinismus im Kaukasus, München 2003, S. 77–83.
26 Adeeb Khalid, The Politics of Muslim Cultural Reform. Jadidism in Central Asia, Berkeley/CA 1998. Gero Fedtke, Zivilisatorische Mission und Revolution. Turkestan 1905/06, in: Aust, Steindorff, Russland 1905, S. 23–46.
27 Ascher, The Revolution of 1905. A Short History, S. 39–58.
28 Das Tagebuch des letzten Zaren von 1890 bis zum Fall. S. 247.
29 Ebenda, S. 248.
30 Ebenda, S. 249.
31 Ebenda, S. 249.
32 Političeskie partii Rossii. Konec XIX – pervaja tret' XX veka. Dokumental'noe nasledie. Bund. Dokumenty i materialy 1894–1921, Moskau 2010, Nr. 27, S. 473–475.
33 Ascher, The Revolution of 1905. A Short History, S. 67–72.
34 Das Tagebuch des letzten Zaren von 1890 bis zum Fall. S. 263.
35 Ebenda, S. 264.
36 Političeskie partii Rossii. Konec XIX – pervaja tret' XX veka. Dokumental'noe nasledie. Bund. Dokumenty i materialy 1894–1921, Moskau 2010, Nr. 30, S. 650–652.
37 Političeskie partii Rossii. Konec XIX – pervaja tret' XX veka. Dokumental'noe nasledie. S-eszdy i konferencii konstitucionno-demokratičeskoj partii. Band 1: 1905–1907 gg. Moskau 1997, S. 18–23.
38 Ebenda, S. 34–41.
39 Die Entscheidungsabläufe vom 6. bis zum 17. Oktober 1905 (a. St.) schildert: Sidney Hardcave, Count Sergei Witte and the Twilight of Imperial Russia. A Biography, Armonk/NY 2004, S. 168–176.
40 Zakonodatel'nye akty perechodnogo vremeni 1904–1908 gg. Sbornik zakonov, manifestov, ukazov pravitel'stvennomu senatu, reskriptov i položenij komiteta ministrov, otnosjaščichsja k preobrazovaniju gosudarstvennogo stroja Rossii, s priloženijem alfavitnogo predmetnogo ukazatelja, Moskau 2010, S. 135, 136.
41 Das Tagebuch des letzten Zaren von 1890 bis zum Fall. S 264.
42 Simon Dubnow, Buch des Lebens. Erinnerungen und Gedanken. Materialien zur Geschichte meiner Zeit. Band 2: 1903–1922. Herausgegeben im Auftrag des Simon-Dubnow-Institutes für Jüdische Geschichte und Kultur von Verena Dohrn Göttingen 2005, S. 44.

43 Ebenda, S. 44, 45.
44 Ebenda, S. 45.
45 Heiko Haumann, Geschichte der Ostjuden, 4. Aufl. München 1998, S. 50–52.
46 Simon Dubnow, Buch des Lebens Band 2, S. 45, 46.
47 Jacob Teitel, Aus meiner Lebensarbeit. Erinnerungen eines jüdischen Richters im alten Rußland, Teetz 1999 (erstmals erschienen Frankfurt am Main 1929), S. 93, 95.
48 Zum Folgenden: Christoph Gumb, Die Festung. Repräsentationen von Herrschaft und die Präsenz der Gewalt. Warschau 1904–1906, in: Jörg Baberowski, David Feest, Christoph Gumb, Hg., Imperiale Herrschaft in der Provinz. Repräsentationen politischer Macht im späten Zarenreich, Frankfurt am Main 2008, S. 271–303.
49 Andreas Kappeler, Die Kosaken. Geschichte und Legenden, München 2013, S. 63, 64.
50 Baberowski, Der Feind ist überall. Stalinismus im Kaukasus, S. 77–83.
51 Franziska Davies, Muslims in the Russian Army 1874–1917, unveröffentlichtes MS, Phil. Diss. München 2015, S. 147–154.
52 Frithjof Benjamin Schenk, Kommunikation und Raum 1905. Die Eisenbahn in Krieg und Revolution, in: Aust, Steindorff, Russland 1905, S. 47–68.
53 Helmut Gross, Heiko Haumann, Heinz-Dietrich Löwe, Gottfried Schramm, Thomas Steffens, Über die Revolution zur Modernisierung im Zeichen der eingeschränkten Autokratie 1904–1914, in: Gottfried Schramm, Hg, Handbuch der Geschichte Russlands Band III, 1. Halbband, Stuttgart 1983, S. 373–474, hier S. 375, 376.
54 Ebenda, S. 376, 377.
55 Ebenda, S. 377.
56 Ebenda, S. 378.
57 Ebenda, S. 379.
58 Alexander Semyonov, «The Real and Live Ethnographic Map of Russia»: The Russian Empire in the Mirror of the State Duma.
59 Helmut Gross, Heiko Haumann, Heinz-Dietrich Löwe, Gottfried Schramm, Thomas Steffens, Über die Revolution zur Modernisierung im Zeichen der eingeschränkten Autokratie 1904–1914, S. 380, 381.
60 Ebenda, S. 382.
61 Ebenda, S. 384–386.
62 Martin Aust, Außerhalb des Okzidents und doch im Westen? Fremdpositionierungen Russlands in Krieg und Revolution 1904–1906, in: Aust, Steindorff, Russland 1905, S. 173–180.
63 I. V. Lukojanov, U istokov rossijskogo parlamentarizma, St. Petersburg 2003, S. 243.
64 Ebenda, S. 244.
65 Ebenda, S. 250.
66 Ebenda, S. 251.
67 Ebenda, S. 252, 253.
68 Ebenda, S. 256, 257.
69 Ebenda, S. 258, 259.

70 Ebenda, S. 259.
71 Ebenda, S. 264, 265.
72 Vechi. Zur Krise der russischen Intelligenz, dt. Frankfurt am Main 1990.
73 Zum Attentat auf Stolypin: Mary Schaeffer Conroy, Peter Arkad'evich Stolypin. Practical Politics in Late Tsarist Russia, Boulder/CL 1976, S. 187–190. Zum Terrorismus im Zarenreich im Allgemeinen: Anke Hilbrenner, Terrorismus als «russische Methode» oder die Peripherie als Ort der Gewalt?, in: Aust, Globalisierung imperial und sozialistisch, S. 84–107.
74 Robert Weinberg, Blood Libel in Late Imperial Russia. The Ritual Murder Trial of Mendel Beilis, Bloomington/ID 2012. Edmund Levin, A Child of Christian Blood. Murder and Conspiracy in Tsarist Russia, the Beilis Blood Libel, New York 2013.
75 Teitel, Aus meiner Lebensarbeit. Erinnerungen eines jüdischen Richters im alten Rußland.
76 Denis Sdvižkov, Die imperiale Mannschaft: Russland und seine Nationen auf den ersten Olympiaden, in: Aust, Globalisierung imperial und sozialistisch, S. 108–125.
77 Gregory Vitarbo, Nationality Policy and the Russian Imperial Officer Corps 1905–1914, in: Slavic Review 66/4 (2007), S. 682–701. Joshua A. Sanborn, Drafting the Russian Nation. Military Conscription, Total War, and Mass Politics 1905–1925, DeKalb/IL 2003. Kappeler, Russland als Vielvölkerreich, Achtes Kapitel: Das spätzarische Vielvölkerreich zwischen Modernisierung und Tradition.
78 Richard Wortman, Scenarios of Power. Myth and Ceremony in Russian Monarchy, Volume 2: From Alexander II to the Abdication of Nicholas II, Princeton/NJ 2000, S. 439–480.
79 Felix Philipp Ingold, Der große Bruch. Russland im Epochenjahr 1913, München 2000. Schlögel, Jenseits des Großen Oktobers. Ralf Beil, Hg., Russland 1900. Kunst und Kultur im Reich des letzten Zaren, Köln 2008.
80 Dietmar Neutatz, Von der Stadtduma ins Politbüro? Entscheidungsprozesse bei der Projektierung der Moskauer Untergrundbahn 1897–1935, in: Jahrbücher für Geschichte Osteuropas 44 (1996), S. 322–343.
81 Aus der Perspektive Kerenskijs, der einer Untersuchungskommission der Duma angehörte: Die Kerenski-Memoiren. Rußland und der Wendepunkt der Geschichte, S. 103–105.
82 Goerhke, Russischer Alltag Band 2.

1914–1915: Russland im Ersten Weltkrieg

1 http://www.1000dokumente.de/index.html/index.html?c=dokument_de&dokument=0081_kwi&object=context&l=de zuletzt besucht am 10. September 2015.
2 Kolonickij, «Tragičeskaja ėrotika». Obrazy imperatorskoj sem'i v gody pervoj mirovoj vojny, S. 73, 74.
3 Manfred Hellmann, Hg., Die russische Revolution 1917. Von der Abdankung des Zaren bis zum Staatsstreich der Bolschewiki, 6. Aufl. München 1987 (dtv dokumente), Nr. 2 a, S. 47.

4 Zitiert nach Jörg Baberowski, Der Anfang vom Ende. Das Zarenreich im Ersten Weltkrieg, in: Osteuropa 64/2–4 (2014), S. 7–20, hier S. 12.

5 Christopher Clark, The Sleepwalkers. How Europe Went to War in 1914, London 2012. Die Mitverantwortung des Habsburgerreiches für den Kriegsausbruch impliziert: Marie-Janine Calic, Kriegstreiber Serbien? Die Südslawen und der Erste Weltkrieg: eine Richtigstellung, in: Osteuropa 64/2–4 (2014), S. 43–58. Nicht deterministisch, aber mit der These der Hauptverantwortung Deutschlands für den Ersten Weltkrieg: Volker Ullrich, Die nervöse Großmacht. Aufstieg und Untergang des deutschen Kaiserreiches 1871–1918, Frankfurt am Main 1997, S. 250 ff.

6 Jennifer Siegel, Endgame. Britain, Russia and the Final Struggle for Central Asia, London 2002. Sean McMeekin, The Russian Origins of the First World War, Cambridge/MA 2011.

7 Jürgen Osterhammel, The Tranformation of the World. A Global History of the Nineteenth Century, Princeton/NJ 2014, S. 474.

8 Clark, The Sleepwalkers. How Europe Went to War.

9 Ebenda, S. 512, 513.

10 Manfred Sapper, Den Krieg überwinden. Jan Bloch: Unternehmer, Publizist, Pazifist, in: Osteuropa 8–10/2008, S. 303–312. Über Blochs Audienz bei Nikolaus II. berichtet: Die Haager Friedensconferenz. Tagebuchblätter von Bertha von Suttner, RP Düsseldorf 1982, S. 19. Zum russisch-japanischen Krieg: David Schimmelpenninck van der Oye, Toward the Rising Sun. Russian Ideologies of Empire and the Path to War with Japan, DeKalb/IL 2001. The Russo-Japanese War in Global Perspective: World War Zero, 2 Bände, Leiden 2005/2007.

11 Jonathan Daly, Leonid Trofimov, Hg., Russia in War and Revolution 1914–1922. A Documentary History, Indianapolis/ID 2009, Nr. 2, S. 6–9.

12 Baberowski, Der Anfang vom Ende, S. 8.

13 Dominic Lieven, Towards the Flame. Empire, War and the End of Tsarist Russia, London 2015, S. 99.

14 Ebenda, S. 101–104.

15 Ebenda, S. 108–115.

16 Ebenda, S. 115–154.

17 Ebenda, S. 225–237.

18 Sergej Sazonov, Vospominanija, Moskau 1991 (erstmals Paris 1927), S. 242, zitiert nach Baberowski, Der Anfang vom Ende, S. 7.

19 Manfred Hildermeier, Geschichte Russlands. Vom Mittelalter bis zur Oktoberrevolution, München 2013, S. 1125.

20 Irina S. Rybačenok, Hg., Korennye interesy Rossii glazami ee gosudarstvennych dejatelej, diplomatov, voennych i publicistov. Dokumental'naja publikacija, Moskau 2004.

21 Aleksej Miller, Ukrainskij vopros vo politike vlastej i russkom obščestvennom mnenii. Vtoraja polovina XIX veka, St. Petersburg 2000. Anna Veronika Wendland, Die Russophilen in Galizien. Ukrainische Konservative zwischen Österreich und Russland, Wien 2001. Mark von Hagen, War in a European Borderland. Occupations and Occupation plans in Galicia and Ukraine 1914–1918, Seattle/WA 2007.

22 Norris, A War of Images, Kapitel 7.
23 Kolonickij, Tragičeskaja ėrotika, Kapitel IV.
24 Ebenda, S. 246–288.
25 Baberowski, Der Anfang vom Ende, S. 13, 14.
26 Ebenda, S. 10. Christopher Read, War and Revolution in Russia 1914–1922. The Collapse of Tsarism and the Establishment of Soviet Power, Basingstoke 2013, S. 23.
27 Robert Gerwarth, Erez Manela, Hg., Empires at War 1911–1923, Oxford 2015. Mark von Hagen, War in a European Borderland. Michael A. Reynolds, Shattering Empires. The Clash and Collapse of the Ottoman and Russian Empires 1908–1918, Cambridge 2011. Timothy Snyder, The Red Prince. The Secret Lives of a Habsburg Archduke, New York 2008. Martin Watts, The Jewish Legion and the First World War, New York 2004.
28 Aleksej Miller, Počemu vse kontinental'nye imperii raspalis' v rezul'tate Pervoj mirovoj vojny, in: http://www.polit.ru/lectures/2006/04/11/miller2.html, zuletzt besucht am 5.1.2017.
29 Willard Sunderland, The Baron's Cloak. A History of the Russian Empire in War and Revolution, Ithaca/NY 2014, S. 126, 127.
30 Baberowski, Der Anfang vom Ende, S. 11. Read, War and Revolution in Russia 1914–1922, S. 23–26.
31 McReynolds, Shattering Empires, S. 124–129.
32 Ebenda, S. 136.
33 A. Ju. Bachturina, Okrainy Rossijskoj Imperii. Gosudarstvennoe upravlenie i nacional'naja politika v gody pervoj mirovoj vojny (1914–1917 gg.), Moskau 2004.
34 Mark von Hagen, War in a European Borderland.
35 Aleksandr Astašov, Russkij front v 1914 – načale 1917 goda: voennyj opyt i sovremennost', Moskau 2014.
36 Holquist, Making War, Forging Revolution, S. 16, 17.
37 Ebenda, S. 19, 20.
38 Ebenda, S. 25–46.
39 Eric Lohr, Politics, Economics and Minorities. Core Nationalism in the Russian Empire at War, in: Ulrike von Hirschhausen, Jörn Leonhard, Hg., Comparing, Empires, S. 518–529, hier S. 518.
40 Ebenda, S 520.
41 Ebenda, S. 521.
42 Ebenda, S. 522.
43 Ebenda, S. 523.
44 Zitiert nach ebenda, S. 524.
45 Ebenda, S. 525.
46 Peter Gatrell, A Whole Empire Walking. Refugees in Russia during World War I, Bloomington/ID 2005.
47 Eric Lohr, Politics, Economics and Minorities. Core Nationalism in the Russian Empire at War, ebenda, S. 526.
48 Ebenda, S. 527.
49 Ebenda, S. 527.
50 Peter Gatrell, Der Krieg, die Flucht und die Nation. Das Flüchtlingsdrama im

Zarenreich und die Folgen 1914–1920, in: Osteuropa 64/2–4 (2014), S. 185, 195, hier S. 185.
51 Ebenda, S. 186.
52 Ebenda, S. 187.
53 Zitiert nach ebenda, S. 187.
54 Zitiert nach ebenda, S. 188.
55 Zitiert nach ebenda, S. 188.
56 Ebenda, S. 188.
57 Ebenda, S. 192.
58 Zitiert nach ebenda, S. 189.
59 Zitiert nach ebenda, S. 189.
60 Ebenda, S. 190, 191.
61 Zitiert nach ebenda, S. 192.
62 Read, War and Revolution in Russia 1914–1922, S. 28.
63 Ebenda, S. 29.
64 Jonathan Daly, Leonid Trofimov, Hg., Russia in War and Revolution 1914–1922. A Documentary History, Nr. 4, S. 10, 11.
65 Read, War and Revolution in Russia 1914–1922, S. 30.
66 Ebenda, S. 30.
67 Ebenda, S. 32.
68 Ebenda, S. 32.
69 Zitiert nach Baberowski, Der Anfang vom Ende, S. 10.
70 Lieven, Towards the Flame, S. 344, 345.
71 Baberowski, Der Anfang vom Ende, S. 11. Figes, Die Tragödie eines Volkes, S. 282.
72 Read, War and Revolution in Russia 1914–1922, S. 34, 35. Figes, Die Tragödie eines Volkes, S. 293, 294.
73 Jonathan Daly, Leonid Trofimov, Hg., Russia in War and Revolution 1914–1922. A Documentary History, Nr. 3, S. 9, 10.
74 Read, War and Revolution in Russia 1914–1922, S. 35.
75 Ebenda, S. 36.
76 Ebenda, S. 16–18, 36, 37. Gatrell, A Whole Empire Walking, S. 19, 154, 155.
77 Read, War and Revolution in Russia 1914–1922, S. 37. Altrichter, Russland 1917, S. 105, 106.
78 Kolonickij, Tragičeskaja ėrotika, S. 289 ff., 352 ff. Read, War and Revolution in Russia 1914–1922, S. 37.
79 Hellmann, Hg., Die russische Revolution, Nr. 20, S. 78–82. Read, War and Revolution in Russia 1914–1922, S. 38.
80 Ebenda, S. 39.
81 Lieven, Towards the Flame, S. 345–351.

1916–1917: Aufstand und Revolutionen

1 Read, War and Revolution in Russia 1914–1922, S. 44, 45.
2 Figes, Tragödie eines Volkes, S. 281, 282. Read, War and Revolution in Russia 1914–1922, S. 45, 46.

3 Ebenda, S. 46, 47.
4 Ebenda, S. 47.
5 Jonathan Daly, Leonid Trofimov, Hg., Russia in War and Revolution 1914–1922. A Documentary History, Nr. 10, S. 23, 24.
6 Jörn Happel, Nomadische Lebenswelten und zarische Politik. Der Aufstand in Zentralasien 1916, Stuttgart 2010. Ders., Die Schande Russlands: Globale Perspektiven auf den Aufstand in Zentralasien 1916, in: Martin Aust, Hg., Globalisierung imperial und sozialistisch, S. 182–203.
7 Daniel Brower, Turkestan and the Fate of the Russian Empire, London 2003, S. 2, 3.
8 Zitiert nach Ulrich Hofmeister, Zwischen Kontinentalimperium und Kolonialmacht. Repräsentationen der russischen Herrschaft in Turkestan 1865–1917, in: Martin Aust, Julia Obertreis, Hg., Osteuropäische Geschichte und Globalgeschichte, Stuttgart 2014, S. 27–47, hier S. 42.
9 Peter Holquist, Crimes against Humanity. The Russian Empire's Role in Formulating the Allies' May 24, 1915, Note on the Armenian Genocide; Vortrag gehalten auf der 123. Annual Convention der American Historical Association am 4. Januar 2009 in New York.
10 Happel, Die Schande Russlands: Globale Perspektiven auf den Aufstand in Zentralasien 1916, S. 186, 187.
11 Kolonickij, «Tragičeskaja ėrotika», S. 289.
12 Auszüge der Rede in englischer Übersetzung: Jonathan Daly, Leonid Trofimov, Hg., Russia in War and Revolution 1914–1922. A Documentary History, Nr. 11, S. 24–27.
13 Kolonickij, «Tragičeskaja ėrotika», S. 289.
14 Read, War and Revolution in Russia 1914–1922, S. 48.
15 Ebenda, S. 48. Lieven, Towards the Flame, S. 350.
16 Kolonickij, Tragičeskaja ėrotika, S. 292.
17 Jonathan Daly, Leonid Trofimov, Hg., Russia in War and Revolution 1914–1922. A Documentary History, Nr. 9, S. 21–23.
18 Prince Félix Youssoupoff, La Fin de Raspoutine, o. O. 1992 (erstmals 1927 erschienen), S. 119–127.
19 Read, War and Revolution in Russia 1914–1922, S. 49, 50.
20 Jonathan Daly, Leonid Trofimov, Hg., Russia in War and Revolution 1914–1922. A Documentary History, Nr. 13, S. 35, 36.
21 Read, War and Revolution in Russia 1914–1922, S. 50.
22 Jonathan Daly, Leonid Trofimov, Hg., Russia in War and Revolution 1914–1922. A Documentary History, Nr. 15, S. 38–42, hier S. 38. Figes, Tragödie eines Volkes, S. 334.
23 Read, War and Revolution in Russia 1914–1922, S. 50.
24 Jonathan Daly, Leonid Trofimov, Hg., Russia in War and Revolution 1914–1922. A Documentary History, Nr. 14, S. 36–38.
25 Ebenda, Nr. 15, S. 38–42, hier S. 41.
26 Read, War and Revolution in Russia 1914–1922, S. 50, 51.
27 Ebenda, S. 51, 52.
28 Hellmann, Hg., Die russische Revolution, Nr. 51 a, S. 138.

29 Die Abdankung Nikolaus' II. bei Figes, Tragödie eines Volkes, S. 365 ff.
30 Read, War and Revolution in Russia 1914–1922, S. 52, 53.
31 Ebenda, S. 53–55.
32 Krupskaja, Erinnerungen an Lenin, S. 379.
33 Trotzki, Mein Leben. Versuch einer Autobiographie, S. 244.
34 Ebenda, S. 251.
35 Orlando Figes, Boris Kolonitskii, Interpreting the Russian Revolution. The Language and Symbols of 1917, S. 30–36, 58.
36 Dubnow, Buch des Lebens. Erinnerungen und Gedanken. Materialien zur Geschichte meiner Zeit. Band 2: 1903–1922. S. 222.
37 Zitiert nach Douglas Smith, Der letzte Tanz. Der Untergang der russischen Aristokratie, dt. Frankfurt am Main 2014, S. 112.
38 Zitiert nach ebenda, S. 113.
39 Semion Lyandres, The Fall of Tsarism. Untold Stories of the February 1917 Revolution, Oxford 2013.
40 Read, War and Revolution in Russia 1914–1922, S. 56.
41 Altrichter, Russland 1917, S. 353. Read, War and Revolution in Russia 1914–1922, S. 58, 61.
42 Ebenda, S. 62.
43 Zum Februar der Arbeiter: Altrichter, Russland 1917, S. 279 ff.
44 Dies ist die grundlegende These von Aleksandr Astašov, Russkij front v 1914 – načale 1917 goda: voennyj opyt i sovremennost', Moskau 2014. Siehe auch: Read, War and Revolution in Russia 1914–1922, S. 63–65.
45 Ebenda, S. 64, 65.
46 Ebenda, S. 65, 66.
47 Hellmann, Hg., Die russische Revolution, Nr. 48, S. 134. Read, War and Revolution in Russia 1914–1922, S. 66, 67.
48 Altrichter, Russland 1917, S. 311 ff. Read, War and Revolution in Russia 1914–1922, S. 73, 74.
49 Ebenda, S. 68.
50 Figes, Kolonitskii, Interpreting the Russian Revolution, S. 71 ff.
51 Figes, Tragödie eines Volkes, S. 382, 383. Read, War and Revolution in Russia 1914–1922, S. 68–70.
52 Ebenda, S. 60, 70.
53 Ebenda, S. 70, 71.
54 Ebenda, S. 71, 72.
55 Holquist, Making War, Forging Revolution, S. 94–110.
56 Figes, Tragödie eines Volkes, S. 406–409. Read, War and Revolution in Russia 1914–1922, S. 72, 73.
57 Ebenda, S. 56, 57.
58 Pethybridge, The Spread of the Russian Revolution.
59 Read, War and Revolution in Russia 1914–1922, S. 58.
60 Liudmila Novikova, The Russian Revolution from a Provincial Perspective, in: Kritika. Explorations in Russian and Eurasian History 16/4 (Fall 2015), S. 769–785, hier S. 771.
61 Ebenda, S. 772.

62 Tanja Penter, Der Sowjet der Arbeitslosen in Odessa. Soziale Polarisierungen in der Revolution von 1917, in: Jahrbücher für Geschichte Osteuropas 46/3 (1998), S. 351–375.
63 Stefan Karsch, Die bolschewistische Machtergreifung im Gouvernement Voronež 1917–1919, Stuttgart 2006.
64 Novikova, The Russian Revolution from a Provincial Perspective, S. 773, 774.
65 Read, War and Revolution in Russia 1914–1922, S. 58.
66 Smith, Der letzte Tanz. Der Untergang der russischen Aristokratie.
67 Kappeler, Russland als Vielvölkerreich, S. 291–295. Altrichter, Russland 1917, Kapitel IV: Ein Reich im Zerfall. Die Sezession der Nationalitäten.
68 Zitiert nach Kappeler, Russland als Vielvölkerreich, S. 288.
69 Ebenda, S. 288, 289.
70 Ebenda, S. 290.
71 Tatiana Khripachenko, National Challenges to Decentralization. Autonomy and Federation in the Russian Liberal Discourse 1900–1914, unveröffentlichtes MS, PhD Central European University Budapest 2014.
72 Kappeler, Russland als Vielvölkerreich, S. 291.
73 Wendland, Die Russophilen in Galizien. Ukrainische Konservative zwischen Österreich und Rußland 1848–1915.
74 Torsten Wehrhahn, Die Westukrainische Volksrepublik. Zu den polnisch-ukrainischen Beziehungen und dem Problem der ukrainischen Staatlichkeit in den Jahren 1918 bis 1923, Berlin 2004.
75 Oleksandr Ohloblyn, Studiji z istoriji Ukrajiny, New York 1995, S. 60–62.
76 Miller, Ukrainskij vopros v politike vlastej i russkom obščestvennom mnenii.
77 Isidore Nahayewsky, History of the Modern Ukrainian State 1917–1923, München 1966, S. 52.
78 Das Erste Universal ist abgedruckt bei Hellmann, Hg., Die russische Revolution, Nr. 69 a, S. 237–240.
79 Ebenda, Nr. 69 b, S. 240, 241.
80 Die Provisorische Regierung gab die Übereinkunft mit der Rada in einer Proklamation bekannt, die abgedruckt ist ebenda, Nr 69 d, S. 242, 243.
81 Zit. nach Figes, Die Tragödie eines Volkes, S. 444.
82 Ebenda, S. 445.
83 Kappeler, Russland als Vielvölkerreich, S. 291, 292.
84 Theophil Hornykiewicz, Ereignisse in der Ukraine 1914–1922, Band 1, Philadelphia/PA 1966, Nr. 103, S. 259, 260.
85 Andreas Kappeler, Kleine Geschichte der Ukraine, München 1994, S. 170.
86 Kappeler, Russland als Vielvölkerreich, S. 292.
87 Ebenda, S. 292, 293.
88 Ebenda, S. 293. Yuri Slezkine, Das jüdische Jahrhundert, dt. Göttingen 2006, S. 121 ff.
89 Ronald G. Suny, The Baku Commune 1917–1918. Class and Nationality in the Russian Revolution, Princeton/NJ 1972, Kapitel 3 und 4.
90 Ebenda, S. 293.
91 Altrichter, Russland 1917, Kapitel IV.4. Kappeler, Russland als Vielvölkerreich, S. 293, 294.

92 Kappeler, Russland als Vielvölkerreich, S. 294. Adeeb Khalid, Islam after Communism. Religion and Politics in Central Asia, Berkely/CA 2007, S. 50–55.
93 Altrichter, Russland 1917, Kapitel IV.5. Kappeler, Russland als Vielvölkerreich, S. 294, 295.
94 Ebenda, S. 295.
95 Krupskaja, Erinnerungen an Lenin, S. 391.
96 Ebenda, S. 392.
97 Ebenda, S. 392.
98 Hellmann, Hg., Die russische Revolution, Nr. 59, S. 189–191.
99 Read, War and Revolution in Russia 1914–1922, S. 59, 60.
100 Altrichter, Russland 1917, S. 152 ff. Read, War and Revolution in Russia 1914–1922, S. 74.
101 Ebenda, S. 74, 75.
102 Joshua A. Sanborn, Drafting the Russian Nation. Military Conscription, Total War, and Mass Politics 1905–1925, KeKalb/IL 2003, S. 150, 151.
103 Figes, Tragödie eines Volkes, S. 433–445. Read, War and Revolution in Russia 1914–1922, S. 75.
104 Zit. nach Figes, Tragödie eines Volkes, S. 455.
105 Ebenda, S. 445–462. Read, War and Revolution in Russia 1914–1922, S. 75–77.
106 Ebenda, S. 77, 78.
107 Ebenda, S. 79, 82.
108 Figes, Tragödie eines Volkes, S. 462 f. Read, War and Revolution in Russia 1914–1922, S. 83.
109 Ebenda, S. 83.
110 Kolonickij, «Tragičeskaja ėrotika». Figes, Kolonitskii, Interpreting the Russian Revolution, S. 71 ff. Read, War and Revolution in Russia 1914–1922, S. 84.
111 Ebenda, S. 84.
112 Ebenda, S. 84, 85.
113 Ebenda, S. 86.
114 Ebenda, S. 86.
115 Ebenda, S. 87.
116 Ebenda, S. 87.
117 Ebenda, S. 87.
118 Figes, Tragödie eines Volkes, S. 473 ff. Read, War and Revolution in Russia 1914–1922, S. 88.
119 Ebenda, S. 88, 89.
120 Ebenda, S. 89, 90.
121 Ebenda, S. 90.
122 Figes, Tragödie eines Volkes, S. 475 ff., sieht in Kerenskij den Drahtzieher aller Vorwürfe, Kornilov habe einen Putsch geplant. Read, War and Revolution in Russia 1914–1922, S. 90, 91, geht demgegenüber davon aus, Kornilov habe die Initiative zum Putsch selber gefasst.
123 Read, War and Revolution in Russia 1914–1922, S. 91.
124 Ebenda, S. 92, 93.
125 Ebenda, S. 93–95.
126 Stephen Kotkin, Stalin. Paradoxes of Power 1878–1928, New York 2014, S. 214–223.

127 Read, War and Revolution in Russia 1914–1922, S. 95, 96.
128 Ebenda, S. 96, 97. Altrichter, Russland 1917, S. 291–306.
129 Read, War and Revolution in Russia 1914–1922, S. 98, 99.
130 Ebenda, S. 99, 100.
131 Altrichter, Russland 1917, S. 345–366. Read, War and Revolution in Russia 1914–1922, S. 100, 101.
132 Ebenda, S. 102.
133 Figes, Kolonitskii, Interpreting the Russian Revolution, S. 104 ff. Read, War and Revolution in Russia 1914–1922, S. 102, 103.
134 Ebenda, S. 103.
135 Ebenda, S. 105.
136 Ebenda, S. 105, 106.
137 Altrichter, Russland 1917, S. 266, 267. Read, War and Revolution in Russia 1914–1922, S. 106, 107.
138 Ebenda, S. 107, 108.
139 Ebenda, S. 108.
140 Hellmann, Hg., Die russische Revolution, Nr. 84 a–Nr. 84 c, S. 283–291.
141 Kotkin, Stalin, S. 214. Read, War and Revolution in Russia 1914–1922, S. 109.
142 Ebenda, S. 110.
143 Figes, Tragödie eines Volkes, S. 482–486. Read, War and Revolution in Russia 1914–1922, S. 110, 111.
144 Ebenda, S. 111.
145 Figes, Tragödie eines Volkes, S. 485. Read, War and Revolution in Russia 1914–1922, S. 112.
146 Ebenda, S. 113.
147 Figes, Tragödie eines Volkes, S. 507, 508. Read, War and Revolution in Russia 1914–1922, S. 113, 114.
148 Kotkin, Stalin, S. 214, 215. Read, War and Revolution in Russia 1914–1922, S. 115.
149 Ebenda, S. 116.
150 Figes, Tragödie eines Volkes, S. 509–521. Read, War and Revolution in Russia 1914–1922, S. 117.
151 Ebenda, S. 117.
152 Ebenda, S. 117.
153 Kotkin, Stalin, S. 217, 218.
154 Hellmann, Hg., Die russische Revolution, Nr. 87 d, 87 e, S. 312–318. Read, War and Revolution in Russia 1914–1922, S. 120–122.
155 Ebenda, S. 124, 125.
156 Ebenda, S. 123. Lynn Viola, Peasant Rebels under Stalin. Collectivization and the Culture of Peasant Resistance, New York 1996.
157 Figes, Tragödie eines Volkes, S. 534. Read, War and Revolution in Russia 1914–1922, S. 124.
158 Ebenda, S. 125.
159 Ebenda, S. 125.
160 Altrichter, Russland 1917, S. 535.
161 Read, War and Revolution in Russia 1914–1922, S. 126, 127.
162 Ebenda, S. 127.

163 Kappeler, Russland als Vielvölkerreich, S. 295–297.
164 Ebenda, S. 295–297.
165 Hellmann, Hg., Die russische Revolution 1917, Nr. 93 a, S. 338, 339.
166 Kappeler, Russland als Vielvölkerreich, S. 298.
167 Ebenda, S. 298.
168 Read, War and Revolution in Russia 1914–1922, S. 128.
169 Figes, Tragödie eines Volkes, S. 580–582. Read, War and Revolution in Russia 1914–1922, S. 128.
170 Ebenda, S. 129.
171 Ebenda, S. 130.
172 Ebenda, S. 130–133.
173 Ebenda, S. 133, 134.
174 Ebenda, S. 134.
175 Ebenda, S. 135.
176 Ebenda, S. 136, 137.
177 Ebenda, S. 137.

1918–1921: Bürgerkrieg und Weltkrieg

1 Zapadnye okrainy Rossijskoj Imperii, Moskau 2006, S. 409.
2 Tagebücher und Erinnerungen einer Studentin aus Kiev 1919–1920, in: Archiv russkoj revoljucii Band 15/16, RP der Ausgabe Berlin 1921, Moskau 1993, S. 211–218. Zur Konstituante und ihrer Auflösung: Altrichter, Russland 1917, S. 234–256. Figes, Tragödie eines Volkes, S. 542–548. Daly, Trofimov, Russia in War and Revolution 1914–1922, Nr. 95–98, S. 210–222.
3 Read, War and Revolution in Russia 1914–1922, S. 138. Figes, Tragödie eines Volkes, S. 582, 583.
4 Read, War and Revolution in Russia 1914–1922, S. 139.
5 Nikolaus Katzer, Die weiße Bewegung in Russland. Herrschaftsbildung, praktische Politik und politische Programmatik, Köln 1999.
6 Read, War and Revolution in Russia 1914–1922, S. 140.
7 Ebenda, S. 141.
8 Evan Mawdsley, The Russian Civil War, Edinburgh 2002, S. 45 ff. Read, War and Revolution in Russia 1914–1922, S. 141, 142.
9 Ebenda, S. 141, 142.
10 Figes, Tragödie eines Volkes, S. 583. Read, War and Revolution in Russia 1914–1922, S. 142.
11 Daly, Trofimov, Russia in War and Revolution 1914–1922, Nr. 57, S. 130–134. Figes, Die Tragödie eines Volkes, S. 672–678.
12 Read, War and Revolution in Russia 1914–1922, S. 143, 144. Zum Dissens der Arbeiter auch: Daly, Trofimov, Russia in War and Revolution 1914–1922, Nr. 99–104, S. 223–232.
13 Read, War and Revolution in Russia 1914–1922, S. 144.
14 Ebenda, S. 145.
15 Ebenda, S. 145, 146. Mawdsley, The Russian Civil War, S. 63–65.
16 Read, War and Revolution in Russia 1914–1922, S. 146.

17 Figes, Tragödie eines Volkes, S. 609–622. Read, War and Revolution in Russia 1914–1922, S. 146, 147.
18 Ebenda, S. 147.
19 Ebenda, S. 148.
20 Mawdsley, The Russian Civil War, S. 132 ff. Read, War and Revolution in Russia 1914–1922, S. 148, 149.
21 Ebenda, S. 149, 150.
22 Mawdsley, The Russian Civil War, S. 172, 173. Read, War and Revolution in Russia 1914–1922, S. 151.
23 Mawdsley, The Russian Civil War, S. 178–229. Read, War and Revolution in Russia 1914–1922, S. 151.
24 Mawdsley, The Russian Civil War, S. 230–271. Read, War and Revolution in Russia 1914–1922, S. 152.
25 Dies ist ein zentrales Argument von: Mawdsley, The Russian Civil War.
26 Novikova, The Russian Revolution from a Provincial Perspective, S. 774, 775.
27 Ebenda, S. 775.
28 Ebenda, S. 775.
29 Ebenda, S. 776, 777. Erik C. Landis, Bandits and Partisans. The Antonov Movement in the Russian Civil War, Pittsburg 2008.
30 Novikova, The Russian Revolution from a Provincial Perspective, S. 778–780.
31 Daniel E. Schafer, Local Politics and the Birth of the Republic of Bashkortostan 1919–1920, in: Ronald Grigor Suny, Terry Martin, Hg., A State of Nations. Empire and Nation-Building in the Age of Lenin and Stalin, Oxford 2001, S. 165–190. Novikova, The Russian Revolution from a Provincial Perspective, S. 780.
32 Adeeb Khalid, Nationalizing the Revolution in Central Asia: The Transformation of Jadidism 1917–1920, in: Martin, Suny, A State of Nations, S. 145–163, hier S. 146. Novikova, The Russian Revolution from a Provincial Perspective, S. 780.
33 Read, War and Revolution in Russia 1914–1922, S. 155, 156.
34 Ebenda, S. 156.
35 Schnell, Räume des Schreckens. Gewalt und Gruppenmilitanz in der Ukraine 1905–1933, S. 287 ff.
36 Read, War and Revolution in Russia 1914–1922, S. 156.
37 Ebenda, S. 157.
38 Ljudmila Novikova, Kontinuum der Gewalt. Der Norden Russlands 1914–1920, in: Osteuropa 64/2–4 (2014), S. 157–170, hier S. 157–159.
39 Ebenda, S. 159.
40 Ebenda, S. 161, 162.
41 Ebenda, S. 162.
42 Ebenda, S. 162.
43 Ebenda, S. 163, 164.
44 Ebenda, S. 165, 166.
45 Zitiert nach ebenda, S. 168.
46 Ebenda, S. 168, 169.
47 Igor Narskij, Der Ural im russischen Bürgerkrieg. Gewaltformen und Überlebensstrategien, in: Jörg Baberowski, Hg., Moderne Zeiten? Krieg, Revolution und Gewalt im 20. Jahrhundert, Göttingen 2006, S. 94–110, hier S. 94, 95.

48 Ebenda, S. 96.
49 Ebenda, S. 97, 98.
50 Ebenda, S. 98.
51 Zitiert nach ebenda, S. 98.
52 Ebenda, S. 99.
53 Ebenda, S. 99–104.
54 Ebenda, S. 104, 105.
55 Ebenda, S. 105.
56 Ebenda, S. 105, 106.
57 Ebenda, S. 106.
58 Ebenda, S. 106.
59 Oleg Budnitskii, Russian Jews Between the Reds and the Whites 1917–1920, Philadelphia/PA 2012.
60 Norman Davies, White Eagle, Red Star. The Polish-Soviet War 1919–1920, London 1972.
61 Andrzej Nowak, Jak rozbić rosyjskie imperium? Idee polskiej polityki wschodniej (1733–1921), Krakau 1999, S. 333.
62 Hellmann, Hg., Die russische Revolution, Nr 93 a, S. 338, 339, hier S. 339.
63 Ebenda, S. 338
64 Ebenda, Nr. 93 b, S. 339, 340.
65 Ivan L. Rudnytsky, Essays in Modern Ukrainian History, Edmonton 1987, S. 389. Rudolf Mark, Die gescheiterten Staatsversuche, in: Frank Golczewski, Hg., Geschichte der Ukraine, Göttingen 1993, S. 177–201, hier S. 177–179. Kappeler, Kleine Geschichte der Ukraine, S. 171, 172.
66 Peter Borowsky, Germany's Ukrainian Policy during World War I and the Revolution of 1918–19, in: Hans-Joachim Torke, Hg., German-Ukrainian Relations in Historical Perspective, Edmonton 1994, S. 84–94.
67 Manfred Hellmann, Daten der polnischen Geschichte, München 1985, S. 179–185.
68 Eine übersichtliche Karte bietet z. B. Paul R. Magocsi, Historical Atlas of Central Europe, London 2002, Nr. 22 a, S. 71.
69 Stefan Troebst, «Intermarium» und «Vermählung mit dem Meer»: Kognitive Karten und Geschichtspolitik in Ostmitteleuropa, in: Geschichte und Gesellschaft 28 (2002), S. 435–469, hier S. 444.
70 Markus Krzoska, Für ein Polen an Oder und Ostsee. Zygmunt Wojciechowski (1900–1955) als Historiker und Publizist, Osnabrück 2003, S. 59–63.
71 In seinem dreizehnten Punkt vom 8. Januar 1918 forderte Wilson die Errichtung eines unabhängigen Polen in einem Raum, der überwiegend von Polen besiedelt war, nebst freiem Zugang zum Meer. Vgl. die Dokumente in: Wiek XX w źródłach. Wybór tekstów źródłowych z propozycjami metodycznymi dla nauczycieli historii, studentów i uczniów, Warschau 2002, Nr. 18, S. 43–45 (Wilson) und Nr. 31, S. 71, 72 (Dmowski).
72 Andrzej Nowak, Polska i trzy Rosje. Studium polityki wschodniej Józefa Piłsudskiego (do kwietnia 1920 roku), Krakau 2001.
73 Nowak, Jak rozbić rosyjskie imperium, S. 336, 337.
74 Ebenda, S. 343.

75 Wandycz, Soviet-Polish Relations, S. 176.
76 V. I. Lenin, Sočinenija Bd. XXV, 2 Auflage Moskau 1935, S. 252.
77 Ebenda, S. 251, 252.
78 Dokumenty vnešnej politiki SSSR Band 2. 1. Januar 1919–30. Juni 1920, Moskau 1958, Nr. 329, S. 492–495. Es handelt sich um einen Beschluss des ZK der Kommunistischen Partei vom vorangegangenen Tag.
79 Ebenda, S. 492, 493.
80 Ebenda, S. 494.
81 Ebenda, S. 495.
82 Ebenda, S. 493.
83 Jörg K. Hoensch, Geschichte Polens, 2. neubearbeitete und erweiterte Auflage, Stuttgart 1990, S. 193, hat diesen Wahlspruch in den Rang einer titelgebenden Überschrift für die Darstellung polnischer Geschichte im Zeitraum von 1815 bis 1864 gehoben.
84 Jürgen Heyde, Geschichte Polens, München 2006, S. 63.
85 Dokumenty vnešnej politiki SSSR Band 2. 1. Januar 1919–30. Juni 1920, Nr. 329, S. 492–495, hier S. 495.
86 Die Zitate Lenins und Trockijs nach Koenen, Der Russland-Komplex, S. 380.
87 Alle folgenden Ausführungen über Brusilov stützen sich auf Figes, Die Tragödie eines Volkes, S. 736–740.
88 Zit nach ebenda, S. 739.
89 Zit. nach ebenda, S. 740.
90 Wandycz, Soviet-Polish Relations, S. 213, 214, dort auch die Zitate.
91 Norman Davies, Aufstand der Verlorenen. Der Kampf um Warschau 1944, dt. München 2004, S. 151.
92 Reinhard Lauer, Geschichte der russischen Literatur. Von 1700 bis zur Gegenwart, München 2000, S. 634, 644. Johannes Holthusen, Russische Literatur im 20. Jahrhundert, 2. Aufl. Tübingen 1992, S. 143.
93 Isaak Babel, Tagebuch 1920, aus dem Russischen übersetzt, herausgegeben und kommentiert von Peter Urban, Berlin 1990, S. 65.
94 Ebenda, S. 31.
95 Ebenda, S. 35.
96 Ebenda, S. 39.
97 Ebenda,, S. 55.
98 Ebenda, S 69.
99 Ebenda, S 95.
100 Ebenda, S. 136.
101 Ebenda, S. 108.
102 Ebenda, S. 154.
103 Wandycz, Soviet-Polish Relations 1917–1921, S. 259.
104 «1921 März 18 – Friede von Riga», in: Konferenzen und Verträge. Vertrags-Ploetz. Ein Handbuch geschichtlich bedeutsamer Zusammenkünfte und Vereinbarungen. Teil II 4. Band: Neueste Zeit 1914–1959, 2. Aufl. Würzburg 1959, S. 63, 64. Siehe auch die Karte bei Wandycz, Soviet-Polish Relations 1917–1921, S. 255.
105 Wandycz, Soviet-Polish Relations, S. 284, schreibt: «... a Ukrainian politician compared Riga to the seventeenth-century treaty of Andrusovo, which had split

the Ukrainian land.», ohne jedoch diesen ukrainischen Politiker namentlich zu erwähnen oder diese Anekdote im Anmerkungsapparat zu belegen.
106 Sunderland, The Baron's Cloak, S. 133.
107 Ebenda, S. 136, 137.
108 Ebenda, S. 142, 143, 146, 147, 148.
109 Ebenda, S. 151, 152, 160–163.
110 Ebenda, S. 175.
111 Ebenda, Kapitel 9: Urga, zu Ungern-Sternbergs Herrschaft in der Mongolei und Kapitel 11: Red Siberia, zu seiner Festnahme, dem Prozess und seiner Hinrichtung.
112 Katzer, Die weiße Bewegung in Russland.
113 Read, War and Revolution in Russia 1914–1922, S. 153, 154.
114 Ebenda, S. 154.
115 Ebenda, S. 155.
116 Holquist, Making War, Forging Revolution, S. 243–279.
117 Read, War and Revolution in Russia 1914–1922, S. 158.
118 Ebenda, S. 158.
119 Ebenda, S. 158, 159.
120 Ebenda, S. 159.
121 Ebenda, S. 159, 160.
122 Ebenda, S. 160.
123 Ebenda, S. 160.
124 Ebenda, S. 161.
125 Ebenda, S. 161.
126 Ebenda, S. 161, 162.
127 Iwan Bunin, Verfluchte Tage. Ein Revolutions-Tagebuch, Frankfurt am Main 2008 (zuerst Berlin 1935), S. 8, zitiert nach Baberowski, Der Anfang vom Ende, S. 16, 17.
128 Read, War and Revolution in Russia 1914–1922, S. 162, 163.
129 Ebenda, S. 163.
130 Ebenda, S. 165.
131 Ebenda, S. 167.
132 Manfred Hildermeier, Geschichte der Sowjetunion. Entstehung und Niedergang des ersten sozialistischen Staates, München 1998, Kapitel IV. Novikova, The Russian Revolution from a Provincial Perspective, S. 781–785.

1921–1928: Das sowjetische Momentum der Weltgeschichte

1 Renė Fülöp-Miller, Geist und Gesicht des Bolschewismus. Darstellung und Kritik des kulturellen Lebens in Sowjet-Rußland, Zürich 1926. Richard Stites, Revolutionary Dreams. Utopian Vision and Experimental Life in the Russian Revolution, New York 1989. Stefan Plaggenborg, Revolutionskultur. Menschenbilder und kulturelle Praxis in Sowjetrussland zwischen Oktoberrevolution und Stalinismus, Köln 1996. Jörg Baberowski, Der rote Terror. Die Geschichte des Stalinismus, München 2003. Ders., Verbrannte Erde, Stalins Herrschaft der Gewalt, München 2012.
2 Marc Raeff, Russia Abroad. A Cultural History of the Russian Emigration

1919–1939, New York 1990. Karl Schlögel, Der große Exodus. Die russische Emigration und ihre Zentren 1917–1941, München 1994. Lesley Chamberlain, Lenin's Private War. The Voyage of the Philosophy Steamer and the Exile of the Intelligentsia, New York 2006.

3 Dubnow, Buch des Lebens. Erinnerungen und Gedanken. Materialien zur Geschichte meiner Zeit, Band 3: 1922–1933, Göttingen 2005. Teitel, Aus meiner Lebensarbeit, S. XIX, XX.

4 Karl Renner, Staat und Nation. Staatsrechtliche Untersuchung über die möglichen Principien einer Lösung und die juristischen Voraussetzungen eines Nationalitätengesetzes, Wien 1899.

5 J. W. Stalin, Marxismus und nationale Frage, in: ders., Werke, Band 2: 1907–1913, dt. Berlin 1950, S. 266–333.

6 Kotkin, Stalin, S. 153.

7 Vladimir I. Lenin, Die sozialistische Revolution und das Selbstbestimmungsrecht der Nationen, in: W. I. Lenin, Werke, Band 22: Dezember 1915–Juli 1916, dt. Berlin 1974, S. 144–159. Ders., Die Ergebnisse der Diskussion über die Selbstbestimmung, in: ebenda, S. 326–368.

8 Terry Martin, An Affirmative Action Empire. The Soviet Union as the Highest Form of Imperialism, in: Ronald Grigor Suny, Terry Martin, Hg., A State of Nations. Empire and Nation-Making in the Age of Lenin and Stalin, Oxford 2001, S. 67–90.

9 Ebenda, S. 67.

10 Ebenda, S. 68.

11 Ebenda, S. 68, 69.

12 Ebenda, S. 69–71.

13 Ebenda, S. 72.

14 Ebenda, S. 73.

15 Ebenda, S. 74.

16 Ebenda, S. 74, 75.

17 Ebenda, S. 75.

18 Ebenda, S. 76.

19 Ebenda, S. 78.

20 Ebenda, S. 80.

21 Yuri Slezkine, The Soviet Union as a Communal Appartment, or How a Socialist State Promoted Ethnic Particularism, in: Sheila Fitzpatrick, Hg., Stalinisms. New Directions, London 2000, S. 313–347.

22 Holquist, Making War, Forging Revolution. Ders., To Count, to Extract, and to Exterminate: Population Statistics and Population Politics in Late Imperial and Soviet Russia, in: Ronald Grigor Suny, Terry Martin, Hg., A State of Nations. Empire and Nation-Making in the Age of Lenin and Stalin, Oxford 2001, S. 111–144.

23 Holquist, To Count, to Extract, and to Exterminate, S. 125.

24 Francine Hirsch, Empire of Nations. Ethnographic Knowledge and the Making of the Soviet Union, Ithaca 2005.

25 Francine Hirsch, Getting to Know «The Peoples of the USSR»: Ethnographic Exhibits as Soviet Virtual Tourism, 1923–1934, in: Slavic Review 62/4 (Winter 2003), S. 683–709, hier S. 687 ff.

26 Martin, An Affirmative Action Empire. The Soviet Union as the Highest Form of Imperialism, S. 78.
27 François Furet, Das Ende der Illusion. Der Kommunismus im 20. Jahrhundert, dt. München 1998.
28 Pankaj Mishra, From the Ruins of Empire. The Revolt Against the West and the Remaking of Asia, London 2012, S. 1, 2.
29 Erez Manela, Imaginig Woodrow Wilson in Asia. Dreams of East-West Harmony and the Revolt against Empire in 1919, in: American Historical Review 111/5 (December 2006), S. 1327–1351, hier S. 1327–1334.
30 Ebenda, S. 1335–1348.
31 Ebenda, S. 1349–1351.
32 Dan Diner, Das Jahrhundert verstehen. Eine universalhistorische Deutung, München 1999. Eric J. Hobsbawm, Zeitalter der Extreme. Weltgeschichte des 20. Jahrhunderts, dt. München 1998.
33 S. V. Listikov, Vil'sonovskie «14 punktov» u russkie nebol'ševistskie sily na parižskoj mirnoj konferencii, in: Zabytaja vojna i predannye geroi, Moskau 2011, S. 129–157, hier S. 133.
34 Ebenda, S. 133, 134.
35 Ebenda, S. 134, 135.
36 Ebenda, S. 135.
37 Ebenda, S. 135, 136.
38 Ebenda, S. 138, 139.
39 A. V. Smolin, Antibol'ševistskaja diplomatija v bor'be za učastie v parižskoj mirnoj konferencii (1918–1919 gg.), in: Zabytaja vojna i predannye geroi, Moskau 2011, S. 158–177, hier S. 176, 177.
40 S. V. Listikov, Vil'sonovskie «14 punktov» u russkie nebol'ševistskie sily na parižskoj mirnoj konferencii, S. 156, 157.
41 Dietrich Geyer, Voraussetzungen sowjetischer Außenpolitik in der Zwischenkriegszeit, in: ders., Hg., Osteuropa-Handbuch. Sowjetunion. Außenpolitik 1917–1955, Köln 1972, S. 1–85, hier S. 19–50. Fritz T. Epstein, Außenpolitik in Revolution und Bürgerkrieg 1917–1920, in: ebenda, S. 86–149. Wolfgang Eichwede, Der Eintritt Sowjetrußlands in die internationale Politik 1921–1927, in: ebenda, S. 150–212.
42 Wladislaw Hedeler, Aleksandr Vatlin, Hg., Die Weltpartei aus Moskau. Der Gründungskongress der Kommunistischen Internationale 1919, Berlin 2008, Nr. 1, S. 5, 6.
43 Ebenda, Nr. 5, S. 12–13, hier S. 13.
44 Ebenda, Nr. 6, S. 14–19, hier S. 14.
45 Ebenda, S. 15.
46 Ebenda, S. 47.
47 Ebenda, S. 181.
48 Ebenda, S. 196.
49 Martin Schulze Wessel, Ungarn. Avantgarde der Weltrevolution? Die Räterepubliken in München und Budapest, in: Alois Schmid, Katharina Weigand, Hg., Bayern mitten in Europa. Vom Frühmittelalter bis ins 20. Jahrhundert, München 2005, S. 372–384.

50 Stephen White, Communism and the East. The Baku Congress 1920, in: Slavic Review 33/3 (1974), S. 492–514, hier S. 494.
51 Ebenda, S. 495.
52 Ebenda, S. 496.
53 Ebenda, S. 497.
54 «Stasova, Elena Dmitrievna», https://ru.wikipedia.org/wiki/Стасова,_Елена,_Дмитриевна, zuletzt besucht am 29.10.2016. White, Communism and the East.
55 H. G. Wells, Russia in the Shadows, New York 1921, S. 96–100.
56 Figes, Die Tragödie eines Volkes, S. 744.
57 Wells. Russia in the Shadows, S. 99.
58 White, Communism and the East, S. 499–501.
59 Ebenda, S. 501–506.
60 Tobias Rupprecht, Gestrandetes Flaggschiff. Die Moskauer Universitat der Völkerfreundschaft, Osteuropa 1/2010, S. 95–114.
61 Tatjana Linchoeva, Der Fremde. Russlandbild und Russlandpolitik in Japan 1715–2015, in: Osteuropa 65/5–6 (2015): Zeichen der Zeit. Europas Osten in Fernost, S. 33–47, hier S. 39, 40.
62 Yang Kuisong, Stephen A. Smith, Communism in China 1900–2010, in: Stephen A. Smith, Hg., The Oxford Handbook of the History of Communism, Oxford 2014, S. 220–235. Anne Alexander, Communism in the Islamic World, in: ebenda, S. 268–284.
63 Ž. Botal, Oktjabrskaja revoljucija i nacional'no-osvoboditel'noe dviženie v stranach Arabskogo Vostoka, in: Meždunarodnoe značenie Velikoj Oktjabrskoj socialističeskoj revoljucii, Mokau 1968, S. 236–254, hier S. 241.
64 Kris Manjapra, M. N. Roy, Marxism and Colonial Cosmopolitism, London 2010. http://www.iep.utm.edu/roy_mn/#SH1b zuletzt besucht am 25.3.2016. https://en.wikipedia.org/wiki/M._N._Roy zuletzt besucht am 30.10.2016.
65 https://en.wikipedia.org/wiki/M._N._Roy zuletzt besucht am 30.10.2016.
66 Kris Manjapra, M. N. Roy, Marxism and Colonial Cosmopolitism, S. 79, 80.
67 Ebanda, S. 84, 85.
68 Martin, An Affirmative Action Empire. The Soviet Union as the Highest Form of Imperialism, S. 80–82.

Schluss

1 Fitzpatrick, The Russian Revolution, Kapitel 5 und 6.
2 Baberowski, Verbrannte Erde. Stalins Herrschaft der Gewalt.
3 Orlando Figes, Revolutionary Russia 1891–1991, London 2014.
4 Garri Kasparov, Warum wir Putin stoppen müssen. Die Zerstörung der Demokratie in Russland und die Folgen für den Westen, dt. München 2015. Chodorwowski ruft zur Revolution in Russland auf, in: Zeit online, 9. Dezember 2015, http://www.zeit.de/news/2015–12/09/russland-chodorkowski-ruft-zur-revolution-in-russland-auf-09 181 007 zuletzt besucht am 8. Januar 2017.
5 Zachar Prilepin, San'kja. Roman, Moskau 2006.
6 Boris Nemtsov: In Russia One Should Live Long, in: Institute of Modern Russia, 26. September 2011, http://imrussia.org/en/analysis/politics/116-boris-nemtsov-in-

russia-one-should-live-long?start=2, zuletzt besucht am 8. Januar 2017. Schanna Nemzowa, Russland wachrütteln. Mein Vater Boris Nemzow und sein politisches Erbe, Berlin 2016, S. 184.

Zur Transliteration kyrillischer Buchstaben

Bei der Aussprache transliterierter Namen und Begriffe sind folgende Regeln zu beachten:

e	= meist je
s	= stimmloses s (wie ß)
z	= stimmhaftes s
c	= tz
š	= stimmloses sch
ž	= stimmhaftes sch (wie in *Journal*)
č	= tsch
šč	= schtsch
d', l', m', n', r', s', t'	= j-Erweichung des Konsonanten

Quellen

Babel, Isaak, Tagebuch 1920, aus dem Russischen übersetzt, herausgegeben und kommentiert von Peter Urban, Berlin 1990.

Baedeker, Karl, Russland nebst Teheran, Port Arthur, Peking: Handbuch für Reisende, 7. Aufl., Leipzig 1912.

Bonch-Bruyevich, M., From Tsarist General to Red Army Commander, Moskau 1966.

Daly, Jonathan; Trofimov, Leonid, Hg., Russia in War and Revolution 1914–1922. A Documentary History, Indianapolis/ID 2009.

Das Tagebuch des letzten Zaren von 1890 bis zum Fall. Nach den unveröffentlichten russischen Handschriften herausgegeben mit einer Einleitung von Professor S. Melgunoff, Berlin 1923.

Die Haager Friedensconferenz. Tagebuchblätter von Bertha von Suttner, RP Düsseldorf 1982,

Die Kerenski-Memoiren. Rußland und der Wendepunkt der Geschichte, dt. Reinbek bei Hamburg 1989.

Dokumenty vnešnej politiki SSSR Band 2.1. Januar 1919–30. Juni 1920, Moskau 1958.

Dubnow, Simon, Buch des Lebens. Erinnerungen und Gedanken. Materialien zur Geschichte meiner Zeit. Band 2: 1903–1922. Herausgegeben im Auftrag des Simon-Dubnow-Institutes für Jüdische Geschichte und Kultur von Verena Dohrn, Göttingen 2005.

Fülöp-Miller, Renė, Geist und Gesicht des Bolschewismus. Darstellung und Kritik des kulturellen Lebens in Sowjet-Rußland, Zürich 1926.

Gessen, Iosif V., Hg., Archiv Russkoj Revoljucii, 22 Bände, Berlin 1921–1937.

Hedeler, Wladislaw; Aleksandr Vatlin, Hg., Die Weltpartei aus Moskau. Der Gründungskongress der Kommunistischen Internationale 1919, Berlin 2008.

Hellmann, Manfred, Hg., Die russische Revolution 1917. Von der Abdankung des Zaren bis zum Staatsstreich der Bolschewiki, München 6. Aufl., 1987.

Hornykiewicz, Theophil, Ereignisse in der Ukraine 1914–1922, Band 1, Philadelphia/PA 1966.

Krasnyj Archiv, 106 Bände, Moskau 1922–1941.

Krupskaja, Nadežda, Erinnerungen an Lenin, dt. Berlin 1959.

Lenin, Vladimir I., Die sozialistische Revolution und das Selbstbestimmungsrecht der Nationen, in: ders., Werke Band 22: Dezember 1915 – Juli 1916, dt. Berlin 1974.

Lyandres, Semion, The Fall of Tsarism. Untold Stories of the February 1917 Revolution, Oxford 2013.

Milukov, P. N., Geschichte der zweiten Russischen Revolution. Gegensätze der Revolution, dt. Wien 1920.

Mit Kosaken durch die Mandschurei. Erlebnisse im russisch-japanischen Kriege von Alexander Spaits, Rittmeister im königl. ungar. 7. Honvédhusarenregiment, Wien 1906.

Nabokov, Wladimir D., Petrograd 1917. Der kurze Sommer der Revolution, dt. Berlin 1992.

Političeskie partii Rossii. Konec XIX – pervaja tret' XX veka. Dokumental'noe nasledie. Bund. Dokumenty i materialy 1894–1921, Moskau 2010.

Političeskie partii Rossii. Konec XIX – pervaja tret' XX veka. Dokumental'noe nasledie. S-eszdy i konferencii konstitucionno-demokratičeskoj partii. Band 1: 1905–1907 gg., Moskau 1997.

Renner, Karl, Staat und Nation. Staatsrechtliche Untersuchung über die möglichen Principien einer Lösung und die juristischen Voraussetzungen eines Nationalitätengesetzes, Wien 1899.

Rybačenok, Irina S., Hg., Korennye interesy Rossii glazami ee gosudarstvennych dejatelej, diplomatov, voennych i publicistov. Dokumental'naja publikacija, Moskau 2004.

Schlögel, Karl, Hg., Vechi. Zur Krise der russischen Intelligenz, dt. Frankfurt am Main 1990.

Stalin, Iosif V., Marxismus und nationale Frage, in: ders., Werke Band 2: 1907–1913, dt. Berlin 1950.

Steindorff, Ludwig, Hg., Partei und Kirchen im frühen Sowjetstaat. Die Protokolle der Antireligiösen Kommission beim Zentralkomitee der Russischen Kommunistischen Partei (Bol'ševiki) 1922–1929, Münster 2007.

Tagebücher und Erinnerungen einer Studentin aus Kiev 1919–1920, in: Archiv russkoj revoljucii Band 15/16, RP der Ausgab Berlin 1921, Moskau 1993.

Teitel, Jacob, Aus meiner Lebensarbeit. Erinnerungen eines jüdischen Richters im alten Rußland, Teetz 1999 (erstmals erschienen Frankfurt am Main 1929).

The Russian Provisional Government 1917. Documents. Selected and edited by Robert Paul Prowder and Alexander F. Kerensky, 3 Bände, Stanford/CA 1961.

Tolstoj, Lev N., «Der Absolutismus ist eine überlebte Regierungsform ...» Brief an Zar Nikolaus II. vom 16. Januar 1902, in: Beil, Ralf Hg., Kunst und Kultur im Reich des letzten Zaren. Russland 1900, Köln 2008, S. 261–265.

Trockij, Lev D., Geschichte der russischen Revolution, dt. Berlin 1960.

Ders., Mein Leben. Versuch einer Autobiographie, dt. Berlin 1990.

Wells, H. G., Russia in the Shadows, New York 1921.

Wiek XX w źródłach. Wybór tekstów źródłowych z propozycjami metodycznymi dla nauczycieli historii, studentów i uczniów, Warschau 2002.

Witte, Sergej J., Erinnerungen. Mit einer Einleitung von Prof. Dr. Otto Hoetzsch, Berlin 1923.

Youssoupoff, Prince Félix, La Fin de Raspoutine, o. O. 1992 (erstmals 1927 erschienen).

Zabel, Eugen, Transsibirien. Mit der Bahn durch Russland und China 1903, München 2006.

Zakonodatel'nye akty perechodnogo vremeni 1904–1908 gg. Sbornik zakonov, manifestov, ukazov pravitel'stvennomu senatu, reskriptov i položenij komiteta ministrov, otnosjaščichsja k preobrazovaniju gosudarstvennogo stroja Rossii, s priloženijem alfavitnogo predmetnogo ukazatelja, Moskau 2010.

Literaturverzeichnis

Abašin, Sergej N., Hg., Central'naja Azija v sostave Rossijskoj imperii, Moskau 2008.

Alexander, Anne, Communism in the Islamic World, in: Smith, Stephen A., Hg., The Oxford Handbook of the History of Communism, Oxford 2014, S. 268–284.

Altrichter, Helmut, Rußland 1917. Ein Land auf der Suche nach sich selbst, Paderborn 1997.

Ascher, Abraham, The Revolution of 1905, Band 1: Russia in Disarray, Stanford/CA 1988.

Ders., The Revolution of 1905. A Short History, Stanford/CA 2004.

Astašov, Aleksandr, Russkij front v 1914 – načale 1917 goda: voennyj opyt i sovremennost', Moskau 2014.

Aust, Martin, Außerhalb des Okzidents und doch im Westen? Fremdpositionierungen Russlands in Krieg und Revolution 1904–1906, in: Aust, Martin;Steindorff, Ludwig, Hg., Russland 1905. Perspektiven auf die erste Russische Revolution, Frankfurt am Main 2007, S. 173–180.

Ders., Hg., Globalisierung imperial und sozialistisch. Russland und die Sowjetunion in der Globalgeschichte 1851–1991, Frankfurt am Main 2013.

Ders., Obertreis, Julia, Osteuropäische Geschichte und Globalgeschichte, Stuttgart 2014.

Ders.; Schenk, Frithjof Benjamin, Hg., Imperial Subjects. Autobiographische Praxis in den Vielvölkerreichen der Romanovs, Habsburger und Osmanen im 19. und frühen 20. Jahrhundert, Köln 2015.

Ders.; Steindorff, Ludwig, Hg., Russland 1905. Perspektiven auf die erste Russische Revolution, Frankfurt am Main 2007.

Baberowski, Jörg, Auf der Suche nach Eindeutigkeit. Kolonialismus und zivilisatorische Mission im Zarenreich und in der Sowjetunion, in: Jahrbücher für Geschichte Osteuropas 47 (1999) S. 482–504.

Ders., Der Anfang vom Ende. Das Zarenreich im Ersten Weltkrieg, in: Osteuropa 64/2–4 (2014), S. 7–20.

Ders., Der Feind ist überall. Stalinismus im Kaukasus, München 2003.

Ders., Der rote Terror. Die Geschichte des Stalinismus, München 2003.

Ders.; Feest, David; Gumb, Christoph, Hg., Imperiale Herrschaft in der Provinz. Repräsentationen politischer Macht im späten Zarenreich, Frankfurt am Main 2008.

Ders., Hg., Moderne Zeiten? Krieg, Revolution und Gewalt im 20. Jahrhundert, Göttingen 2006.

Ders.; Kindler, Robert; Teichmann, Christian, Revolution in Russland 1917–1921, Erfurt 2007.

Ders., Verbrannte Erde. Stalins Herrschaft der Gewalt, München 2012.
Bachturina, Aleksandra Ju., Okrainy Rossijskoj Imperii. Gosudarstvennoe upravlenie i nacional'naja politika v gody pervoj mirovoj vojny (1914–1917 gg.), Moskau 2004.
Beil, Ralf, Hg., Russland 1900. Kunst und Kultur im Reich des letzten Zaren, Köln 2008.
Benecke, Werner, Die Revolution des Jahres 1905 in der Geschichte Polens, in: Aust, Martin; Steindorff, Ludwig, Hg., Russland 1905. Perspektiven auf die erste Russische Revolution, Frankfurt am Main 2007, S. 9–21.
Bessarabija v sostave Rossijskoj Imperii 1812–1917, Moskau 2012.
Beßlich, Barbara, Faszination des Verfalls. Thomas Mann und Oswald Spengler, Berlin 2002.
Bonwetsch, Bernd, Die Russische Revolution 1917. Eine Sozialgeschichte von der Bauernbefreiung 1861 bis zum Oktoberumsturz, Darmstadt 1991.
Borowsky, Peter, Germany's Ukrainian Policy during World War I and the Revolution of 1918–19, in: Torke, Hans-Joachim, Hg., German-Ukrainian Relations in Historical Perspective, Edmonton 1994, S. 84–94.
Botal, Ž., Oktjabrskaja revoljucija i nacional'no-osvoboditel'noe dviženie v stranach Arabskogo Vostoka, in: Meždunarodnoe značenie Velikoj Oktjabrskoj socialističeskoj revoljucii, Moskau 1968, S. 236–254.
Brower, Daniel, Turkestan and the Fate of the Russian Empire, London 2003.
Buchen, Tim, Rolf, Malte, Hg., Eliten im Vielvölkerreich. Imperiale Biographien in Russland und Österreich-Ungarn 1850–1918, Berlin 2015.
Budnitskii, Oleg, Russian Jews Between the Reds and the Whites 1917–1920, engl. Philadelphia/PA 2012.
Burbank, Jane; Hagen, Mark von; Remnev, Anatolyi Anatolyi, Hg., Russian Empire. Space, People, Power, Bloomington/ID 2007.
Cadiot, Juliette, Le laboratoire impérial. Russie-URSS 1860–1940, Paris 2007.
Calic, Marie-Janine, Kriegstreiber Serbien? Die Südslawen und der Erste Weltkrieg: eine Richtigstellung, in: Osteuropa 64/2–4 (2014), S. 43–58.
Chamberlain, Lesley, Lenin's Private War. The Voyage of the Philosophy Steamer and the Exile of the Intelligentsia, New York 2006.
Clark, Christopher, The Sleepwalkers. How Europe Went to War in 1914, London 2012.
Corney, Frederick C., Telling October. Memory and the Making of the Bolshevik Revolution, Ithaca/NY 2004.
Courtois, Stéphane; Werth, Nicolas; Panné, Jean-Louis e. a., Hg., Das Schwarzbuch des Kommunismus. Unterdrückung, Verbrechen und Terror, dt. München 1998.
Cvetkovski, Roland, Reich der Ränder. Zu den imperialen Peripherien in Russland, in: Neue Politische Literatur 55 (2010), S. 365–392.
Davies, Franziska, Muslims in the Russian Army 1874–1917, unveröffentlichtes MS, Phil. Diss. München 2015.
Davies, Norman, White Eagle, Red Star. The Polish-Soviet War 1919–1920, London 1972.
Ders., Aufstand der Verlorenen. Der Kampf um Warschau 1944, dt. München 2004.
Diner, Dan, Das Jahrhundert verstehen. Eine universalhistorische Deutung, München 1999.

Dülffer, Jost, Regeln gegen den Krieg? Die Haager Friedenskonferenzen von 1899 und 1907 in der internationalen Politik, Berlin 1981.
Eichwede, Wolfgang, Der Eintritt Sowjetrußlands in die internationale Politik 1921–1927, in: Geyer, Dietrich, Hg., Osteuropa-Handbuch. Sowjetunion. Außenpolitik 1917–1955, Köln 1972, S. 150–212.
Epstein, Fritz T., Außenpolitik in Revolution und Bürgerkrieg 1917–1920, in: Geyer, Dietrich, Hg., Osteuropa-Handbuch. Sowjetunion. Außenpolitik 1917–1955, Köln 1972, S. 86–149.
Fedtke, Gero, Zivilisatorische Mission und Revolution. Turkestan 1905/06, in: Aust, Martin; Steindorff, Ludwig, Hg., Russland 1905. Perspektiven auf die erste Russische Revolution, Frankfurt am Main 2007, S. 23–46.
Figes, Orlando; Kolonitskii, Boris, Interpreting the Russian Revolution. The Language and Symbols of 1917, New Haven /CT 1999.
Figes, Orlando, Die Tragödie eines Volkes. Die Epoche der Russischen Revolution 1891–1924, dt. Berlin 1998.
Ders., Revolutionary Russia 1891–1991, London 2014.
Fitzpatrick, Sheila, Hg., Stalinism. New Directions, London 2000.
Dies., The Russian Revolution, 3. Aufl., Oxford 2008.
Freeze, Gregory, Subversive Piety. Religion and the Political Crisis in Late Imperial Russia, in: Journal of Modern History 68 (1996) S. 308–350.
Furet, François, Das Ende der Illusion. Der Kommunismus im 20. Jahrhundert, dt. München 1998.
Gatrell, Peter, A Whole Empire Walking. Refugees in Russia during World War I, Bloomington/ID 1999.
Ders., Der Krieg, die Flucht und die Nation. Das Flüchtlingsdrama im Zarenreich und die Folgen 1914–1920, in: Osteuropa 64/2–4 (2014), S. 185–195.
Gerasimov, Ilya, Redefining Empire: Social Engineering in Late Imperial Russia, in: Gerasimov, Ilya; Kusber, Jan; Semyonov, Alexander, Hg., Empire Speaks Out. Languages of Self-Rationalization and Self-Description in the Russian Empire, Leiden 2009, S. 229–272.
Ders.; Kusber, Jan; Semyonov, Alexander, Hg., Empire Speaks Out. Languages of Self-Rationalization and Self-Description in the Russian Empire, Leiden 2009.
Gerwarth, Robert; Manela, Erez, Hg., Empires at War 1911–1923, Oxford 2015.
Geyer, Dietrich, Die Russische Revolution. Historische Probleme und Perspektiven, 4. Aufl., Göttingen 1985.
Ders., Hg., Osteuropa-Handbuch. Sowjetunion. Außenpolitik 1917–1955, Köln 1972.
Ders., Voraussetzungen sowjetischer Außenpolitik in der Zwischenkriegszeit, in: ders., Hg., Osteuropa-Handbuch. Sowjetunion. Außenpolitik 1917–1955, Köln 1972, S. 1–85.
Goehrke, Carsten, Russischer Alltag. Eine Geschichte in neun Zeitbildern Band 2: Auf dem Weg in die Moderne, Zürich 2003.
Golczewski, Frank, Hg., Geschichte der Ukraine, Göttingen 1993.
Gross, Helmut; Haumann, Heiko; Löwe, Heinz-Dietrich; Schramm, Gottfried; Steffens, Thomas, Über die Revolution zur Modernisierung im Zeichen der eingeschränkten Autokratie 1904–1914, in: Schramm, Gottfried, Hg, Handbuch der Geschichte Russlands Band III, 1. Halbband, Stuttgart 1983, S. 373–474.

Groys, Boris; Hagemeister, Michael, Hg., Die neue Menschheit. Biopolitische Utopien in Russland zu Beginn des 20. Jahrhunderts, Frankfurt am Main 2005.

Gumb, Christoph, Die Festung. Repräsentationen von Herrschaft und die Präsenz der Gewalt. Warschau 1904–1906, in: Baberowski, Jörg; Feest, David; Gumb, Christoph, Hg., Imperiale Herrschaft in der Provinz. Repräsentationen politischer Macht im späten Zarenreich, Frankfurt am Main 2008, S. 271–303.

Hagen, Mark von, War in a European Borderland. Occupations and Occupation plans in Galicia and Ukraine 1914–1918, Seattle/WA 2007.

Halfin, Igal, Red Autobiographies. Initiating the Bolshevik Self, Seattle/WA 2011.

Happel, Jörn, Nomadische Lebenswelten und zarische Politik. Der Aufstand in Zentralasien 1916, Stuttgart 2010.

Ders., Die Schande Russlands: Globale Perspektiven auf den Aufstand in Zentralasien 1916, in: Aust, Martin, Hg., Globalisierung imperial und sozialistisch. Russland und die Sowjetunion in der Globalgeschichte 1851–1991, Frankfurt am Main 2013, S. 182–203.

Hardcave, Sidney, Count Sergei Witte and the Twilight of Imperial Russia. A Biography, Armonk/NY 2004.

Haumann, Heiko, Geschichte der Ostjuden, 4. Aufl., München 1998.

Ders., Hg., Die Russische Revolution 1917, Köln 2007.

Hellbeck, Jochen, Revolution on my Mind. Writing a Diary under Stalin, Cambridge/MA 2006.

Hellmann, Manfred, Daten der polnischen Geschichte, München 1985.

Heyde, Jürgen, Geschichte Polens, München 2006.

Hilbrenner, Anke, Terrorismus als «russische Methode» oder die Peripherie als Ort der Gewalt?, in: Aust, Martin, Hg., Globalisierung imperial und sozialistisch. Russland und die Sowjetunion in der Globalgeschichte, Frankfurt am Main 2013, S. 84–107.

Dies., Hirš Lekerts Rache. Gewalteskalation an der Peripherie des Zarenreiches um 1900, in: Osteuropa 66/4 (2016), S. 7–18.

Hildermeier, Manfred, Die Russische Revolution 1905–1921, Frankfurt am Main 1989.

Ders., Geschichte der Sowjetunion. Entstehung und Niedergang des ersten sozialistischen Staates, München 1998.

Hirsch, Francine, Getting to Know «The Peoples of the USSR»: Ethnographic Exhibits as Soviet Virtual Tourism, 1923–1934, in: Slavic Review 62/4 (Winter 2003), S. 683–709.

Dies., Empire of Nations, Ethnographic Knowledge and the Making of the Soviet Union, Ithaca/NY 2005.

Hirschhausen, Ulrike von; Leonhard, Jörn, Beyond Rise, Decline and Fall – Comparing Multi-ethnic Empires in the Long Nineteenth Century, in: dies., Hg., Comparing Empires. Encounters and Transfers in the Long Nineteenth Century, Göttingen 2011, S. 9–36.

Dies., Hg., Comparing Empires. Encounters and Transfers in the Long Nineteenth Century, Göttingen 2011.

Dies., Empires und Nationalstaaten im 19. Jahrhundert, Göttingen 2009.

Hobsbawm, Eric J., Zeitalter der Extreme. Weltgeschichte des 20. Jahrhunderts, dt. München 1998.

Hoensch, Jörg K., Geschichte Polens, 2. Neubearbeitete und erweiterte Auflage, Stuttgart 1990.

Hofmeister, Ulrich, Zwischen Kontinentalimperium und Kolonialmacht. Repräsentationen der russischen Herrschaft in Turkestan 1865–1917, in: Aust, Martin, Obertreis, Julia, Osteuropäische Geschichte und Globalgeschichte, Stuttgart 2014, S. 27–47.

Holquist, Peter, Making War, Forging Revolution. Russia's Continuum of Crisis 1914–1921, Cambridge/MA 2002.

Ders., Crimes against Humanity. The Russian Empire's Role in Formulating the Allies' May 24, 1915, Note on the Armenian Genocide, Vortrag gehalten auf der 123. Annual Convention der American Historical Association am 4. Januar 2009 in New York.

Holthusen, Johannes, Russische Literatur im 20. Jahrhundert, 2. Aufl., Tübingen 1992.

Ingold, Felix Philipp, Der große Bruch – Rußland im Epochenjahr 1913. Kultur, Gesellschaft, Politik, München 2000.

Jansen, Jan C., Osterhammel, Jürgen, Dekolonisation. Das Ende der Imperien, München 2013.

Kappeler, Andreas, Russland als Vielvölkerreich. Entstehung, Geschichte, Zerfall 1552–1917, München 1992.

Ders., Kleine Geschichte der Ukraine, München 1994.

Ders., Die Kosaken. Geschichte und Legenden, München 2013.

Karsch, Stefan, Die bolschewistische Machtergreifung im Gouvernement Voronež 1917–1919, Stuttgart 2006.

Kasparov, Garri, Warum wir Putin stoppen müssen. Die Zerstörung der Demokratie in Russland und die Folgen für den Westen, dt. München 2015.

Kaspe, Sviatoslav, Imperial Political Culture and Modernization in the Second Half of the Nineteenth Century, in: Burbank, Jane; Hagen, Mark von; Remnev, Anatolyi, Russian Empire. Space, People, Power, Bloomington/ID 2007, S. 455–493.

Katzer, Nikolaus, Die weiße Bewegung in Russland. Herrschaftsbildung, praktische Politik und politische Programmatik, Köln 1999.

Kelly, Catriona, Children's World. Growing up in Russia 1890–1991, New Haven/CT 2007.

Khalid, Adeeb, The Politics of Muslim Cultural Reform. Jadidism in Central Asia, Berkeley/CA 1998.

Ders., Nationalizing the Revolution in Central Asia: The Transformation of Jadidism 1917–1920, in: Suny, Ronald Grigor, Martin, Terry, Hg., A State of Nations. Empire and Nation-Building in the Age of Lenin and Stalin, Oxford 2001, S. 145–163.

Ders., Islam after Communism. Religion and Politics in Central Asia, Berkely/CA 2007.

Khripachenko, Tatiana, National Challenges to Decentralization. Autonomy and Federation in the Russian Liberal Discourse 1900–1914, unveröffentlichtes MS, PhD Central European University Budapest 2014.

Kirschenbaum, Lisa A., Small Comrades. Revolutionizing Childhood in Soviet Russia 1917–1932, New York 2001.

Koenen, Gerd, Utopie der Säuberung. Was war der Kommunismus? Berlin 1998.

Ders., Der Russland-Komplex. Die Deutschen und der Osten 1900–1945, München 2005.

Kolonickij, Boris, «Tragičeskaja ėrotika». Obrazy imperatorskoj sem'i v gody pervoj mirovoj vojny, Moskau 2012.

Kotkin, Stephen, Stalin. Paradoxes of Power 1878–1928, New York 2014.

Krzoska, Markus, Für ein Polen an Oder und Ostsee. Zygmunt Wojciechowski (1900–1955) als Historiker und Publizist, Osnabrück 2003.

Kuhr-Korolev, Corinna, «Gezähmte Helden». Die Formierung der Sowjetjugend 1917–1932, Essen 2005.

Kuisong, Yang; Smith, Stephen A., Communism in China 1900–2010, in: Smith, Stephen A., Hg., The Oxford Handbook of the History of Communism, Oxford 2014, S. 220–235.

Landis, Erik C., Bandits and Partisans. The Antonov Movement in the Russian Civil War, Pittsburg 2008.

Lauer, Reinhard, Geschichte der russischen Literatur. Von 1700 bis zur Gegenwart, München 2000.

Levin, Edmund, A Child of Christian Blood. Murder and Conspiracy in Tsarist Russia, the Beilis Blood Libel, New York 2013.

Lieven, Dominic, Towards the Flame. Empire, War and the End of Tsarist Russia, London 2015.

Linchoeva, Tatjana, Der Fremde. Russlandbild und Russlandpolitik in Japan 1715–2015, in: Osteuropa 65/5–6 (2015), S. 33–47.

Listikov, S. V., Vil'sonovskie «14 punktov» u russkie nebol'ševistskie sily na parižskoj mirnoj konferencii, in: Zabytaja vojna i predannye geroi, Moskau 2011, S. 129–157.

Lohr, Eric, Nationalizing the Russian Empire. The Campaign against Enemy Aliens in World War I, Cambridge/MA 2003.

Ders., Politics, Economics and Minorities. Core Nationalism in the Russian Empire at War, in: Hirschhausen, Ulrike von, Leonhard, Jörn, Hg., Comparing Empires. Encounters and Transfers in the Long Nineteenth Century, Göttingen 2011, S. 518–529.

Löwe, Heinz-Dietrich, Nikolaus II., in: Torke, Hans-Joachim, Hg., Die russischen Zaren 1547–1917, München 1995, S. 354–375.

Lukojanov, I. V., U istokov rossijskogo parlamentarizma, St. Petersburg 2003.

Magocsi, Paul R., Historical Atlas of Central Europe, London 2002.

Manela, Erez, Imaginig Woodrow Wilson in Asia. Dreams of East-West Harmony and the Revolt against Empire in 1919, in: American Historical Review 111/5 (December 2006), S. 1327–1351.

Manjapra, Kris, Roy, M. N., Marxism and Colonial Cosmopolitism, London 2010.

Mark, Rudolf, Die gescheiterten Staatsversuche, in: Golczewski, Frank, Hg., Geschichte der Ukraine, Göttingen 1993, S. 177–201.

Marks, Steven G., How Russia Shaped the Modern World. From Art to Anti-Semitism, Ballet to Bolshevism, Princeton/NJ 2003.

Ders., «Im russischen Spiegelreich». Wie amerikanische Vorstellungen des Kapitalismus vom sowjetischen Kommunismus geprägt wurden, in: Aust, Martin, Hg., Globalisierung imperial und sozialistisch. Russland und die Sowjetunion in der Globalgeschichte, Frankfurt am Main 2013, S. 333–352.

Martin, Terry, An Affirmative Action Empire. The Soviet Union as the Highest Form of Imperialisms, in: ders.; Suny, Ronald Grigor, Hg., A State of Nations. Empire and Nation-Making in the Age of Lenin and Stalin, Oxford 2001, S. 67–90.

Ders., The Affirmative Action Empire. Nations and Nationalism in the Soviet Union 1923–1939, Ithaca/NY 2001.

Ders.; Suny, Ronald Grigor, Hg., A State of Nations. Empire and Nation Making in the Age of Lenin and Stalin, Oxford 2001.

Mawdsley, Evan, The Russian Civil War, Edinburgh 2002.

McMeekin, Sean, The Russian Origins of the First World War, Cambridge/MA 2011.

Meždunarodnoe značenie Velikoj Oktjabrskoj socialističeskoj revoljucii, Moskau 1968.

Miller, Aleksej, Ukrainskij vopros vo politike vlastej i russkom obščestvennom mnenii. Vtoraja polovina XIX veka, St. Petersburg 2000.

Mishra, Pankaj, From the Ruins of Empire. The Revolt Against the West and the Remaking of Asia, London 2012.

Nahayewsky, Isidore, History of the Modern Ukrainian State 1917–1923, München 1966.

Narskij, Igor, Der Ural im russischen Bürgerkrieg. Gewaltformen und Überlebensstrategien, in: Baberowski, Jörg, Hg., Moderne Zeiten? Krieg, Revolution und Gewalt im 20. Jahrhundert, Göttingen 2006, S. 94–110.

Nemzowa, Schanna, Russland wachrütteln. Mein Vater Boris Nemzov und sein politisches Erbe, Berlin 2016.

Neutatz, Dietmar, Von der Stadtduma ins Politbüro? Entscheidungsprozesse bei der Projektierung der Moskauer Untergrundbahn 1897–1935, in: Jahrbücher für Geschichte Osteuropas 44 (1996), S. 322–343.

Ders., Träume und Alpträume. Eine Geschichte Russlands im 20. Jahrhundert, München 2013.

Norris, Stephen M., A War of Images. Russian Popular Prints, Wartime Culture and National Identity 1812–1945, DeKalb/IL 2006.

Novikova, Liudmila, Kontinuum der Gewalt. Der Norden Russlands 1914–1920, in: Osteuropa 64 (2–4/2014), S. 157–170.

Dies., The Russian Revolution from a Provincial Perspective, in: Kritika. Explorations in Russian and Eurasian History 16/4 (Fall 2015), S. 769–785.

Nowak, Andrzej, Jak rozbić rosyjskie imperium? Idee polskiej polityki wschodniej (1733–1921), Krakau 1999.

Ders., Polska i trzy Rosje. Studium polityki wschodniej Józefa Piłsudskiego (do kwietnia 1920 roku), Krakau 2001.

Ohloblyn, Oleksandr, Studiji z istoriji Ukrajiny, New York 1995.

Osterhammel, Jürgen, Die Verwandlung der Welt. Eine Geschichte des 19. Jahrhunderts, München 2009.

Ders., The Tranformation of the World. A Global History of the Nineteenth Century, Princeton/NJ 2014.

Pelzer, Erich, François Furet und Denis Richet – Die Revolution wird beendet, in: ders., Hg., Revolution und Klio. Die Hauptwerke zur Französischen Revolution, Göttingen 2004, S 208–232.

Penter, Tanja, Der Sowjet der Arbeitslosen in Odessa. Soziale Polarisierungen in der Revolution von 1917, in: Jahrbücher für Geschichte Osteuropas 46/3 (1998), S. 351–375.

Pethybridge, Roger, The Spread of the Russian Revolution. Essays on 1917, London 1972.

Pietrow-Ennker, Bianka, Rußlands «neue Menschen». Die Entwicklung der Frauenbewegung von den Anfängen bis zur Oktoberrevolution, Frankfurt am Main 1999.
Pipes, Richard, Die Russische Revolution, 3 Bände, dt. Berlin 1992, 1993.
Pistohlkors, Gert von, Baltische Länder, Berlin 1994.
Plaggenborg, Stefan, Revolutionskultur. Menschenbilder und kulturelle Praxis in Sowjetrussland zwischen Oktoberrevolution und Stalinismus, Köln 1996.
Plamper, Jan, The Stalin Cult. A Study in the Alchemy of Power, New Haven/CT 2012.
Prilepin, Zachar, San'kja. Roman, Moskau 2006.
Pustogarov, V. V., Fedor Fedorovič Martens. Jurist, diplomat. Moskau 1999.
Raeff, Marc, Russia Abroad. A Cultural History of the Russian Emigration 1919–1939, New York 1990.
Read, Christopher, War and Revolution in Russia 1914–1922. The Collapse of Tsarism and the Establishment of Soviet Power, Basingstoke 2013.
Reynolds, Michael A., Shattering Empires. The Clash and Collapse of the Ottoman and Russian Empires 1908–1918, Cambridge 2011.
Rudnytsky, Ivan L., Essays in Modern Ukrainian History, Edmonton 1987.
Rupprecht, Tobias, Gestrandetes Flaggschiff. Die Moskauer Universität der Völkerfreundschaft, in: *Osteuropa*, 1/2010, S. 95–114.
Sanborn, Joshua A., Drafting the Russian Nation. Military Conscription, Total War, and Mass Politics 1905–1925, KeKalb/IL 2003.
Sapper, Manfred, Den Krieg überwinden. Jan Bloch: Unternehmer, Publizist, Pazifist, in: Osteuropa 8–10/2008, S. 303–312.
Schaeffer Conroy, Mary, Peter Arkad'evich Stolypin. Practical Politics in Late Tsarist Russia, Boulder/CL 1976.
Schafer, Daniel E., Local Politics and the Birth of the Republic of Bashkortostan 1919–1920, in: Suny, Ronald Grigor; Martin, Terry, Hg., A State of Nations. Empire and Nation-Building in the Age of Lenin and Stalin, Oxford 2001, S. 165–190.
Schenk, Frithjof Benjamin, Kommunikation und Raum 1905. Die Eisenbahn in Krieg und Revolution, in: Aust, Martin, Steindorff, Ludwig, Hg., Russland 1905. Perspektiven auf die erste Russische Revolution, Frankfurt am Main 2007, S. 47–68.
Ders., Das Zarenreich als Transitraum zwischen Europa und Asien: russische Visionen und westliche Wahrnehmungen um die Jahrhundertwende, in: Aust, Martin, Hg. Globalisierung imperial und sozialistisch. Russland und die Sowjetunion in der Globalgeschichte 1851–1991, Frankfurt am Main 2013, S. 41–63.
Schimmelpenninck van der Oye, David, Toward the Rising Sun. Russian Ideologies of Empire and the Path to War with Japan, DeKalb/IL 2001.
Schlögel, Karl, Jenseits des Großen Oktober. Das Laboratorium der Moderne. Petersburg 1909–1921, Berlin 1988.
Ders., Der große Exodus. Die russische Emigration und ihre Zentren 1917–1941, München 1994.
Schnell, Felix, Räume des Schreckens. Gewalt und Gruppenmilitanz in der Ukraine 1905–1933, Hamburg 2012.
Schulze Wessel, Martin, Ungarn. Avantgarde der Weltrevolution? Die Räterepubliken in München und Budapest, in: Schmid, Alois, Weigand, Katharina, Hg., Bayern mitten in Europa. Vom Frühmittelalter bis ins 20. Jahrhundert, München 2005, S. 372–384.

Ders., Revolution und religiöser Dissens. Der römisch-katholische und der russisch-orthodoxe Klerus als Träger religiösen Wandels in den böhmischen Ländern und Russland 1848–1922, München 2011.
Sdvižkov, Denis, Die imperiale Mannschaft: Russland und seine Nationen auf den ersten Olympiaden, in: Aust, Martin, Hg., Globalisierung imperial und sozialistisch. Russland und die Sowjetunion in der Globalgeschichte, Frankfurt am Main 2013, S. 108–125.
Semyonov, Alexander, «The Real and Live Ethnographic Map of Russia»: The Russian Empire in the Mirror of the State Duma, in: Gerasimov, Ilya; Kusber, Jan; Semyonov, Alexander, Hg., Empire Speaks Out. Languages of Self-Rationalization and Self-Description in the Russian Empire, Leiden 2009, S. 191–228.
Severnyj Kavkaz v sostave Rossijskoj Imperii, Moskau 2007.
Sibir' v sostave Rossijskoj Imperii, Moskau 2007.
Siegel, Jennifer, Endgame. Britain, Russia and the Final Struggle for Central Asia, London 2002.
Slezkine, Yuri, Das jüdische Jahrhundert, dt. Göttingen 2006.
Ders., The Soviet Union as a Communal Appartment, or How a Socialist State Promoted Ethnic Particularism, in: Fitzpatrick, Sheila, Hg., Stalinism. New Directions, London 2000, S. 313–347.
Smith, Douglas, Der letzte Tanz. Der Untergang der russischen Aristokratie, dt. Frankfurt am Main 2014.
Smith, Stephen A., Hg., The Oxford Handbook of the History of Communism, Oxford 2014.
Smolin, A. V., Antibol'ševistskaja diplomatija v bor'be za učastie v parižskoj mirnoj konferencii (1918–1919 gg.), in: Zabytaja vojna i predannye geroi, Moskau 2011, S. 158–177.
Snyder, Timothy, The Red Prince. The Secret Lives of a Habsburg Archduke, New York 2008.
Stites, Richard, Revolutionary Dreams. Utopian Vision and Experimental Life in the Russian Revolution, New York 1989.
Ders., The Women's Liberation Movement in Russia. Feminism, Nihilism, and Bolshevism 1860–1930, Princeton/NJ 1991.
Sunderland, Willard, The Baron's Cloak. A History of the Russian Empire in War and Revolution, Ithaca/NY 2014.
Suny, Ronald Grigor, The Baku Commune 1917–1918. Class and Nationality in the Russian Revolution, Princeton/NJ 1972.
The Russo-Japanese War in Global Perspective: World War Zero. 2 Bände, Leiden 2005/2007.
Thun-Hohenstein, Franziska, «Der Petrinische Ehrenspiegel lag zertrümmert …». Autobiographie und Epochenbruch (Oleg Volkov, Kirill Golicyn, Evrosinija Kersnovskaja), in: Aust, Martin; Schenk, Frithjof Benjamin, Hg., Imperial Subjects. Autobiographische Praxis in den Vielvölkerreichen der Romanovs, Habsburger und Osmanen im 19. und frühen 20. Jahrhundert, Köln 2015, S. 482–505.
Tolz, Vera, Russia, London 2001.
Torke, Hans-Joachim, Hg., German-Ukrainian Relations in Historical Perspective, Edmonton 1994.

Ders., Hg., Die russischen Zaren 1547–1917, München 1995.

Troebst, Stefan, «Intermarium» und «Vermählung mit dem Meer»: Kognitive Karten und Geschichtspolitik in Ostmitteleuropa, in: Geschichte und Gesellschaft 28 (2002), S. 435–469.

Ullrich, Volker, Die nervöse Großmacht. Aufstieg und Untergang des deutschen Kaiserreiches 1871–1918, Frankfurt am Main 1997.

Viola, Lynn, Peasant Rebels under Stalin. Collectivization and the Culture of Peasant Resistance, New York 1996.

Vitarbo, Gregory, Nationality Policy and the Russian Imperial Officer Corps 1905–1914, in: Slavic Review 66/4 (2007), S. 682–701.

Völkerrecht. Das internationale Recht der civilisirten Nationen. Systematisch dargestellt von Friedrich von Martens. Deutsche Ausgabe von Carl Bergbohm, 2 Bände. Berlin 1883/86 [zuerst russisch 1882/83 erschienen].

Voerkelius, Mirjam, Russland und die Sowjetunion auf den Weltausstellungen, in: Aust, Martin, Hg., Globalisierung imperial und sozialistisch. Russland und die Sowjetunion in der Weltgeschichte 1851–1991, Frankfurt am Main 2013, S. 207–224.

Vulpius, Ricarda, Nationalisierung der Religion. Russifizierungspolitik und ukrainische Nationsbildung 1860–1920, Wiesbaden 2005.

Watts, Martin, The Jewish Legion and the First World War, New York 2004.

Wehrhahn, Torsten, Die Westukrainische Volksrepublik. Zu den polnisch-ukrainischen Beziehungen und dem Problem der ukrainischen Staatlichkeit in den Jahren 1918 bis 1923, Berlin 2004.

Weinberg, Robert, Blood Libel in Late Imperial Russia. The Ritual Murder Trial of Mendel Beilis, Bloomington/ID 2012.

Wendland, Anna Veronika, Die Russophilen in Galizien. Ukrainische Konservative zwischen Österreich und Russland, Wien 2001.

Werth, Nicolas, Ein Staat gegen sein Volk. Gewalt, Unterdrückung und Terror in der Sowjetunion, in: Das Schwarzbuch des Kommunismus. Unterdrückung, Verbrechen und Terror, dt. München 1998.

White, Stephen, Communism and the East. The Baku Congress 1920, in: Slavic Review 33 (3/1974), S. 492–514.

Wolff, Frank; Albert, Gleb J., Neue Perspektiven auf die Russischen Revolutionen und die Frage der agency, in: Archiv für Sozialgeschichte 52 (2012), S. 827–859.

Wortman, Richard, Scenarios of Power. Myth and Ceremony in Russian Monarchy, Volume 2: From Alexander II to the Abdication of Nicholas II, Princeton/NJ 2000.

Zapadnye okrainy Rossijskoj Imperii, Moskau 2006.

«1921 März 18 – Friede von Riga», in: Konferenzen und Verträge. Vertrags-Ploetz. Ein Handbuch geschichtlich bedeutsamer Zusammenkünfte und Vereinbarungen. Teil II 4. Band: Neueste Zeit 1914–1959, ²Würzburg 1959.

Internetressourcen

Chodorkowski ruft zur Revolution in Russland auf, http://www.zeit.de/news/2015–12/09/russland-chodorkowski-ruft-zur-revolution-in-russland-auf-09 181 007

Boris Nemtsov: In Russia One Should Live Long, in: Institute of Modern Russia, 26. September 2011, http://imrussia.org/en/analysis/politics/116-boris-nemtsov-in-russia-one-should-live-long?start=2

Manbendra Nath Roy, http://www.iep.utm.edu/roy_mn/#SH1b zuletzt besucht am 25.3.2016. https://en.wikipedia.org/wiki/M._N._Roy

Miller, Aleksej, Počemu vse kontinental'nye imperii raspalis' v rezul'tate Pervoj mirovoj vojny, in: http://www.polit.ru/lectures/2006/04/11/miller2.html

Peace Conference at the Hague 1899: Rescript of the Russian Emperor August 24 (12, Old Style), 1898, in: The Avalon Project. Documents in Law, History and Diplomacy, http://avalon.law.yale.edu/19th_century/hag99–01.asp

Peace Conference at the Hague 1899: Russian Circular January 11, 1899 (December 30, 1898 Old Style)», in: The Avalon Project. Documents in Law, History and Diplomacy, http://avalon.law.yale.edu/19th_century/hag99–02.asp

Poslanie Prezidenta Federal'nomu sobraniju, http://www.kremlin.ru/events/president/news/53379/videos

«Stasova, Elena Dmitrievna», https://ru.wikipedia.org/wiki/Стасова,_Елена,_Дмитриевна

Thronrede Kaiser Wilhelms II. vor den Abgeordneten des Reichstages, 4. August 1914, http://www.1000dokumente.de/index.html/index.html?c=dokument_de&dokument=0081_kwi&object=context&l=de

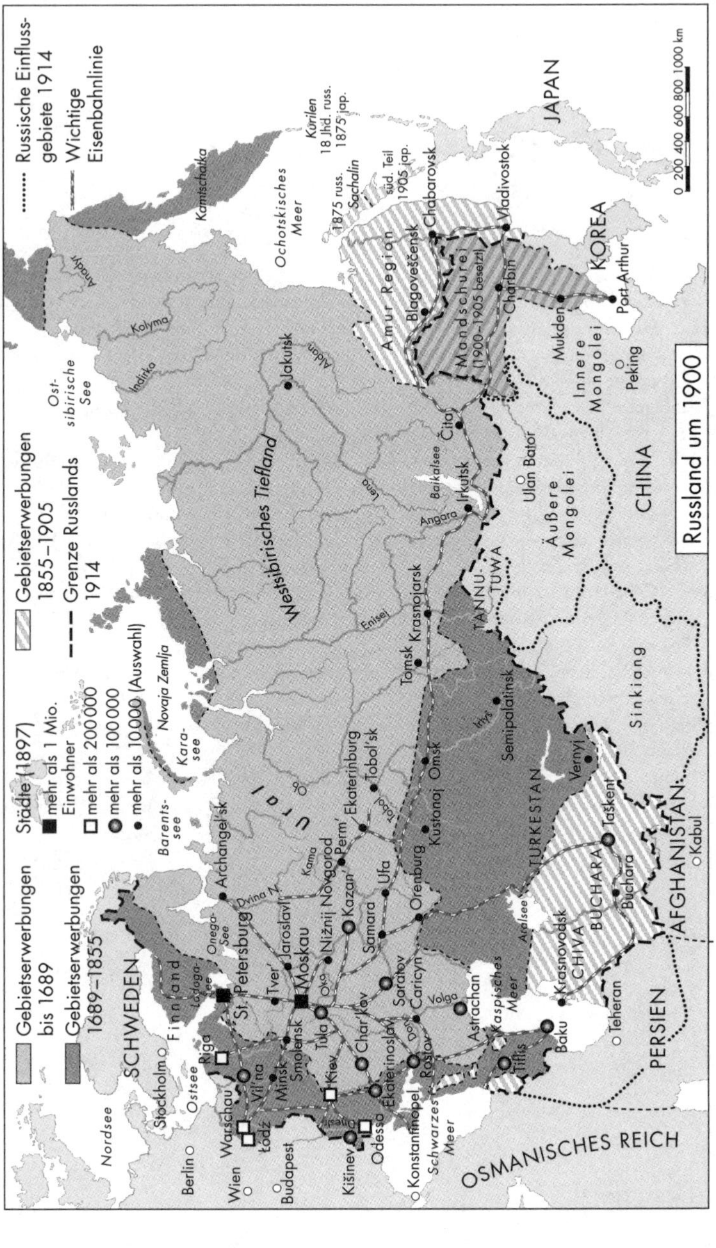
Russland um 1900
Gebietserwerbungen bis 1689
Gebietserwerbungen 1689–1855
Städte (1897)
mehr als 1 Mio. Einwohner
mehr als 200 000
mehr als 100 000
mehr als 10 000 (Auswahl)
Gebietserwerbungen 1855–1905
Grenze Russlands 1914
Russische Einflussgebiete 1914
Wichtige Eisenbahnlinie
0 200 400 600 800 1000 km
SCHWEDEN
Finnland
Nordsee
Ostsee
Barentssee
Karasee
Novaja Zemlja
Ural
Westsibirisches Tiefland
Ostsibirische See
Ochotskisches Meer
Kamtschatka
Kurilen 18 Jhd. russ. 1875 jap.
Sachalin 1875 russ. südl. Teil 1905 jap.
Amur Region
Mandschurei (1900–1905 besetzt)
JAPAN
KOREA
CHINA
Innere Mongolei
Äußere Mongolei
Sinkiang
TANNU-TUWA
TURKESTAN
CHIVA
BUCHARA
AFGHANISTAN
PERSIEN
OSMANISCHES REICH
Schwarzes Meer
Kaspisches Meer
Aralsee
Baikalsee
St. Petersburg
Moskau
Warschau
Łodz
Riga
Vil'na
Minsk
Smolensk
Kiev
Odessa
Kišinev
Ekaterinoslav
Char'kov
Tula
Tver'
Jaroslavl'
Nižnij Novgorod
Kazan'
Samara
Saratov
Caricyn
Astrachan'
Rostov
Tiflis
Baku
Krasnovodsk
Buchara
Taškent
Vernyj
Semipalatinsk
Omsk
Kustanaj
Orenburg
Ufa
Perm'
Ekaterinburg
Tobol'sk
Tomsk
Krasnojarsk
Irkutsk
Čita
Jakutsk
Blagoveščensk
Chabarovsk
Vladivostok
Charbin
Mukden
Port Arthur
Peking
Ulan Bator
Archangel'sk
Stockholm
Berlin
Wien
Budapest
Konstantinopel
Teheran
Kabul
Dvina N.
Kama
Oka
Volga
Don
Dnestr
Ob
Tobol
Irtyš
Enisej
Angara
Lena
Aldan
Indirka
Kolyma
Anadyr
Onega-See
Ladoga-See

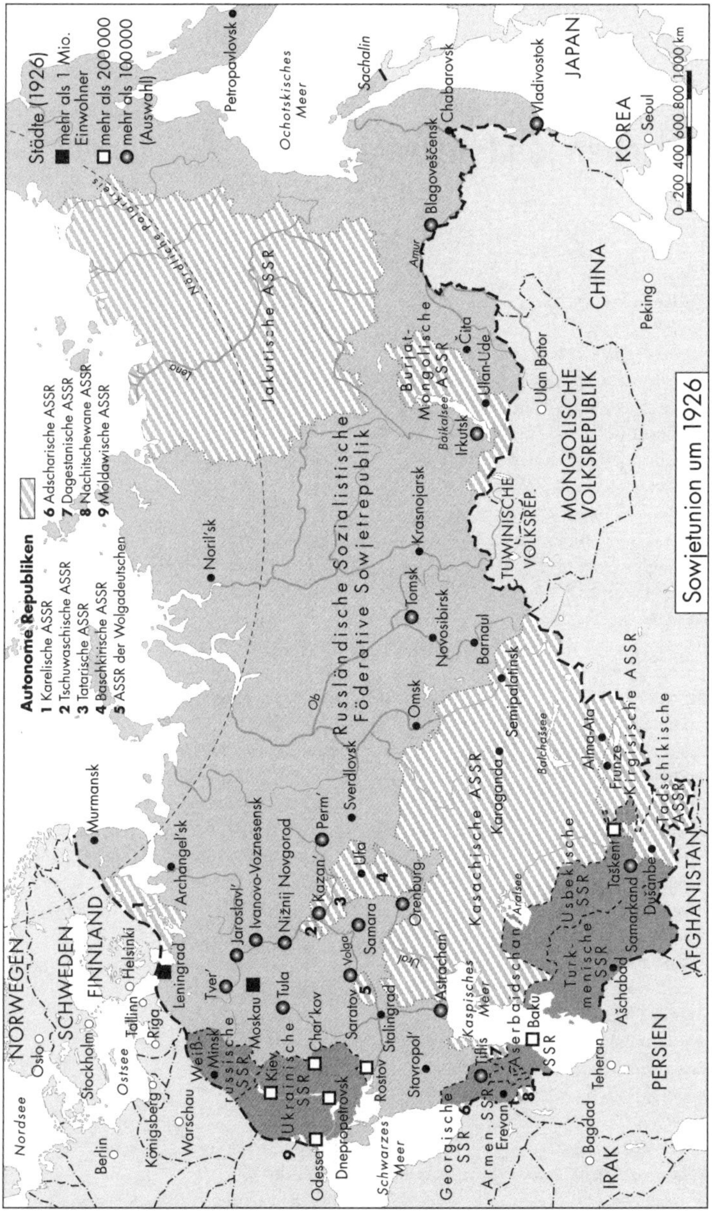
Sowjetunion um 1926
Autonome Republiken
1 Karelische ASSR
2 Tschuwaschische ASSR
3 Tatarische ASSR
4 Baschkirische ASSR
5 ASSR der Wolgadeutschen
6 Adscharische ASSR
7 Dagestanische ASSR
8 Nachitschewane ASSR
9 Moldawische ASSR
Städte (1926)
mehr als 1 Mio. Einwohner
mehr als 200 000
mehr als 100 000 (Auswahl)
0 200 400 600 800 1000 km
Russländische Sozialistische Föderative Sowjetrepublik
Jakutische ASSR
Burjat-Mongolische ASSR
Kasachische ASSR
Kirgisische ASSR
Tadschikische ASSR
Usbekische SSR
Turkmenische SSR
Ukrainische SSR
Weißrussische SSR
Georgische SSR
Armen. SSR
Aserbaidschan SSR
TUWINISCHE VOLKSREP.
MONGOLISCHE VOLKSREPUBLIK
CHINA
KOREA
JAPAN
AFGHANISTAN
PERSIEN
IRAK
NORWEGEN
SCHWEDEN
FINNLAND
Nordsee
Ostsee
Schwarzes Meer
Kaspisches Meer
Aralsee
Balchašsee
Baikalsee
Ochotskisches Meer
Sachalin
Nördlicher Polarkreis
Ob
Lena
Amur
Volga
Ural
Oslo
Stockholm
Helsinki
Tallinn
Riga
Berlin
Königsberg
Warschau
Minsk
Kiev
Odessa
Dnepropetrovsk
Char'kov
Rostov
Stalingrad
Saratov
Samara
Kazan'
Perm'
Ufa
Orenburg
Astrachan'
Stavropol'
Tiflis
Erevan
Baku
Leningrad
Moskau
Tver'
Jaroslavl'
Ivanovo-Voznesensk
Nižnij Novgorod
Tula
Murmansk
Archangel'sk
Sverdlovsk
Omsk
Tomsk
Novosibirsk
Barnaul
Semipalatinsk
Karaganda
Alma-Ata
Frunze
Taškent
Samarkand
Dušanbe
Ašchabad
Noril'sk
Krasnojarsk
Irkutsk
Ulan-Ude
Čita
Blagoveščensk
Chabarovsk
Vladivostok
Petropavlovsk
Ulan Bator
Peking
Seoul
Teheran
Bagdad

Personen- und Ortsregister

Bildnachweis

S. 35	culture-images
S. 98	culture-images
S. 127	Bridgeman
S. 130	culture-images
S. 162	Bridgeman
S. 166	Bridgeman
S. 192	Bridgeman
S. 200	AP/picture-alliance
S. 221	culture-images
S. 227	wikicommons